紹興大典

史部

民國新昌縣志

1

中華書局

圖書在版編目(CIP)數據

(民國) 新昌縣志 / 金城修 ; 陳畬等纂 . — 北京 : 中華書局 , 2024.6
(紹興大典・史部)
ISBN 978-7-101-16613-2

Ⅰ. 民… Ⅱ. ①金… ②陳… Ⅲ. 新昌縣 — 地方志 — 民國 Ⅳ. K295.54

中國國家版本館 CIP 數據核字 (2024) 第 087295 號

書　　名	(民國)新昌縣志(全四册)
叢 書 名	紹興大典・史部
修　　者	〔民國〕金城
纂　　者	〔民國〕陳畬 等
項目策劃	許旭虹
責任編輯	吴麒麟
助理編輯	任凱龍
裝幀設計	許麗娟
責任印製	管　斌
出版發行	中華書局
	(北京市豐臺區太平橋西里38號 100073)
	http: // www. zhbc. com. cn
	E-mail: zhbc@zhbc. com. cn
印　　刷	天津藝嘉印刷科技有限公司
版　　次	2024年6月第1版
	2024年6月第1次印刷
規　　格	開本787×1092毫米　1/16
	印張123¼
國際書號	ISBN 978-7-101-16613-2
定　　價	1600.00元

學術顧問（按姓氏筆畫排序）

安平秋　李　岩　吴　格
袁行霈　張志清　葛劍雄
樓宇烈

編纂工作指導委員會

主　　任　盛閱春（二〇二二年九月至二〇二三年一月在任）
　　　　　温　暖　施惠芳　肖啓明　熊遠明
第一副主任　丁如興
副 主 任　陳偉軍　汪俊昌　馮建榮
成　　員　（按姓氏筆畫排序）
　　　　　王静静　朱全紅　沈志江　金水法　俞正英
　　　　　胡華良　茹福軍　徐　軍　陳　豪　黄旭榮
　　　　　裘建勇　樓　芳　魯霞光　魏建東

編纂委員會

序

紹興是國務院公布的首批中國歷史文化名城，是中華文明的多點起源地之一和越文化的發祥、壯大之地。從嵊州小黄山遺址迄今，已有一萬多年的文化史；從大禹治水迄今，已有四千多年的文明史；從越國築句踐小城和山陰大城迄今，已有兩千五百多年的建城史。建炎四年（一一三〇），宋高宗駐蹕越州，取義「紹奕世之宏庥，興百年之丕緒」，次年改元紹興，賜名紹興府，領會稽、山陰、蕭山、諸暨、餘姚、上虞、嵊、新昌等八縣。元改紹興路，明初復爲紹興府，清沿之。

紹興坐陸面海，嶽峙川流，風光綺麗，物産富饒，民風淳樸，士如過江之鯽，彬彬稱盛。春秋末越國有「八大夫」佐助越王卧薪嘗膽，力行「五政」，崛起東南，威續戰國，四分天下有其一，成就越文化的第一次輝煌。秦漢一統後，越文化從尚武漸變崇文。晋室東渡，北方士族大批南遷，王、謝諸大家紛紛遷居於此，一時人物之盛，雲蒸霞蔚，學術與文學之盛冠於江左，給越文化注入了新的活力。唐時的越州是詩人行旅歌詠之地，形成一條江南唐詩之路。至宋代，尤其是宋室南遷後，越中理學繁榮，文學昌盛，領一時之先。明代陽明心學崛起，這一時期的越文化，宣導致良知、知行合一，重於事功，伴隨而來的是越中詩文、書畫、戲曲的興盛。明清易代，有劉宗周等履忠蹈義，慷慨赴死，亦有黄宗羲率其門人，讀書窮經，關注世用，成其梨洲一派。至清中葉，會稽章學誠等人紹承梨洲之學而開浙東史學之新局。晚清至現代，越中知識分子心懷天下，秉持先賢「膽劍精神」，再次站在歷史變革的潮頭，蔡元培、魯迅等人「開拓越學」，使紹興成爲新文化運動和新民主主義革命的重要陣地。越文化兼容並包，與時偕變，勇於創新，隨着中國社會歷史的變遷，無論其内涵和特質發生何種變化，均以其獨特、强盛的生命力，推動了中華文明的發展。

文獻典籍承載着廣博厚重的精神財富、生生不息的歷史文脉。紹興典籍之富，甲於東南，號爲文獻之邦。從兩漢到魏晋再至近現代，紹興人留下了浩如煙海、綿延不斷的文獻典籍。陳橋驛先生在《紹興地方文獻考録·前言》中説：「紹興是我國歷史上地方文獻最豐富的地方之一。」有我國地方志的開山之作《越絶書》，有唯物主義的哲學巨著《論衡》，有書法藝術和文學價值均登峰造極的《蘭亭集序》，有詩爲「中興之冠」的陸游《劍南詩稿》，有輯録陽明心學精義的儒學著作《傳習録》等，這些文獻，不僅對紹興一地具有重要價值，對浙江乃至全國來説，也有深遠意義。

紹興藏書文化源遠流長。歷史上的藏書家多達百位，知名藏書樓不下三十座，其中以澹生堂最爲著名，藏書十萬餘卷。近現代，紹興又首開國内公共圖書館之先河。光緒二十六年（一九〇〇），紹興鄉紳徐樹蘭獨力捐銀三萬餘兩，圖書七萬餘卷，創辦國内首個公共圖書館——古越藏書樓。越中多名士，自也與藏書聚書風氣有關。

習近平總書記强調，「我們要加强考古工作和歷史研究，讓收藏在博物館裏的文物、陳列在廣闊大地上的遺産、書寫在古籍裏的文字都活起來，豐富全社會歷史文化滋養」。黨的十八大以來，黨中央站在實現中華民族偉大復興的高度，對傳承和弘揚中華優秀傳統文化作出一系列重大決策部署。中共中央辦公廳、國務院辦公廳二〇一七年一月印發了《關於實施中華優秀傳統文化傳承發展工程的意見》，二〇二二年四月又印發了《關於推進新時代古籍工作的意見》。

盛世修典，是中華民族的優秀傳統，是國家昌盛的重要象徵。近年來，紹興地方文獻典籍的利用呈現出多層次、多方位探索的局面，從文史界到全社會都在醖釀進一步保護、整理、開發、利用紹興歷史文獻的措施，形成了廣泛共識。中共紹興市委、市政府深入學習貫徹習近平總書記重要指示精神，積極響應國家重大戰略部署，以提振紹興人文氣運的文化自覺和存續一方文脉的歷史擔當，作出了編纂出版《紹興大典》的重大決定，計劃用十年時間，系統、全面、客觀梳理紹興文化傳承脉絡，收集、整理、編纂、出版紹興地方歷史文獻。二〇二二年十月，中共紹興市委辦公室、紹興市人民政府辦公室印發《關於〈紹興大典〉編纂出版工作實施方案的通知》。自此，《紹興大典》編纂出版各項工作開始有序推進。

百餘年前，魯迅先生提出「開拓越學，俾其曼衍，至於無疆」的願景，今天，我們繼先賢之志，實施紹興歷史上前無古人的文化工程，希冀通過《紹興大典》的編纂出版，從浩瀚的紹興典籍中尋找歷史印記，從豐富的紹興文化中挖掘鮮活資源，從悠遠的紹興歷史中把握發展脉絡，古爲今用，繼往開來，爲新時代「文化紹興」建設注入强大動力。我們將懷敬畏之心，以古人「三不朽」的立德修身要求，爲紹興這座中國歷史文化名城和「東亞文化之都」立傳畫像，爲全世界紹興人築就恒久的精神家園。

是爲序。

温暖

二〇二三年十月

前言

越國故地，是中華文明的重要起源地，中華優秀傳統文化的重要貢獻地，中華文獻典籍的重要誕生地。紹興，是越國古都，國務院公布的第一批歷史文化名城。編纂出版《紹興大典》，是綿延中華文獻之大計，弘揚中華文化之良策，傳承中華文明之壯舉。

一

紹興有源遠流長的文明，是中華文明的縮影。

中國有百萬年的人類史，一萬年的文化史，五千多年的文明史。中華文明，是中華民族長期實踐的積累，集體智慧的結晶，不斷發展的産物。各個民族，各個地方，都爲中華文明作出了自己獨具特色的貢獻。紹興人同樣爲中華文明的起源與發展，作出了自己傑出的貢獻。

現代考古發掘表明，早在約十六萬年前，於越先民便已經在今天的紹興大地上繁衍生息。二〇一七年初，在嵊州崇仁安江村蘭山廟附近，出土了於越先民約十六萬年前使用過的打製石器〔一〕。這是曹娥江流域首次發現的舊石器遺存，爲探究這一地區中更新世晚期至晚更新世早期的人類活動、

〔一〕陸瑩等撰《浙江蘭山廟舊石器遺址網紋紅土釋光測年》，《地理學報》英文版，二〇二〇年第九期，第一四三六至一四五〇頁。

華南地區與現代人起源的關係、小黄山遺址的源頭等提供了重要綫索。

距今約一萬至八千年的嵊州小黄山遺址〔一〕，於二〇〇六年與上山遺址一起，被命名爲上山文化。該遺址中的四個重大發現，引人矚目：一是水稻實物的穀粒印痕遺存，以及儲藏坑、鐮形器、石磨棒、石磨盤等稻米儲存空間與收割、加工工具的遺存；二是種類與器型衆多的夾砂、夾炭、夾灰紅衣陶與黑陶等遺存；三是我國迄今發現的最早的立柱建築遺存，以及石杵立柱遺存；四是我國新石器時代遺址中迄今發現的最早的石雕人首。

蕭山跨湖橋遺址出土的山茶種實，表明於越先民在八千多年前已開始對茶樹及茶的利用與探索〔二〕。距今約六千年前的餘姚田螺山遺址發現的山茶屬茶樹根遺存，有規則地分布在聚落房屋附近，特别是其中出土了一把與現今茶壺頗爲相似的陶壺，表明那時的於越先民已經在有意識地種茶用茶了〔三〕。

對美好生活的嚮往無止境，創新便無止境。於越先民在一萬年前燒製出世界上最早的彩陶的基礎上〔四〕，經過數千年的探索實踐，終於在夏商之際，燒製出了人類歷史上最早的原始瓷〔五〕；繼而又在東漢時，燒製出了人類歷史上最早的成熟瓷。現代考古發掘表明，漢時越地的窑址，僅曹娥江兩岸的上虞，就多達六十一處〔六〕。

中國是目前發現早期稻作遺址最多的國家，是世界上最早發現和利用茶樹的國家，更是瓷器的故

〔一〕浙江省文物考古研究所編《上山文化：發現與記述》，文物出版社二〇一六年版，第七一頁。
〔二〕浙江省文物考古研究所、蕭山博物館編《跨湖橋》，文物出版社二〇〇四年版，彩版四五。
〔三〕北京大學中國考古學研究中心、浙江省文物考古研究所編《田螺山遺址自然遺存綜合研究》，文物出版社二〇一一年版，第一一七頁。
〔四〕孫瀚龍、趙曄著《浙江史前陶器》，浙江人民出版社二〇二二年版，第三頁。
〔五〕鄭建華、謝西營、張馨月著《浙江古代青瓷》，浙江人民出版社二〇二二年版，上册，第四頁。
〔六〕宋建明主編《早期越窑——上虞歷史文化的豐碑》，中國書店二〇一四年版，第二四頁。

鄉。《（嘉泰）會稽志》卷十七記載「會稽之産稻之美者，凡五十六種」，稻作文明的進步又直接促成了紹興釀酒業的發展。同卷又單列「日鑄茶」一條，釋曰「日鑄嶺在會稽縣東南五十五里，嶺下有僧寺名資壽，其陽坡名油車，朝暮常有日，産茶絶奇，故謂之日鑄」。可見紹興歷史上物質文明之發達，真可謂「天下無儔」。

二

紹興有博大精深的文化，是中華文化的縮影。

文化是一條源遠流長的河，流過昨天，流到今天，還要流向明天。悠悠萬事若曇花一現，唯有文化與日月同輝。

大量的歷史文獻與遺址古迹表明，四千多年前，大禹與紹興結下了不解之緣。大禹治平天下之水，漸九川，定九州，至於諸夏乂安。《史記·夏本紀》載：「禹會諸侯江南，計功而崩，因葬焉，命曰會稽。會稽者，會計也。」裴駰注引《皇覽》曰：「禹冢在山陰縣會稽山上。會稽山本名苗山，在縣南，去縣七里。」《（嘉泰）會稽志》卷六「大禹陵」：「禹巡守江南，上苗山，會稽諸侯，死而葬焉。……劉向書云：禹葬會稽，不改其列，謂不改林木百物之列也。苗山自禹葬後，更名會稽。是山之東，有隴隱若劍脊，西嚮而下，下有窆石，或云此正葬處。」另外，大禹在以會稽山爲中心的越地，還有一系列重大事迹的記載，包括娶妻塗山、得書宛委、畢功了溪、誅殺防風、禪祭會稽、築治邑室等。

以至越王句踐，「其先禹之苗裔，而夏后帝少康之庶子也，封於會稽，以奉守禹之祀」（《史記·越王句踐世家》）。句踐的功績，集中體現在他一系列的改革舉措以及由此而致的强國大業上。

他創造了「法天象地」這一中國古代都城選址與布局的成功範例，奠定了近一個半世紀越國號稱天下强國的基礎，造就了紹興發展史上的第一個高峰，更實現了東周以來中國東部沿海地區暨長江下游地區的首次一體化，讓人們在數百年的分裂戰亂當中，依稀看到了一統天下的希望，爲後來秦始皇統一中國，建立真正大一統的中央政權，進行了區域性的準備。因此，司馬遷稱：「苗裔句踐，苦身焦思，終滅强吴，北觀兵中國，以尊周室，號稱霸王。句踐可不謂賢哉！蓋有禹之遺烈焉。」

千百年來，紹興涌現出了諸多譽滿海内、雄稱天下的思想家，他們的著述世不絶傳，遺澤至今，他們的思想卓犖英發、光彩奪目。哲學領域，聚諸子之精髓，啓後世之思想。政治領域，以家國之情懷，革社會之弊病。經濟領域，重生民之生業，謀民生之大計。教育領域，育天下之英才，啓時代之新風。史學領域，創史志之新例，傳千年之文脉。

紹興是中國古典詩歌藝術的寶庫。四言詩《候人歌》被稱爲「南音之始」。於越《彈歌》是我國文學史上僅存的二言詩。《越人歌》是越地的第一首情歌、中國的第一首譯詩。山水詩的鼻祖，是上虞人謝靈運。唐代，這裏涌現出了賀知章等三十多位著名詩人。宋元時，這裏出了别開詩歌藝術天地的陸游、王冕、楊維楨。

紹興是中國傳統書法藝術的故鄉。鳥蟲書與《會稽刻石》中的小篆，影響深遠。中國的文字成爲藝術品之習尚，文字由書寫轉向書法，是從越人的鳥蟲書開始的。而自王羲之《蘭亭序》之後，紹興更是成爲中國書法藝術的聖地。翰墨碑刻，代有名家精品。

紹興是中國古代繪畫藝術的重鎮。世界上最早彩陶的燒製，展現了越人的審美情趣。「文身斷髮」與「鳥蟲書」，實現了藝術與生活最原始的結合。戴逵與戴顒父子、僧仲仁、王冕、徐渭、陳洪綬、趙之謙、任熊、任伯年等在中國繪畫史上有開宗立派的地位。

一九一二年一月，魯迅爲紹興《越鐸日報》創刊號所作發刊詞中寫道：「於越故稱無敵於天下，海岳精液，善生俊異，後先絡繹，展其殊才；其民復存大禹卓苦勤勞之風，同句踐堅確慷慨之志，力作治生，綽然足以自理。」可見，紹興自古便是中華文化的重要發源地與傳承地，紹興人更是世代流淌着「卓苦勤勞」「堅確慷慨」的精神血脉。

三

紹興有琳琅滿目的文獻，是中華文獻的縮影。

自有文字以來，文獻典籍便成了人類文明與人類文化的基本載體。紹興地方文獻同樣爲中華文明與中華文化的傳承發展，作出了傑出的貢獻。

中華文明之所以成爲世界上唯一没有中斷、綿延至今、益發輝煌的文明，在於因文字的綿延不絶而致的文獻的源遠流長、浩如煙海。中華文化之所以成爲中華民族有別於世界上其他任何民族的顯著特徵並流傳到今天，靠的是中華兒女一代又一代的言傳身教、口口相傳，更靠的是文獻典籍一代又一代的忠實書寫、守望相傳。

無數的甲骨、簡牘、古籍、拓片等中華文獻，無不昭示着中華文明的光輝燦爛、欣欣向榮，無不昭示着中華文化的廣博淵綜、蒸蒸日上。它們既是中華文明與中華文化的基本載體，又是中華文明與中華文化的重要組成部分，是十分重要的物質文化遺產。

紹興地方文獻作爲中華文獻重要的組成部分，積澱極其豐厚，特色十分明顯。

（一）文獻體系完備

紹興的文獻典籍根基深厚，載體體系完備，大體經歷了四個階段的歷史演變。

一是以刻符、紋樣、器型爲主的史前時代。代表性的，有作爲上山文化的小黄山遺址中出土的彩陶上的刻符、印紋、圖案等。

二是以金石文字爲主的銘刻時代。代表性的，有越國時期玉器與青銅劍上的鳥蟲書等銘文、秦《會稽刻石》、漢「大吉」摩崖、漢魏六朝時的會稽磚甓銘文與會稽青銅鏡銘文等。

三是以雕版印刷爲主的版刻時代。代表性的，有中唐時期越州刊刻的元稹、白居易的詩集。唐長慶四年（八二四），浙東觀察使兼越州刺史元稹，在爲時任杭州刺史的好友白居易《白氏長慶集》所作的序言中寫道：「揚、越間多作書模勒樂天及予雜詩，賣於市肆之中也。」這是有關中國刊印書籍的最早記載之一，説明越地開創了「模勒」這一雕版印刷的風氣之先。宋時，兩浙路茶鹽司等機關和紹興府、紹興府學等，競相刻書，版刻業快速繁榮，紹興成爲兩浙乃至全國的重要刻書地，所刻之書多稱「越本」「越州本」。明代，紹興刊刻呈現出了官書刻印多、鄉賢先哲著作和地方文獻多、私家刻印特色叢書多的特點。清代至民國，紹興整理、刊刻古籍叢書成風，趙之謙、平步青、徐友蘭、章壽康、羅振玉等，均有大量輯刊，蔡元培早年應聘於徐家校書達四年之久。

四是以機器印刷爲主的近代出版時期。這一時期呈現出傳統技術與西方新技術並存、傳統出版物與維新圖强讀物並存的特點。代表性的出版機構，在紹興的有徐友蘭於一八六二年創辦的墨潤堂等。另外，吴隱於一九〇四年參與創辦了西泠印社；紹興人沈知方於一九一二年參與創辦了中華書局，還於一九一七年創辦了世界書局。代表性的期刊，有羅振玉於一八九七年在上海創辦的《農學報》，杜亞泉於一九〇一年在上海創辦的《普通學報》，羅振玉於一九〇一年在上海發起、王國維主筆的《教育世界》，杜亞泉等於一九〇二年在上海編輯的《中外算報》，秋瑾於一九〇七年在上海創辦的《中國女報》等。代表性的報紙，有蔡元培於一九〇三年在上海創辦的《俄事警聞》等。

紹興文獻典籍的這四個演進階段，既相互承接，又各具特色，充分彰顯了走在歷史前列、引領時代潮流的特徵，總體上呈現出了載體越來越多元、内涵越來越豐富、傳播越來越廣泛、對社會生活的影響越來越深遠的歷史趨勢。

（二）藏書聲聞華夏

紹興歷史上刻書多，便爲藏書提供了前提條件，因而藏書也多。大禹曾「登宛委山，發金簡之書，案金簡玉字，得通水之理」（《吴越春秋》卷六），還「巡狩大越，見耆老，納詩書」（《越絶書》卷八），這是紹興有關采集收藏圖書的最早記載。句踐曾修築「石室」藏書，「晝書不倦，晦誦竟旦」（《越絶書》卷十二）。

造紙術與印刷術的發明和推廣，使得書籍可以成批刷印，爲藏書提供了極大便利。王充得益於藏書資料，寫出了不朽的《論衡》。南朝梁時，山陰人孔休源「聚書盈七千卷，手自校治」（《梁書·孔休源傳》），成爲紹興歷史上第一位有明文記載的藏書家。唐代時，越州出現了集刻書、藏書、讀書於一體的書院。五代十國時，南唐會稽人徐鍇精於校勘，雅好藏書，「江南藏書之盛，爲天下冠，鍇力居多」（《南唐書·徐鍇傳》）。

宋代雕版印刷術日趨成熟，爲書籍的化身千百與大規模印製創造了有利條件，也爲藏書提供了更多來源。特别是宋室南渡、越州升爲紹興府後，更是出現了以陸氏、石氏、李氏、諸葛氏等爲代表的藏書世家。陸游曾作《書巢記》，稱「吾室之内，或棲於櫝，或陳於前，或枕藉於床，俯仰四顧，無非書者」。《（嘉泰）會稽志》中專設《藏書》一目，説明了當時藏書之風的盛行。元時，楊維楨「積書數萬卷」（《鐵笛道人自傳》）。

明代藏書業大發展，出現了鈕石溪的世學樓等著名藏書樓。其中影響最大的藏書家族，當數山陰祁氏；影響最大的藏書樓，當數祁承㸁創辦的澹生堂，至其子彪佳時，藏書達三萬多卷。

清代是紹興藏書業的鼎盛時期，有史可稽者凡二十六家，諸如章學誠、李慈銘、陶濬宣等。上虞王望霖建天香樓，藏書萬餘卷，尤以藏書家之墨迹與鈎摹鐫石聞名。徐樹蘭創辦的古越藏書樓，以存古開新爲宗旨，以資人觀覽爲初心，成爲中國近代第一家公共圖書館。

民國時，代表性的紹興藏書家與藏書樓有：羅振玉的大雲書庫、徐維則的初學草堂、蔡元培創辦的養新書藏、王子餘開設的萬卷書樓、魯迅先生讀過書的三味書屋等。

根據二〇一六年完成的古籍普查結果，紹興全市十家公藏單位，共藏有一九一二年以前産生的中國傳統裝幀書籍與民國時期的傳統裝幀書籍三萬九千七百七十七種、二十二萬六千一百二十五册，分别占了浙江省三十三萬七千四百零五種的百分之十一點七九、二百五十萬六千六百三十三册的百分之九點零二。這些館藏的文獻典籍，有不少屬於名人名著，其中包括在别處難得見到的珍稀文獻。這是紹興這個地靈人傑的文獻名邦確實不同凡響的重要見證。

一部紹興的藏書史，其實也是一部紹興人的讀書、用書、著書史。歷史上的紹興，刻書、藏書、讀書、用書、著書，良性循環，互相促進，成爲中國文化史上一道亮麗的風景。

（三）著述豐富多彩

紹興自古以來，論道立説、卓然成家者代見輩出，創意立言、名動天下者繼踵接武，歷朝皆有傳世之作，各代俱見檠檠之著。這些文獻，不僅對紹興一地有重要價值，而且也是浙江文化乃至中國古代文化的重要組成部分。

一是著述之風，遍及各界。越人的創作著述，文學之士自不待言，爲政、從軍、業賈者亦多喜筆耕，屢有不刊之著。甚至於鄉野市井之口頭創作、謡歌俚曲，亦代代敷演，蔚爲大觀，其中更是多有内蘊厚重、哲理深刻、色彩斑斕之精品，遠非下里巴人，足稱陽春白雪。

二是著述整理，尤爲重視。越人的著述，包括對越中文獻乃至我國古代文獻的整理。宋孔延之的《會稽掇英總集》，清杜春生的《越中金石記》，近代魯迅的《會稽郡故書雜集》等，都是收輯整理地方文獻的重要成果。陳橋驛所著《紹興地方文獻考録》，是另一種形式的著述整理，其中考録一九四九年前紹興地方文獻一千二百餘種。清代康熙年間，紹興府山陰縣吴楚材、吴調侯叔侄選編的《古文觀止》，自問世以來，一直是古文啓蒙的必備書，也深受古文愛好者的推崇。

三是著述領域，相涉廣泛。越人的著述，涉及諸多領域。其中古代以經、史與諸子百家研核之作爲多，且基本上涵蓋了經、史、子、集的各個分類，近現代以文藝創作爲多，當代則以科學研究論著爲多。這也體現了越中賢傑經世致用、與時俱進的家國情懷。

四

盛世修典，承古啓新，以「紹興」之名，行紹興之實。

紹興這個名字，源自宋高宗的升越州爲府，並冠以年號，時在紹興元年（一一三一）的十月廿六日。這是對這座城市傳統的畫龍點睛。紹興這兩個字合在一起，蘊含的正是承繼前業而壯大之、開創未來而昌興之的意思。數往而知來，今天的紹興人正賦予這座城市、這個名字以新的意藴，那就是繼承中華優秀傳統文化，建設中華民族現代文明，爲實現中華民族偉大復興，作出自己新的更大的貢獻。

編纂出版《紹興大典》，正是紹興地方黨委、政府文化自信、文化自覺的體現，是集思廣益、精心實施的德政，是承前啓後、繼往開來的偉業。

（一）科學的決策

《紹興大典》的編纂出版，堪稱黨委、政府科學決策的典範。二〇二〇年十二月十一日，中共紹興市委八届九次全體（擴大）會議審議通過了關於紹興市「十四五」規劃和二〇三五年遠景目標的建議，其中首次提出要啓動《紹興大典》的編纂出版工作。

二〇二一年二月五日，紹興市第八届人民代表大會第六次會議批准了市政府根據市委建議編製的紹興市「十四五」規劃和二〇三五年遠景目標綱要，其中又專門寫到要啓動《紹興大典》的編纂出版工作。二月八日，紹興市人民政府正式印發了這個重要文件。

二〇二二年二月二十八日的中共紹興市第九次代表大會市委工作報告與三月三十日的紹興市九届人大一次會議政府工作報告，均對編纂出版《紹興大典》提出了要求。

二〇二二年九月十五日，紹興市人民政府第十一次常務會議專題聽取了《〈紹興大典〉編纂出版工作實施方案》起草情況的匯報，決定根據討論意見對實施意見進行修改完善後，提交市委常委會議審議。九月十六日，中共紹興市委九届二十次常委會議專題聽取《〈紹興大典〉編纂出版工作實施方案》起草情況的匯報，並進行了討論，決定批准這個方案。十月十日，中共紹興市委辦公室、紹興市人民政府辦公室正式印發了《〈紹興大典〉編纂出版工作實施方案》。

（二）嚴謹的體例

在中共紹興市委、紹興市人民政府研究批准的實施方案中，《紹興大典》編纂出版的各項相關事宜，均得以明確。

一是主要目標。系統、全面、客觀梳理紹興文化傳承脉絡，收集、整理、編纂、研究、出版紹興地方文獻，使《紹興大典》成爲全國鄉邦文獻整理編纂出版的典範和紹興文化史上的豐碑，爲努力打造「文獻保護名邦」「文史研究重鎮」「文化轉化高地」三張紹興文化的金名片作出貢獻。

二是收録範圍。《紹興大典》收録的時間範圍爲：起自先秦時期，迄至一九四九年九月三十日，部分文獻酌情下延。地域範圍爲：今紹興市所轄之區、縣（市），兼及歷史上紹興府所轄之蕭山、餘姚。內容範圍爲：紹興人的著述，域外人士有關紹興的著述，歷史上紹興刻印的古籍善本和紹興收藏的珍稀古籍善本。

三是編纂方法。對所録文獻典籍，按經、史、子、集和叢五部分類方法編纂出版。

根據實施方案明確的時間安排與階段劃分，在具體編纂工作中，采用先易後難、先急後緩，邊編纂出版、邊深入摸底的方法。即先編纂出版情況明瞭、現實急需的典籍，與此同時，對面上的典籍情況進行深入的摸底調查。這樣的方法，既可以用最快的速度出書，以滿足保護之需、利用之需，又可以爲一些難題的破解争取時間；既可以充分發揮我國實力最强的專業古籍出版社中華書局的編輯出版優勢，又可以充分借助與紹興相關的典籍一半以上收藏於我國古代典籍收藏最爲宏富的國家圖書館的優勢。這是最大限度地避免時間與經費上的重複浪費的方法，也是地方文獻編纂出版工作方法上的創新。

另外，還將適時延伸出版《紹興大典·要籍點校叢刊》《紹興大典·文獻研究叢書》《紹興大典·善本影真叢覽》等。

（三）非凡的意義

正如紹興的文獻典籍在中華文獻典籍史上具有重要的影響那樣，編纂出版《紹興大典》的意義，同樣也是非同尋常的。

一是編纂出版《紹興大典》，對於文獻典籍的更好保護——活下來，具有非同尋常的意義。歷史上的文獻典籍，是中華文明歷經滄桑留下的最寶貴的東西。然而，這些瑰寶或因天災人禍，或因自然老化，或因使用過度，或因其他緣故，有不少已經處於岌岌可危甚至奄奄一息的境況。

編纂出版《紹興大典》，可以爲系統修復、深度整理這些珍貴的古籍争取時間；可以最大限度呈現底本的原貌，緩解藏用的矛盾，更好地方便閱讀與研究。這是文獻典籍眼下的當務之急，最好的續命之舉。

二是編纂出版《紹興大典》，對於文獻典籍的更好利用——活起來，具有非同尋常的意義。歷史上的文獻典籍，流傳到今天，實屬不易，殊爲難得。它們雖然大多保存完好，其中不少還是善本，但分散藏於公私，積久塵封，世人難見；也有的已成孤本，或至今未曾刊印，僅有稿本、抄本，秘不示人，無法查閱。

編纂出版《紹興大典》，將穿越千年的文獻、深庋密鎖的秘藏、散落全球的珍寶匯聚起來，化身萬千，走向社會，走近讀者，走進生活，既可防它們失傳之虞，又可使它們嘉惠學林，也可使它們古爲今用，文旅融合，還可使它們延年益壽，推陳出新。這是於文獻典籍利用一本萬利、一舉多得的好事。

三是編纂出版《紹興大典》，對於文獻典籍的更好傳承——活下去，具有非同尋常的意義。歷史上的文獻典籍，能保存至今，是先賢們不惜代價，有的是不惜用生命爲代價换來的。對這些傳承至今的古籍本身，我們應當倍加珍惜。

編纂出版《紹興大典》，正是爲了述録先人的開拓，啓迪來者的奮鬥，使這些珍貴古籍世代相傳，使藴藏在這些珍貴古籍身上的中華優秀傳統文化世代相傳。這是中華文化創造性轉化、創新性發展的通途所在。

編纂出版《紹興大典》，是紹興文化發展史上的曠古偉業。編成後的《紹興大典》，將成爲全國範圍内的同類城市中，第一部收録最爲系統、内容最爲豐贍、品質最爲上乘的地方文獻集成。

紹興這個地方，古往今來，都在不懈超越。超乎尋常，追求卓越。超越自我，超越歷史。《紹興大典》的編纂出版，無疑會是紹興文化發展史上的又一次超越。

道阻且長，行則將至；行而不輟，成功可期。「後之視今，亦猶今之視昔」；「後之覽者，亦將有感於斯文」（《蘭亭集序》）。讓我們一起努力吧！

馮建榮

二〇二三年六月十日，星期六，成稿於寓所

二〇二三年中秋、國慶假期，校改於寓所

編纂説明

紹興古稱會稽，歷史悠久。

大禹治水，畢功了溪，計功今紹興城南之茅山（苗山），崩後葬此，此山始稱會稽，此地因名會稽，距今四千多年。

大禹第六代孫夏后少康封庶子無餘於會稽，以奉禹祀，號曰「於越」，此爲吾越得國之始。《竹書紀年》載，成王二十四年，於越來賓。是亦此地史載之始。

距今兩千五百多年，越王句踐遷都築城於會稽山之北（今紹興老城區），是爲紹興建城之始，於今城不移址，海内罕有。

秦始皇滅六國，御海内，立郡縣，成定制。是地屬會稽郡，郡治爲吴縣，所轄大率吴越故地。東漢順帝永建四年（一二九），析浙江之北諸縣置吴郡，是爲吴越分治之始。會稽名仍其舊，郡治遷山陰。由隋至唐，會稽改稱越州，時有反復，至中唐後，「越州」遂爲定稱而至於宋。所轄時有增减，至五代後梁開平二年（九〇八），吴越析剡東十三鄉置新昌縣，自此，越州長期穩定轄領會稽、山陰、蕭山、諸暨、餘姚、上虞、嵊縣、新昌八邑。

建炎四年（一一三〇），宋高宗趙構駐蹕越州，取「紹奕世之宏庥，興百年之丕緒」之意，下詔從建炎五年正月改元紹興。紹興元年（一一三一）十月己丑升越州爲紹興府，斯地乃名紹興，沿用至今。

歷史的悠久，造就了紹興文化的發達。數千年來文化的發展、沉澱，又給紹興留下了燦爛的文化載體——鄉邦文獻。保存至今的紹興歷史文獻，有方志著作、家族史料、雜史輿圖、文人筆記、先賢文集、醫卜星相、碑刻墓誌、摩崖遺存、地名方言、檔案文書等不下三千種，可以説，凡有所録，應有盡有。這些文獻從不同角度記載了紹興的山川地理、風土人情、經濟發展、人物傳記、著述藝文等各個方面，成爲人們瞭解歷史、傳承文明、教育後人、建設社會的重要參考資料，其中許多著作不僅對紹興本地有重要價值，也是江浙文化乃至中華古代文化的重要組成部分。

紹興歷代文人對地方文獻的探尋、收集、整理、刊印等都非常重視，並作出過不朽的貢獻，陳橋驛先生就是代表性人物。正是在他的大力呼籲下，時任紹興縣政府主要領導作出了編纂出版《紹興叢書》的決策，爲今日《紹興大典》的編纂出版積累了經驗，奠定了基礎。

時至今日，爲貫徹落實習近平總書記系列重要講話精神，奮力打造新時代文化文明高地，重輝「文獻名邦」，中共紹興市委、市政府毅然作出編纂出版《紹興大典》的決策部署。延請全國著名學者樓宇烈、袁行霈、安平秋、葛劍雄、吴格、李岩、熊遠明、張志清諸先生參酌把關，與收藏紹興典籍最豐富的國家圖書館等各大圖書館以及專業古籍出版社中華書局展開深度合作，成立專門班子，精心規劃組織，扎實付諸實施。《紹興大典》是地方文獻的集大成之作，出版形式以紙質書籍爲主，同步開發建設數據庫。其基本内容，包括以下三方面：

一、《紹興大典》影印精装本文獻大全。這方面内容囊括一九四九年前的紹興歷史文獻，收録的原則是「全而優」，也就是文獻求全收録；同一文獻比對版本優劣，收優斥劣。同時特別注重珍稀性、孤罕性、史料性。

《紹興大典》影印精裝本收録範圍：

時間範圍：起自先秦時期，迄至一九四九年九月三十日，部分文獻可酌情下延。

地域範圍：今紹興市所轄之區、縣（市），兼及歷史上紹興府所轄之蕭山、餘姚。

内容範圍：紹興人（本籍與寄籍紹興的人士、寄籍外地的紹籍人士）撰寫的著作，非紹興籍人士撰寫的與紹興相關的著作，歷史上紹興刻印的古籍珍本和紹興收藏的古籍珍本。

《紹興大典》影印精裝本編纂體例，以經、史、子、集、叢五部分類的方法，對收録範圍内的文獻，進行開放式收録，分類編輯，影印出版。五部之下，不分子目。

經部：主要收録經學（含小學）原創著作；經校勘校訂，校注校釋，疏、證、箋、解、章句等的經學名著；爲紹籍經學家所著經學著作而撰的著作，等等。

史部：主要收録紹興地方歷史書籍，重點是府縣志、家史、雜史等三個方面的歷史著作。

子部：主要收録專業類書，比如農學類、書畫類、醫卜星相類、儒釋道宗教類、陰陽五行類、傳奇類、小説類，等等。

集部：主要收録詩賦文詞曲總集、别集、專集，詩律詞譜，詩話詞話，南北曲韻，文論文評，等等。

叢部：主要收録不入以上四部的歷史文獻遺珍、歷史文物和歷史遺址圖録彙總、戲劇曲藝脚本、報章雜志、音像資料等。不收傳統叢部之文叢、彙編之類。

《紹興大典》影印精裝本在收録、整理、編纂出版上述文獻的基礎上，同時進行書目提要的撰寫，並細編索引，以起到提要鉤沉、方便實用的作用。

二、《紹興大典》點校研究及珍本彙編。主要是《紹興大典》影印精装本的延伸項目，形成三個成果，即《紹興大典·要籍點校叢刊》《紹興大典·文獻研究叢書》《紹興大典·善本影真叢覽》三叢。選取影印出版文獻中的要籍，組織專家分專題開展點校等工作，排印出版《紹興大典·要籍點校叢刊》；及時向社會公布推出出版文獻書目，開展《紹興大典》收録文獻研究，分階段出版研究成果《紹興大典·文獻研究叢書》；選取品相完好、特色明顯、内容有益的優秀文獻，原版原樣綫装影印出版《紹興大典·善本影真叢覽》。

三、《紹興大典》文獻數據庫。以《紹興大典》影印精装本和《紹興大典·要籍點校叢刊》《紹興大典·文獻研究叢書》《紹興大典·善本影真叢覽》三叢爲基幹構建。同時收録大典編纂過程中所涉其他相關資料，未用之版本，書佚目存之書目等，動態推進。

《紹興大典》編纂完成後，應該是一部體系完善、分類合理、全優兼顧、提要鮮明、檢索方便的大型文獻集成，必將成爲地方文獻編纂的新範例，同時助力紹興打造完成「歷史文獻保護名邦」「地方文史研究重鎮」「區域文化轉化高地」三張文化金名片。

《紹興大典》在中共紹興市委、市政府領導下組成編纂工作指導委員會，組織實施並保障大典工程的順利推進，同時組成由紹興市爲主導、國家圖書館和中華書局爲主要骨幹力量、各地專家學者和圖書館人員爲輔助力量的編纂委員會，負責具體的編纂工作。

《紹興大典》編纂委員會

二〇二三年五月

史部編纂説明

紹興自古重視歷史記載，在現存數千種紹興歷史文獻中，史部著作占有極爲重要的位置。因其内容豐富、體裁多樣、官民兼撰的特點，成爲《紹興大典》五大部類之一，而別類專纂，彙簡成編。

按《紹興大典·編纂説明》規定：「以經、史、子、集、叢五部分類的方法，對收録範圍内的文獻，進行開放式收録，分類編輯，影印出版。五部之下，不分子目。」「史部：主要收録紹興地方歷史書籍，重點是府縣志、家史、雜史等三個方面的歷史著作。」

紹興素爲方志之鄉，纂修方志的歷史較爲悠久。據陳橋驛《紹興地方文獻考録》（浙江人民出版社，一九八三年版）統計，僅紹興地區方志類文獻就「多達一百四十餘種，目前尚存近一半」。在最近三十多年中，紹興又發現了不少歷史文獻，堪稱卷帙浩繁。

據《紹興大典》編纂委員會多方調查掌握的信息，府縣之中，既有最早的府志——南宋二志《（嘉泰）會稽志》和《（寶慶）會稽續志》，也有最早的縣志——宋嘉定《剡録》；既有耳熟能詳的《（萬曆）紹興府志》，也有海内孤本《（嘉靖）山陰縣志》；更有寥若晨星的《永樂大典》本《紹興府志》，等等。存世的紹興府縣志，明代纂修並存世的萬曆爲最多，清代纂修並存世的康熙爲最多。

家史資料是地方志的重要補充，紹興地區家史資料豐富，《紹興家譜總目提要》共收録紹興相關家譜資料三千六百七十九條，涉及一百七十七個姓氏。據二〇〇六年《紹興叢書》編委會對上海圖書館藏紹興文獻的調查，上海圖書館館藏的紹興家史譜牒資料有三百多種，據紹興圖書館最近提供的信息，其館藏譜牒資料有二百五十多種，一千三百七十八册。紹興人文薈萃，歷來重視繼承弘揚耕讀傳統，家族中尤以登科進仕者爲榮，每見累世科甲、甲第連雲之家族，如諸暨花亭五桂堂黄氏、山陰狀元坊張氏，等等。家族中每有中式，必進祠堂，祭祖宗，禮神祇，乃至重纂家乘。因此纂修家譜之風頗盛，聯宗聯譜，聲氣相通，呼應相求，以期相將相扶，百世其昌，因此留下了浩如煙海、簡册連編的家史譜牒資料。家史資料入典，將遵循「姓氏求全，譜目求全，譜牒求優」的原則遴選。

雜史部分是紹興歷史文獻中内容最豐富、形式最多樣、撰者最衆多、價值極珍貴的部分。記載的内容無比豐富，撰寫的體裁多種多樣，留存的形式面目各異。其中私修地方史著作，以東漢袁康、吴平所輯的《越絶書》及稍後趙曄的《吴越春秋》最具代表性，是紹興現存最早較爲系統完整的史著。

雜史部分的歷史文獻，有非官修的專業志、地方小志，如《三江所志》《倉帝廟志》《螭陽志》等；有以韻文形式撰寫的如《山居賦》《會稽三賦》等；有碑刻史料如《會稽刻石》《龍瑞宫刻石》等；有詩文游記如《沃洲雜詠》等；有珍貴的檔案史料如《明浙江紹興府諸暨縣魚鱗册》等；有名人日記如《祁忠敏公日記》《越縵堂日記》等；有綜合性的歷史著作如海内外孤本《越中雜識》等；也有鉤沉稽古的如《虞志稽遺》等。既有《救荒全書》《欽定浙江賦役全書》這樣專業的經濟史料，也有《越中八景圖》這樣的圖繪史料等。舉凡經濟、人物、教育、方言風物、名人日記等，應有盡有，不勝枚舉。尤以地理爲著，諸如山川風物、名勝古迹、水利關津、衛所武備、天文医卜等，莫不悉備。

這些歷史文獻，有的是官刻，有的是坊刻，有的是家刻。有特别珍貴的稿本、鈔本、寫本，也有珍稀孤罕首次面世的史料。由於《紹興大典》的編纂出版，這些文獻得以呈現在世人面前，俾世人充分深入地瞭解紹興豐富多彩的歷史文化。受編纂者學識見聞以及客觀條件之限制，難免有疏漏錯訛之處，祈望方家教正。

《紹興大典》編纂委員會
二〇二三年五月

民國 新昌縣志 二十卷

〔民國〕金城修，〔民國〕陳畬等纂

民國八年（一九一九）鉛印本

影印説明

《（民國）新昌縣志》二十卷，金城修，陳畬等纂。民國八年（一九一九）鉛印本。半葉十行行二十五字，小字雙行同，白口，單魚尾，四周雙邊，有圖。原書版框尺寸高19.3釐米，寬12.5釐米。書前有齊堯珊、張鼎銘、王廷揚、蔡元培、馮學書、沈爾昌、童學琦以及金城等人序言，後有修志姓名及凡例。書後附《新昌農事調查》，分《蠶》《桑》《菸》《茶》《朮》《礦》六篇，並有金城《自叙》，言：「余忝牧兹土，……閒爲分别調查，旁稽譯籍，考其利病得失，手置一編與邑人士絜長較短，互相討論，以冀一得之助，非能因勢利導也。適重修縣志成，杭關監督沈季宣先生以爲歐戰既平，東亞片隅將爲世界工商戰場，非厲行實業政策助長原料不能争衡，此項調查有裨當世，囑余附諸志後，以資考鏡。因述其緣起如此。」可見修志者雖處一縣之隅，亦抱實業救國之主張，並付諸實踐。

金城（一八八八—一九六七），字湯侯，光緒十四年出生於紹興皋埠鎮，民國初年任天台知縣，五年（一九一六）任新昌知縣。後從事交通事業，創建紹曹嵊公路。同時關心公共設施建設，與朱仲華等人創辦稽山中學，與邵力子等人籌款創辦醫院。一九四九年後，歷任第二、三屆浙江省政協委員、工商聯執委，紹興市政協委員、工商聯常委等職。陳畬，原名得心，字宇襄，寧波象山人，光緒十五年（一八八九）舉人，二十九年進士，内閣留用，吏部四品銜，後升員外郎。

此次影印，以上海圖書館藏本爲底本。原書所附《新昌農事調查》篇目目録缺第四葉，現據同版本補。另據《中國地方志聯合目録》，國家圖書館、南京圖書館、浙江圖書館、天一閣等亦有收藏。

新昌縣志

陳邦瑞署

新昌縣志

歲次屠維協洽皐月中浣校刊

新昌縣志序

浙中志書以明人潛説友臨安志爲最著此外或存或無或繁或簡書不同而體例則同體例或不同而屢將比事乘善癉惡之指則無不同新昌爲縣也昔清康歷朝成志後三百年來屢修不

維賢侯金君城宰歲二年政通人和百廢具舉迺集邑人重葺而廣續之既藏事援余續焉夫邑之有志所以明三綱張四維也執筆者非有才學識三者以濟之烏足以信今而傳後是編特立大本記分至義行諸傳今之有見婦女

節孝但符年限即生存無錄闡
幽微顯尤具善心隱逸一門原有今
昔世用意盡刪者在彼皆史才也
新昌自梁析分邑其先本隸天台
半屬嵊縣今則劉門山桃源洞皆
屬我者彼則戴安道之故廬安
知不在我乎子猷訪戴子猷固未

興見戴但云興盡而返子猷居山
陰心目中祇有一戴雖極泰長
流畫凡流〻賢士大夫孰不當中
事〻友〻讀是編竟不得見其
人不會見其人寧在不晉益於
居是邦者謂予已編請從好山
水人物而可謂予〻於從好山水人

物為東友之一斑也亦何不可

民國七年十一月

伊通齊耀珊照巖氏撰

齊耀珊印　照巖

新昌縣志

重脩新昌縣志敘

余尹會稽道之明年邑屬安堵民以大和知新昌縣事金令城奉檄脩縣志成詞呈乞敘甚嬓媵以稿冊十凡二十卷為目九增新者四仍其舊則五焉披覽一過作而曰美哉洋洋乎可謂不畔文省事詳之旨矣夫邑之有志猶

國之有史也惟志則萃一邑數十百載之故實著諸方榮耳至其所以信今而傳後國治而觀風者矣以異哉古者太史陳詩以觀民風命市納賈以觀民之好惡周官誦訓掌方志以詔觀事道方慝以詔辟忌以知地俗訓方氏掌道四方之政事與其上下之志誦四方之傳道漢丞相張

禹貢屬類如朱贛條天下風俗班氏之作地理志於民俗三致意焉是邑乘之所由昉也後則風俗之於人心政事其所繫不亦大哉新巖邑也勝清屬郡紹興今轄會稽而邑處上游磽地瘠其民儉其俗樸質純懿為他郡邑所不及特以建邑朱梁遺文闕而不詳梁志世罕傳本

莫志等翻呂志遂成稿清康熙重修而后於今有二百數十年矣其中人事遷貿滄桑轉移故舊之凋零物產之滋長間見日異矧況網舉叢而輯之非易事也而況饑饉薦臻風鶴震駭匪窟凋耗民生計蹙而借以徼壽巧詐且鋒出而不可録外侮内憂機牙潛伏

有識之士慨焉憂之然余以為無足慮也何
也風俗為美民風誠樸何虞乎饑饉何懼乎
風鶴何畏乎民生何恤乎奇技淫巧官斯土
者撫輿圖之廣衍則恐耳目之難周睹氏族
之編可以興喬木之想大事有記前車可鑒
足徵人物起仰止之懷物產謀生民之利原始

為不忘其本禮制乃風俗之原蓋因其俗之厚者而利導之整齊之暇或與二三耆老泛舟簾洞登天姥最高峰頭攬沃洲之勝境慨然想黃文節石子重之遺芳願遊四郊溪山蟠鬱度其中有秀異博碩之士伏處於澗阿之間者乎不妨陟巘而詣焉問茅檐

疾苦以為之福則是編之所系為尤大也又豈僅補遺訂墜之功哉余也涼德牧多邑而為之長竊自忝焉幸賢令尹能行其志以補吾過也樂為叙而歸之

中華民國七年即夏正戊午仲秋之月浙江會稽道尹張鼎銘拜書

張氏鼎銘

新昌縣志

重修新昌縣志序

新昌志自明成化間縣令李楫廣文莫旦草創釆輯而未成書至萬歷時縣令田琯延呂君光洵纂成之淸康熙間徵集全國邑志其時縣令劉作樑卽據呂本倉卒進奉道光時邑人陳君金鑑於前志已有疏證光緒時陳君謳於職官列女科舉三門逐爲補輯有淸一代邑中文獻畧備於是矣民國肇造紹縣金君湯侯宰是邑逾年政成恐邑志散佚謀之邑人童君亦韓介象山陳君宇襄主其事宇襄以陳君金鑑本爲評本以陳君謳本爲志稿援據二本更革凡例文省事詳蔡君子民稱其得摩研編削斟通今昔之宜蓋非虛美也往余遊臨安時方謀修邑志紛紛聚議有謂詳載

山川道里物產已足詩文記傳徒爲費辭者友人姚君石樵以問余余笑曰然則測一圖名之曰無人島而已何志爲夫志地之書肇於禹貢任土作貢經國之義在焉周官大司徒之職以天下土地之圖周知九州地域廣輪辨其山林川澤丘陵墳衍原隰之名物司馬子長創爲河渠書班孟堅始志地理范蔚宗乃志郡國唐宋以降郡縣有志古今以來遞衍益進凡皆以爲宜民出治之本匪特備掌故於既往也夫名山大川終古流峙體國經野古今異宜而山川之跡存斯天地之性在會天地山川之性情以求裁成輔相左右宜民之道則一邑之志卽一邑之治譜也金君修志之意陳君秉筆之義其在斯乎如第曰山川道里物產而已雖無志

可也
中華民國八年二月十日
金華王廷揚序

新昌縣志

重修新昌縣志序

余十餘歲時從叔父銘山先生許得章實齋氏文史通義而讀之其於方志之例言之最詳遂常留印象於腦中年二十四上虞朱芴卿先生主修縣志招爲襄理以志例見屬遂本章氏理論而參以特別之名目同事者大譁余亦護前因而辭職其後稍涉科學又研求小學教育之鄉土志則尤感於舊日方志之缺點即章氏之例亦有不適用者近於北京大學中兼任國史編纂處事則方志之需要尤多所經驗蓋昔之修史者用演繹法以中央政府爲主體故治史學者代有其人而道方志者鮮焉今之修史者用歸納法以社會各方面爲要素調察統計必基於各地方之所從事

而後綜合之以爲國史也吾友新昌童君亦韓旣來編纂處共事以新昌知事金君湯侯方會同士紳重修邑志見告且示以凡例則又吾友象山陳君字襄之所草也其中如地圖之本於測繪山川之特列綱目教堂之附入寺院災異祥瑞之別爲軼聞而附諸雜志皆甄取新義可以正舊志之失者聞志已告成余雖尙未見全書知必有以異乎尋常新昌自此爲有志矣

中華民國八年一月三十日　紹興蔡元培

重修新昌縣志敘

新昌舊爲沃州又號剡東至五季錢氏始置爲邑其時與嵊縣區域界限剖劃不甚明晰自明以來僅有李邑侯一稿莫廣文一本爲縣志之基礎二百五十年間斯邑之典章文物賴以不墜者亦僅矣拾殘補缺是後起者之責金君城以浙人宰浙邑本採風問俗之心爲攷文徵獻之舉延攬耆宿修輯志書甚盛事也舊志分十八卷今廣爲二十卷應訂正者訂正之應沿襲者沿襲之應增益者增益之綱舉目張燦焉大備所謂文省於前事詳於後庶幾近之金君老於吏事治術彬彬茲以其餘閒殫心箸述因知文章政事自有兼長也余既樂觀全志之成尤望異日得永其傳與陸

游會稽志輝映後先庶不負賢令尹纂修之苦心也夫

中華民國七年仲秋之月浙江政務廳廳長紹興馮學書撰

續修新昌縣志叙

春秋魯國之史記孔子所自作考眞僞志典禮以明將來之法故傳曰其善志又曰非聖人孰能修之後之治春秋者或爲五禮之例或爲世族之譜或成長歷或考地名得其一端可以專其家而世其業而集解釋例者猶不與焉大哉其萬世修志之極則乎縣志亦春秋之學而史家之事吾浙自臨安四明迄於蕭山諸志收入秘府者十數家徵文考獻實爲正史之先導大旨皆以道德文章勸天下蓋當時一王之政教使然於是有史才者皆欲假手修一邑之志四方聞人亦以得人修其邑志爲快起例必嚴紀事必簡修辭必潔猶是以道德文章勸天下之意而其願望則尤在文

章之妙之傳無窮也夫以一邑之大惟恃一人之文章傳之其輕量一邑之人將何如今中國物產不昌明工藝不求精衣食不自生禮義不能行如撫羣嬰如引羣盲不躋之於富庶之程其何以合衆力而圖令名金君湯侯治新昌之明年政通人和修其縣志歷時一年成書二十卷屬稿既竟授予讀之其起例之嚴紀事之簡修辭之潔比之武功朝邑未遑多讓獨於菸朮茶桑鑛五者再三致意將因民之所利而利之使新昌之民百世之後皆有專家世業之樂湯侯亦人傑矣哉顧斯五者猶以格於體例不能徧識余謂湯侯出其餘力圖之讚之譜之記之自成一書盡其說乃止以附於縣志之後奚不可者余聞之先大夫曰讀書者能與著書

者之精神相浹洽是善讀書者也著書者能啟發讀書者之精神時其可至而蘄其必至是善著書者也是說也與湯侯修志之意合足以明將來之法謹識數語以歸之紹興沈爾昌

叙新昌重修縣志緣起

新昌位萬山之中東北西三面溪流縈廻人民勤樸物產豐盈遊其地者每謂爲樂土自宋迄明簪纓相望代有聞人清二百數十年間科第蟬聯不絶新文化輸入亦頗早而舊志散佚久闕不修地方盛衰沿革將末由稽攷誠吾邦人之失也民國五年縣知事金湯侯君甫下車卽慨然引爲己任集父老會商羣贊成余方自杭州歸承以辦法見告余甚韙其議屬余介一通人任總纂余諾之而一時苦不得其人六年夏始聘定舊友象山陳宇襄君余又介邑中學識優長者多人爲之助金君急於開辦會盛暑流金爍石聚蚊成雷居者行者咸畏避由象山而奉化而新昌幾經跋涉

始至陳君窮日夜之力揮汗如雨爲參攷新舊斟酌損益先撰成凡例暨采訪門類章程幷說明書條分縷晰補舊志所未逮導新志之先河余適因事滯滬迨余歸而陳君已離境其時采訪正急待進行聞城鄉士紳偶萌意見頗慮停滯幸金君毅然主持務底於成余方以舊友蔡孑民君函聘同修國史匆匆北來七年夏特請假南旋則志已告竣因取全書校讀一過覺斐然可觀而因革詳略之間尤有隱然於言外者於以佩金君之毅力感陳君之熱心在事諸同人之不辭勞瘁相與有成均難能而可貴也余愧亦邦人之一對於志事發起後雖時與金陳二君函牘往還多所商榷然卒未躬與其役且陳君數往來新昌余始終未一面盡一度

之討論益自引爲憾焉所足幸者今日修史已必變通舊例趨重實用與時勢相適合邑志即一邑之史也非獨以資攷古兼以知今而一切賴以興革如氏族戶口財產與夫農業工業商業均應詳晰調查列爲統計明變遷遞嬗之迹即方言歌謠風俗習慣亦與改良進化有關輿地尤應先施實測使山川道里均有準則茲雖限於欵絀期促而綱舉目張規模固已粗具以是爲民治之方針備國史之資料可乎

民國八年二月一日邑人童學琦敘于京師國史館

新昌縣志

重修新昌縣志序

吾邑志乘自康熙重修迄今已二百餘年世變滄桑幾經喪亂典章文物剝果蒙泉光緒間邑令某函商南鄉梁進士西園欲事修輯梁以任重辭後某令遷調議遂寢邑中士紳非不知一邑之志書一邑之文獻繫焉提議開修未有不一致贊同者惟主持大綱則賴賢長官熱心毅力庶士紳得有所憑藉耳民國五年夏余友金湯侯來長縣事下車伊始首以人心風俗爲第一關鍵而正人心敦風俗必資文獻爲地方表率集議再三與載陽馳書往返又數四金侯獨慨然引爲己任卽延象山名宿陳君宇襄總其事晨夕商定體例於今昔之異尚風土之異宜蘄必斠通以無戾乎時

而進乎道襄其役者復有本邑俞春山俞仁宇梁簡香諸君與採訪諸友日夕從事蓋是舉謀始於丙辰冬至丁巳夏始設局戊午夏即脫稿先後未期年而於絕續之交見聞之差句梳字櫛各竭心力微特大事紀一編爲吾新特色即食貨志中取裁之當計劃之詳金侯於所著本邑農事調查記中復爲商酌備撮其要於此其爲吾新民教養計者一至此歟第吾邑向苦貧瘠公私交絀是役也遇一疑義曰惟吾賢侯是詢一支應曰惟吾賢侯是求誠未知金侯幾經經營心力交瘁而後得此也載陽忝總師干適値時變軍書旁午間或質疑一二有志未逮以二百數十年之史而成於一二年一人之手其愉快爲奚若充其志詎止爲吾新邑幸金

侯顧以余爲新籍謂不序其事不可陽不文亦僅述其顛末云
中華民國七年歲次戊午仲秋之月邑人張載陽敬譔

新昌縣志

序

凡稱成事者有二難古曰材今曰財世運遞遷日甚一日吾師湯蟄仙每嘅乎其言之不身與其事不知其難焉余之宰天台既幸有志稿矣向以爲治民如治病然培補元氣藥必王道古今學說顯已不同思非克及毋甯先就其易者而治之不猶愈於未治乎癘既痏矣不審本人之體質與古方之經驗可乎由此言之則邑志爲本邑之體質如何而挺解之卽爲古方之徵驗余誠不自知其何癖而所向輒以其志爲性命也前之新志僅由椽屬呂君輾轉得於其友人之鈔本余讀之益似二百數十年之沉痌若身任之邑中之稍達事務者無不以修志爲言及叩其腠理則更鬱結

顛晌不名一狀余益病之今則觀成有日矣其間之難易邑人士當共諒之至其易中之難或有未盡知者茲特表而禄之前政劉侯在清康熙時民物如何繁盛侯又負有文望同局至數十人後此增修或有踵事之責而無變本之嫌易矣而不知其中自相歧異甚至剷青以後版木私添至有引爲訟案證據者此其一先此數年天姥寺僧盜賣公產由前政吳本鈞申請以理明之罰鍰二千金爲修志經費疊奉批准易矣而部民未知其意譸張益甚省憲亦原其衷曲而爲之委曲保護僅准撥欵五百金始已設局旋又以無費中輟此其二所延纂修陳君字襄向爲京官以掌故著名初次來新時與商訂採訪條例衆皆稱善易矣顧陳君過自謙

捛動以金志相詰難遇有體例之變更傳論之增附非得一面決加一戳印不可時適炎夏陳君既夜以繼日手不停輟余又以管理選舉事往省數四未及卸裝輒與咿唔達旦或且促鄰屏語幾如形影追袖稿校正則一燈熒然幾忘晷刻徑出理事則已平旦隨稿發出意每忽忽若有所失此其三是役謀始於丙辰設局於丁巳脫稿于戊午夏余直以身徇之當斷續時邑人童編纂亦韓組於前張載陽師長肩其後張紳祖琦承其先人韻蘭慨助二千金始贊成其事或亦鑒余誠而爲此易矣而不知者又過爲高論以匡所未逮余處此時局要惟以是非公諸輿論詳畧擇之採稿無負陳君者無負邑人而已外此不恤且不屑言焉此其四具此

四難同局諸人僉謂余不可無序若夫斟酌古今之時宜體製言論之微旨則　各憲序已言之或更因其所易益勗以所難歟余因此而益念及天台志稿矣

中華民國七年冬紹興金城

同局題名

鑒修

新昌縣知事　金城字湯侯紹縣人

纂修

前進士內閣留用吏部四品銜丞參廳上行走員外郎　陳畬原名得心字襄象山人

協修

現國史館編纂　童學琦字亦韓邑人

前舉人署雲和縣學訓導　俞函三字春山邑人

前拔貢本縣教育科長　俞恒字仁宇邑人

前大挑湖南知縣　梁葆章字簡香邑人

前直隸州州判署霸永司 陳恭藻 字伯紳 邑人
現勸學所所長 唐登瀛 字化成 邑人

參訂

保送免試知事 來裕恂 字雨生 蕭山人
現任承審員 周德潛 字少山 紹縣人
現民政科長 謝南阪 字祥霖 紹縣人
現財政科長 魯家瑜 字琯香 紹縣人
原蠶學館獎給優貢 朱葆華 字潤唐 象山人
北京大學文科畢業 陳慶祺 字子良 象山人
現教育科長兼縣視學 陳恭鼎 字仲銘 邑人

前庠生　陳福堂字升如邑人

前增貢生　俞濬鑑字志民邑人

前庠生縣議會議長　吳綬章字襄黼邑人

前廩生本縣教育科員　潘士模字杏春邑人

前廩生　唐景化字偕時邑人

前庠生　陳南圖字挺夫邑人

前庠生　呂仁圻字儀亭邑人

前庠生　俞知鑑字醉白邑人

採訪

前庠生　徐肇康字越江邑人

前庠生 呂仁圻詳上

前庠生縣議會議長 吳綬章詳上

前廩生本縣教育科員 潘士模詳上

前庠生 俞知鑑詳上

前舉人 梁葆成字萍香邑人

前庠生 陳南圖詳上

前歲貢生 潘樹梅字羹香邑人

前恩貢生 梁葆鎔字柳生邑人

現勸學員 俞雲涵字以章邑人

前庠生 丁拱辰字星階邑人

前庠生　張璧原名家祥字星樞邑人
前廩生　王文顯字冷僧邑人
前廩生　徐廷選字文甫邑人
前廩生　竺應聲字勤生邑人
前庠生　呂景和字晉輿邑人
前庠生　余熗字叔康邑人

名譽採訪

前增生　呂錫恩字幹卿邑人
前庠生遂安縣民政科長　張殿華字谿齋邑人
前恩貢生　俞俊字懷邦邑人

前廩生 呂錫庚 字清鑑 邑人

校對

前舉人 祝文修 字霞城 邑人

前舉人雲和縣訓導 俞函三 詳上

前拔貢本縣教育科長 俞恒 詳上

前庠生 呂仁圻 詳上

支應

現財政科科員 魯良 字蓮叔 紹縣人

現總務科科員 婁繼高 字燿曾 紹縣人

前庠生 俞往欽 字申甫 邑人

前廩生　陳念祖字子修邑人

自治委員　石耀斗字贊卿邑人

自治研究所畢業　張國華字經圃邑人

收掌

現民政科員　許肇梅字作舟天台人

原雙月選用知縣　張祖琦字又韓邑人

新昌縣志

新昌縣志

續修凡例

邑自宋藝文志已稱有梁希夷志一卷至明已不傳成化時李邑侯莫廣文始採葺成帙今惟見烟山陳氏家藏鈔本呂氏詆其辭乏體要萬歷時田侯即延呂氏重修康熙劉侯或因此本速成未及訂正此次重修冀以文省於前事詳於後爲法

萬歷志今無完本散見於邑人大令金鑑廣文諨二陳君志稿中大令本在道光前各有疏證廣文本迄自同光二朝已成篇幅守先待後二百五十年間文獻賴在一線此次採葺既

多特行標出於大令藁曰評本廣文本曰志稿以示矜式懼掠美焉

原志卷五有方輿圖兼詳名勝未諳測繪今惟此學日漸勝前概以開方法行之其仍列前圖者亦本華路藍縷之義

地志以簡爲貴武功朝邑所由著名惟新建邑時適値五季世變吳越備史又闕未詳以後建置至再原志概畧之沿革數語尤與嵊相沿襲茲特立表以清眉目城池各項以次附入

山川爲地志所必要徒以次敘誠如昔賢所譏爲記里鼓茲特列一綱目遠法禹貢山經近仿齊李二氏原有藝文係之形勝險要者分著各類中今則不妄添一辭

馬氏通攷特立水利一門謂有深意新邑山多於水如何圩牐以利久遠特詳列原志前賢序論於後餘則以今古異宜不復沿襲

各邑向惟田賦一志惟新邑山浮於田地丁所入僅十分之五雜稅半之今則幾倍常額故特立食貨一門以括之

物產爲食貨原本耑就新邑土宜而言其新出者爲烟朮茶桑諸大宗自應詳誌以示鄭重繭稅則更援近人日本志例附立一表比較列年消長之機卽知激勸之意有在鑛石初在試辦亦誌緣起

中國治體向惟禮教各修學碑記中言之特詳今昔異尙鄉社

報賽亦神道設教一大端概列禮制一門以存餼羊之意

漢晉以來譜學失傳吾浙郡望盡如流寓鄭氏通志特立氏族一門究亦崖略獨新於浙以族得氏一城之內祀祠已至四百餘所其載塚墓亦較他邑爲詳不以此爲統系曷標特色恩榮之坊表附之此亦因地制宜之一

阮氏文達謂地志必宜立大事紀原志依萬歷原本意在右文至列兵事於災異其悄可知似失錢氏建邑本意記稱爲溫州道遠而設猶爲皮相其有微文剩義於世局有關者亦附見焉

新自吳越以前秩官失志至宋亦不全明則歷年更多成化莫

志始有藍本職官選舉等門原志因之眉目未清特立此表以便後來隨時增補

志自康熙後歷年如此久遠中間職官選舉全由廣文志稿鈔入列女一門功更不淺

原志有傳有注或竟兩歧甚至注明有傳如名宦劉衷及丁義兪振繩等于傳中竟無一字存者當日必非一人手筆今於各注中或合傳或分系無論大小詳簡概以傳例行之間有補遺一二亦取其較有證據者甯慎無濫如通志之誤收鄒維璉并爲訂正表中則僅列名位先後不再贅注

選舉志并拾遺一類宋元中幾及百人當時或因私譜序及宗

望一時誤收除將確實證據并評本所言刪去各人外餘則概以存疑不妄贊一辭

循吏耑指新邑守土而言名宦則以功德及新爲準

原人物志廣分門類至十有二如德業外有教澤隱逸外有遺英既似考語又涉重複今概以時代爲次在國爲名臣在家爲名儒古今一理其出處名位時來爲之似皆在外概不强立名目見仁見智俟觀者自擇焉其目錄則雖非合傳亦以姓爲類次

宋史創立道學一傳前賢譏之究亦因時而設吾浙自婺學外惟新最早理難埋沒如孝友之以身作則忠節之以死勤事

義行方技之以惠及民文苑武功之各有專長闌入統志反嫌葺冗仍各以類次之

新增義行諸傳專以實在事蹟及所出錢數爲信否則概不濫列恐於詳略之內反滋嫌疑故甯慎毋率語云陰德必陽報此理古今不易願各後賢自勉焉

作史義在以褒貶爲勸懲例不列別號志則兼爲鄉邦文獻起見有褒無貶究與有別餘即由此類推

國史名義自應有隱逸一門至志則所云父母之邦詎有首陽船山可以避地避世原有此門今畧之語併詳前例中

原志列女德一門各邑罕見且義亦未廣茲仍立列女一門以

賢節貞烈爲分類除列傳外另立一表以括之

列女中表傳初無軒輊其有傳者類以事較畸異故於貞烈較多以資觀感間有時代先後失檢者大抵補旌自後各因採稿爲次

古今明賢非身後不立傳良以本人尚在立德立功方進未艾非但牽涉時事難乎爲言也初議修志時亦祇及宣統而止繼思學術則有著述可傳功績則有官書可證惟婦女苦節確憑鄉邑見聞以後續修稍一延長從何旌表故此例稍寬即見在生存年已周甲者概行登載中有實在純修僅差三五年猶爲此例所格益爲惋惜是所望於續修者

寓賢原次名宦後并闌入仙釋第詳本人原委而於本籍事蹟反少疏證今如四相潭等故事則概節之惟仙釋卽系本籍亦附入以彼固游於方之外故也

藝文以經史子集爲次仍注明已刻未刻或竟有目無書礙難追考其今人著述與掌故有關者亦爲採入餘則爲節省篇幅起見別編沃洲詩文存以足之

古蹟金石亦按時代爲次原有詩文卽系之或後於其地別有建置者卽注明見前不再分疏

新邑與台山毗連梵宇甲於他邑原志列于山川於義似睽不如別立一門教堂附之

星野災異原志合爲一門此最有識不爲歐陽氏所譏惟以一姓一事當之究與一邑無關邑俞孝廉沃洲小紀向有方言一門未忍沒其十年夙苦今幷統系以雜誌其軼聞一門亦取微言剩義足資考證者並不爲幽怪齊諧一流口實懼褻焉

是編援證諸書概以正史爲經子集爲緯逐條標注以昭信實王漁洋應修浯溪志爲時倉促每引爲已憾後於本集中多補之是志以期月而成採稿遲速不一當更罅漏未知能補否閱者諒之

採稿詳略不同間有闕疑概存郭公夏五之舊

原志分十八卷傳與詩文幾與其半加以各門序論又萬言有奇今於圖表外祇加二卷而字數已倍之于因革詳畧中仍註明原增二字彼此古今庶免輕薄因時制宜請俟來哲

新昌縣志目錄

明知縣周文祥 賈驥 劉彬 馮吉 黃聰 著 毛鷁 震 李楫 應先 之達
樂經 唐夔 姚隆 曾時 佟應龍 曹祥 天憲 姜地
侯祖德 宋賢 何孟倫 卓爾 萬鵬 霈圻 蕭敏道 謝廷試
田琯 蔣正元 鄭東璧 朱仁臣 張騰先
丞尉王東 劉昇 楊遇春 王新民 莫如能 劉衷附 曾衍
鄒端 卜篮 朱禧 危子儀
教職莫旦 王安 丕顯 一化 許淵 陳祿 徐憲 李祝 周坤
許儆賢 余經 譚機
清令胡悉甯 世則 俞居辰 劉作楪 陳大典 張宏 人崧 貴昌 莫景瑞附
李品鎬 孫欽若 楊際泰 石玉麒 戴枚附 朶如正等九員

丞 齊國士 朱啟運 許建勳 典史 陳大道
教職 朱奕軒 潘可選 張君照

名宦

宋 翟汝文 黃由 張虙
元 陳祐
明 李慶 陳讓 傅雲龍

卷十一

人物以姓爲次

五代 石渝子延翰 胡璟延俸 裔孫棟 剛
宋 石待旦子亞之待用子牧之附 曾孫公孺附公弼 悅可子斗文余亨

景術 公揆子晝問
景略 公轍
景畯

王夢龍 鑰弟華甫 從兄祖洽 趙炎附

黃兌 惠之 奇孫

呂大亨 九成 徽之 沖之孫秉南附

俞公美 何正祥 潘音

補遺 楊肅 戴質

元

章廷珪弟廷瑞 俞長孺 呂不用

明

梁貞 沂附

章廷瓊 爾弘附 廷瓛 石如璋附 敏 以善 泰亨

兆虞 曾穩 興道 曾楷 永國 繼櫰 鼐附 治該 若愚 新周 和朝 奇策 和筠 和鼎 曾蟠

陳獻徵 宏球 孝軻 九級 鴻藻 應奎

劉忠器 芳

胡禎

董茂醇

補遺

張世賢 德規從子文哲

章咸亨

清

呂正音 邦澍子仁學孫司壎 煸 青芝 日永

俞心聰 汝本子邦燾 鎬子際堯從子勷堯 函三 貞子鴻逵

潘志麟

王性之

陳捷 謝龔子宇燊等 金鑑子維翰志玉

何世華

張皁

張壹

元

石永壽

張觀津孫汝中

明

呂升子珮潛 泌 師賢 世風 玉涵 日崑
繼鰲子天任 益宗 玉扂 好和 曾模

吳希汴

何文

趙經

陳大禎 所志 三省 善言 景熙

章俞尚純附 良民 衡民 壽 良駿

俞壽 本原 然卽用怡 錫 浦 大漢
朝寰 從觀 邦鼐 用貞 嘉慶

潘憲朝 成佐 中
日昆

張居禮

蔡丕承

石槐

王芬 如紀

忠節

五代 吳越 何茂

宋 董公健 石待舉子衍之

吳觀 陳非熊子壎

元 董旭子荊

明 董曾 黃興東

潘大成 俞國望 丁日鑲附

清 陳夢星聚奎等十四人 孔開先等十三人

楊纘飛兄弟及壽亭等十三人

徐令橋兄弟四人 錢小金和等四人

文苑

宋

章一經　石象之　延慶

王性之　黃誥

元

丁若水　呂雍子彪彧附

明

呂天章　詢子世舟及承孚初泰斯盛應岳附　司壎　璋

章模　張汝咸附　周鍃

王應祥　俞朝文　樸

陳大昌　學術父九級　昌鼎心銘附

清

徐有聲　余伯仁　鴻猷附　鴻翙子文淦

章鐸　張得僑　余以錧俞邦建附

潘祖詥 一水 汝瑛 鑿附 徽 希程

楊世植 廷燮附

陳承然 榮燮 瑄 彖附 謨 謳

俞鍾儁

武功

宋

呂定 梁邦禁

元

董彥光

明

趙可蘭 俞安定 安道附

俞欽 相廷子之甫 周維璉附

呂光洵 孫承麟附 光午

章景昭 丁鉞陳大震劉炳附

補遺

張埏 漈 居忠居獻附

清

張翧沖 曾睿 景昌 王璣

周彝 象春

唐梅濱 賡颺 竺明蘭子林

呂克勤 湅 鼎元 周緒 梁鑑子晉芬 余潮

陳鳳佐 胡藹然 龍章附

潘珍聖 呂登弟附

方技

元

王公顯子宗興孫性同

王羲之 戴逵 許詢等十六人 孔淳之 阮裕
謝靈運 李紳 孟浩然等三人 劉安世 朱熹
陳傅良 葉適 張卽之 胡三省 舒岳祥 陳著合傳
劉基 王翊 博洛 茹芬 葉蓁 袁枚

仙

劉晨 阮肇 袁根 柏碩 顧歡 褚伯玉
黃天星 徐則 司馬承禎 吳筠合傳 賀知章 蔡華甫
葉元 曹陽

釋

白道猷 竺潛 支遁 竺曇猷 于法開 道寶

圖畫

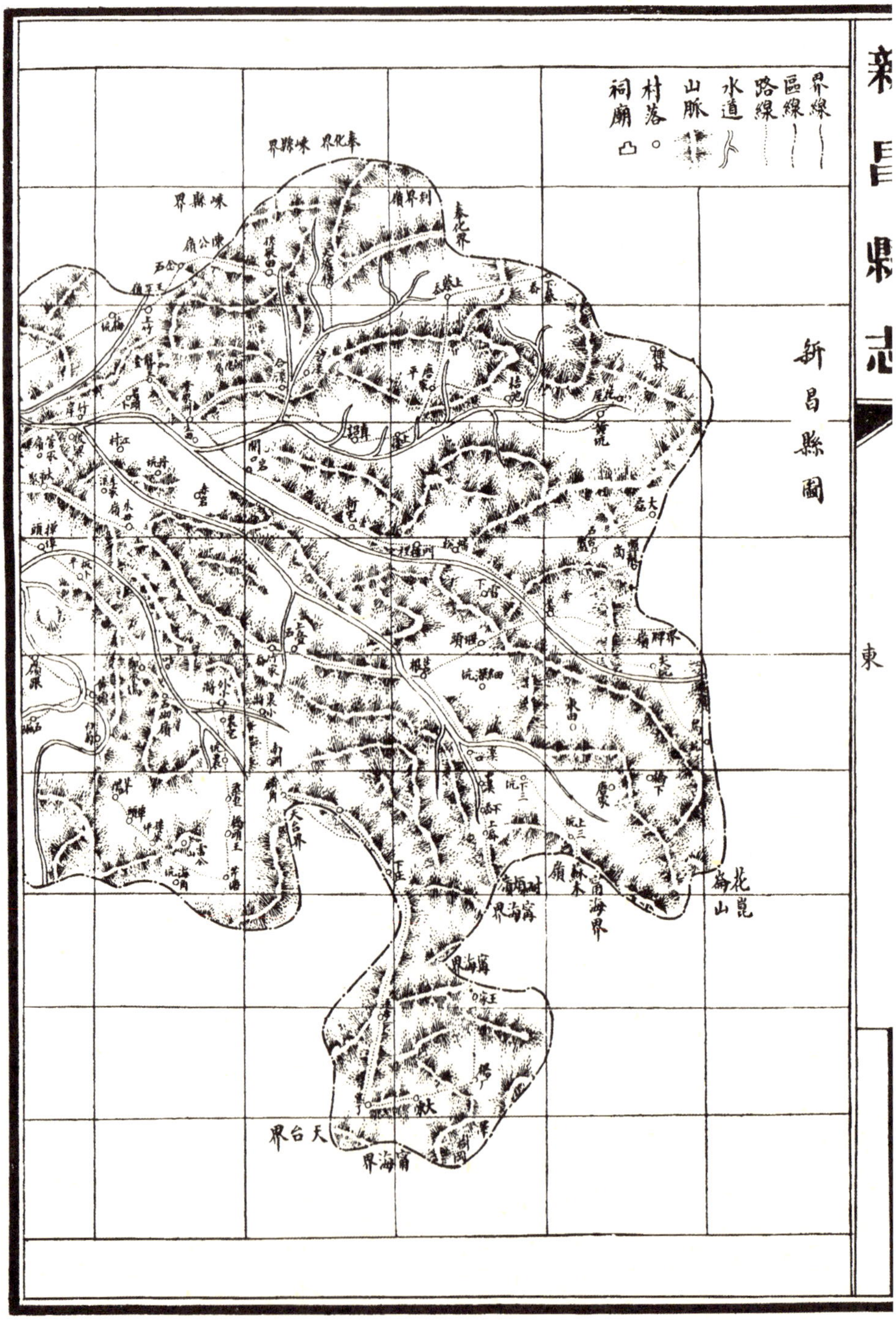
新昌縣圖
界線
區線
路線
水道
山脈
村落
祠廟
東
奉化嵊縣界
嵊縣界
天台界
寧海界
花崑山

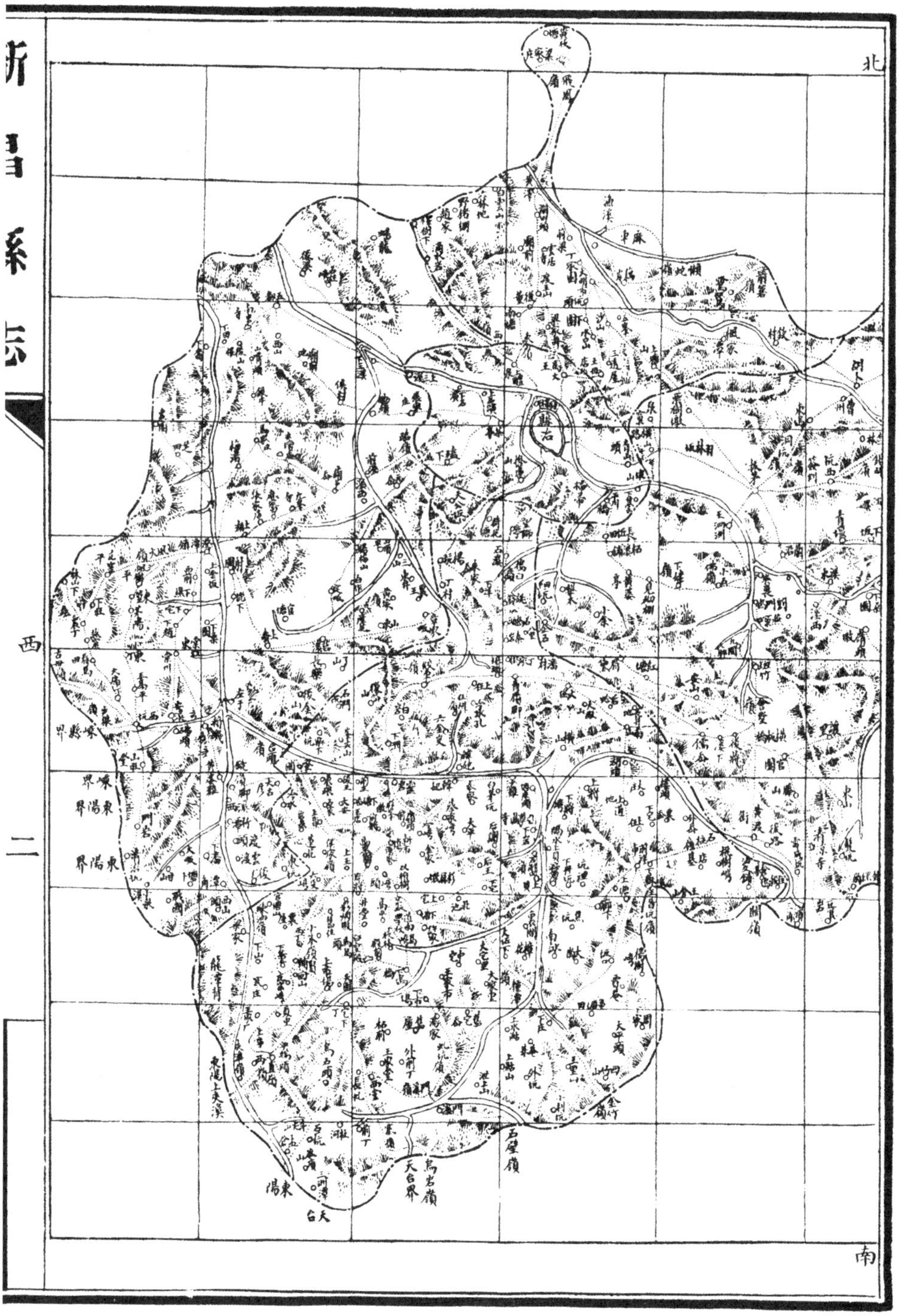
北
南

區線
城廓
路線
水道
山脈
村落
祠廟
城自治區域圖
北
西
東
南
五馬山
馬大王
觀音堂
鍾樓下
小橋
小今湖
大今湖
青山頭
康侯廟
東溪
東山
平川橋
何家丈
石柱路

新昌縣志

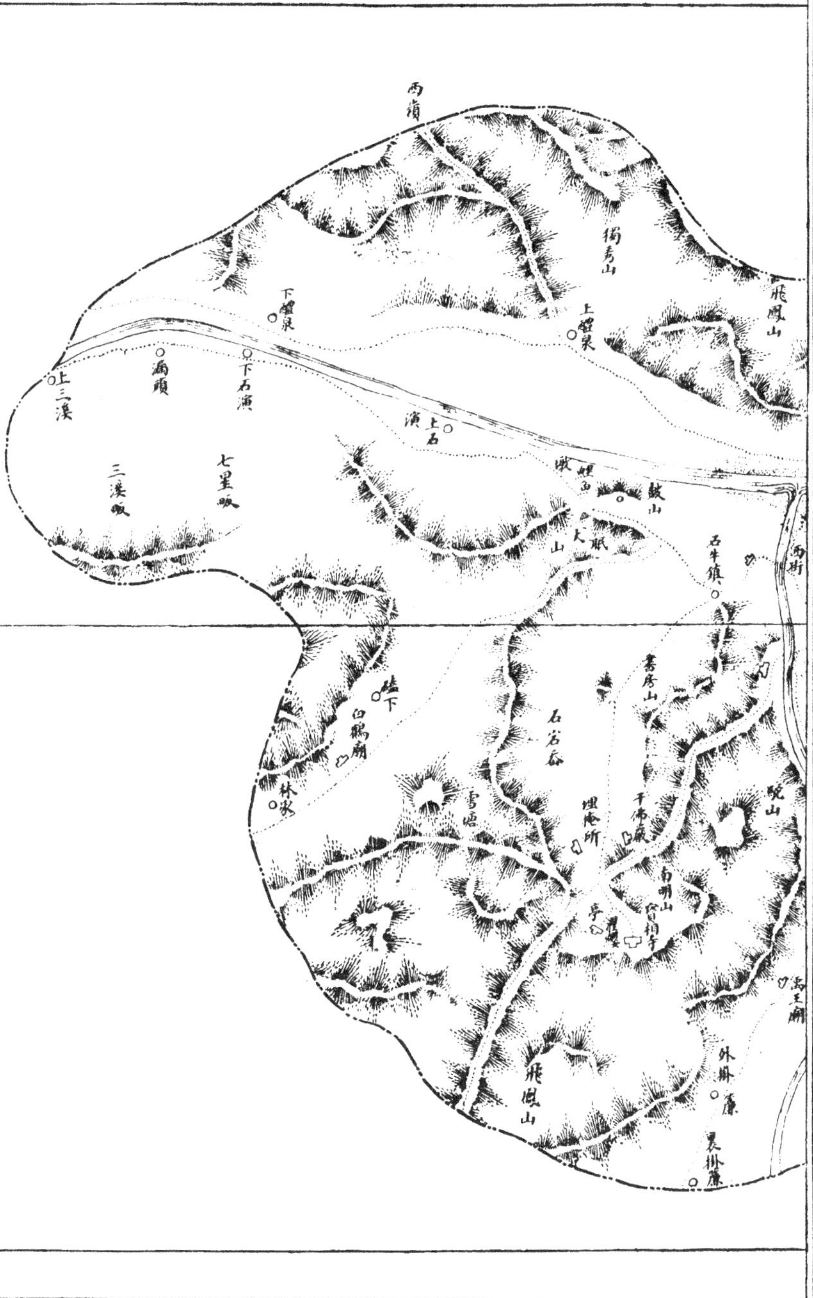

三

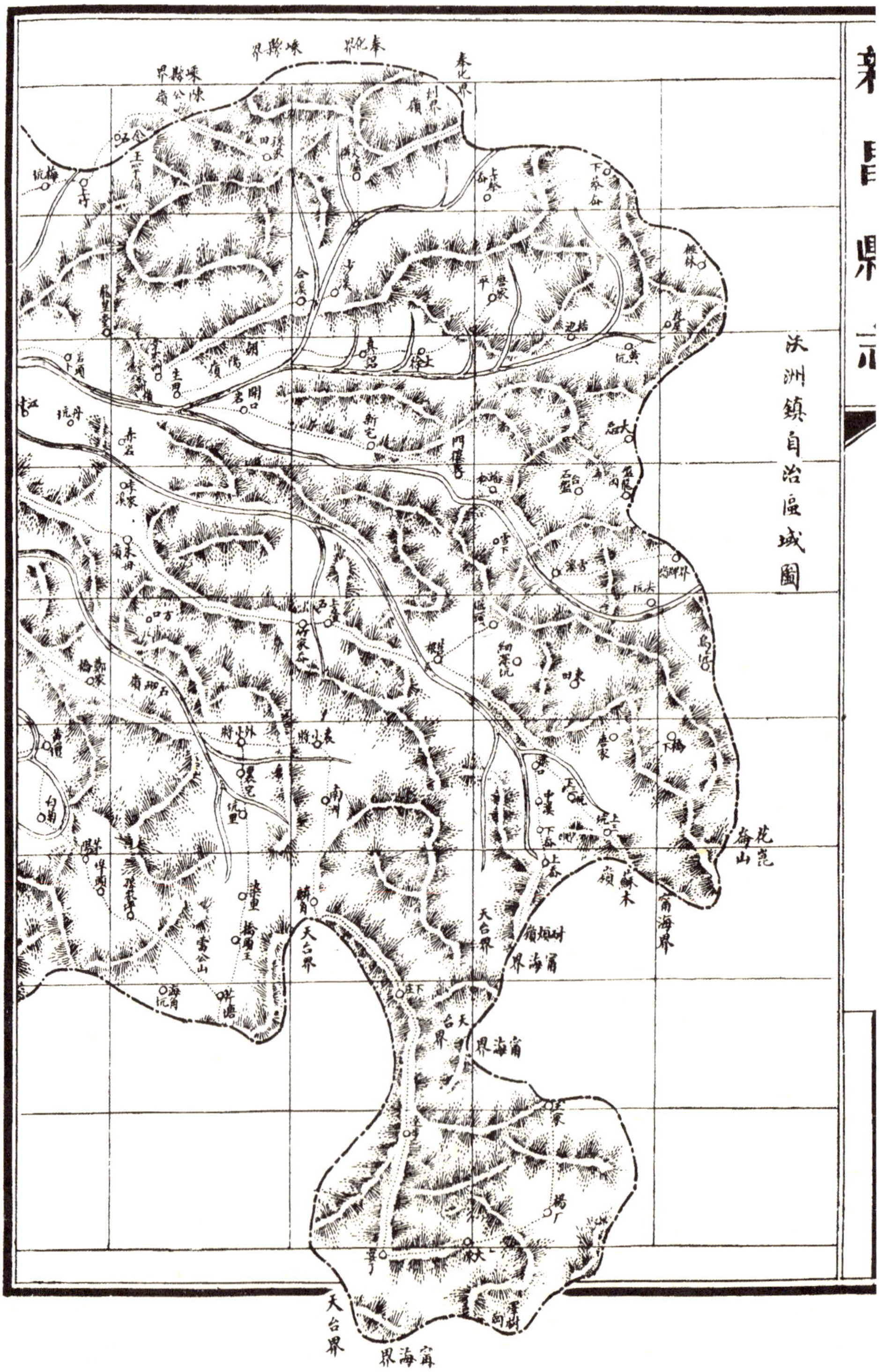

沃洲鎮自治區域圖

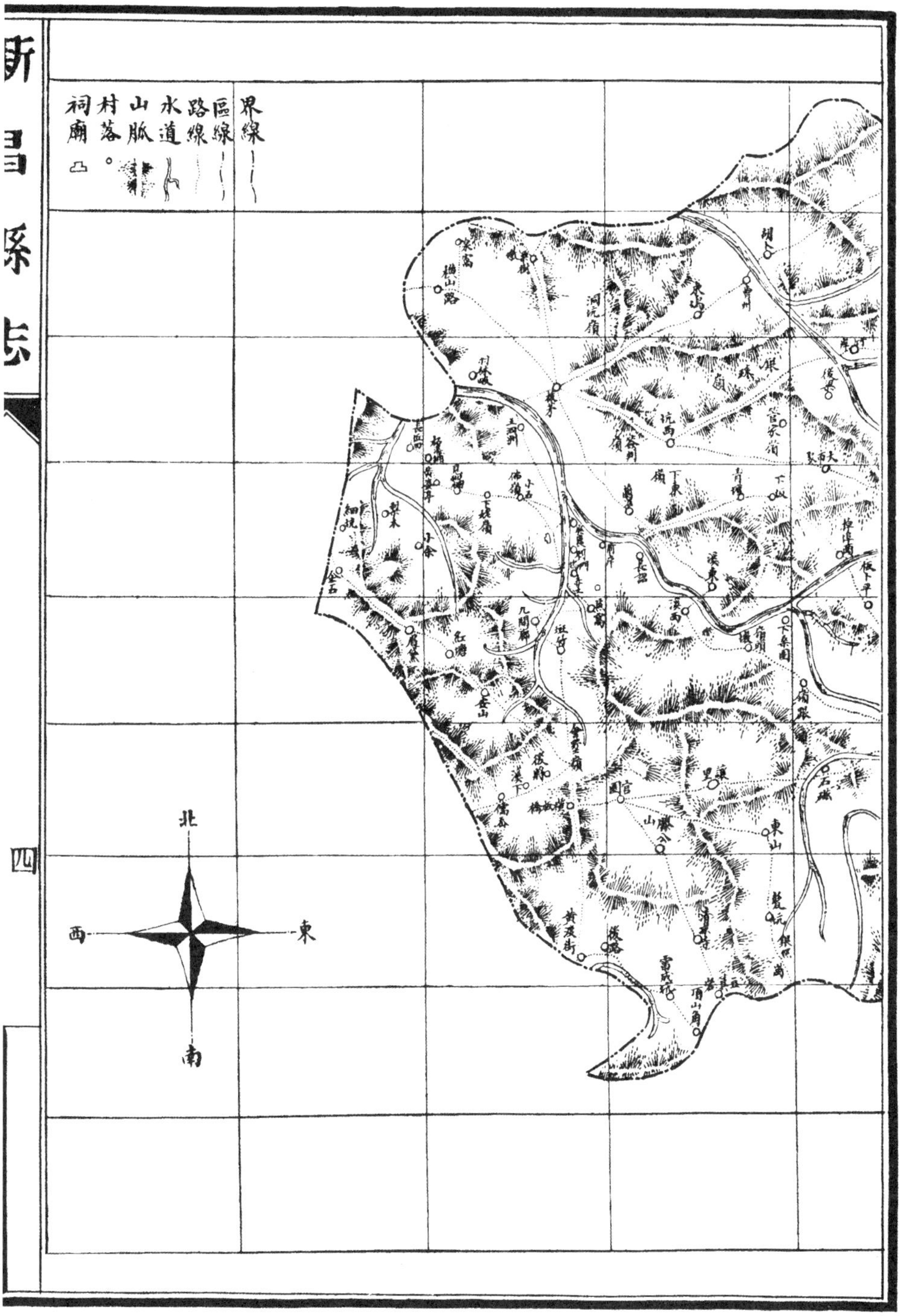
新昌縣志
四
界線
區線
路線
水道
山脈
村落
祠廟
北
東
南
西

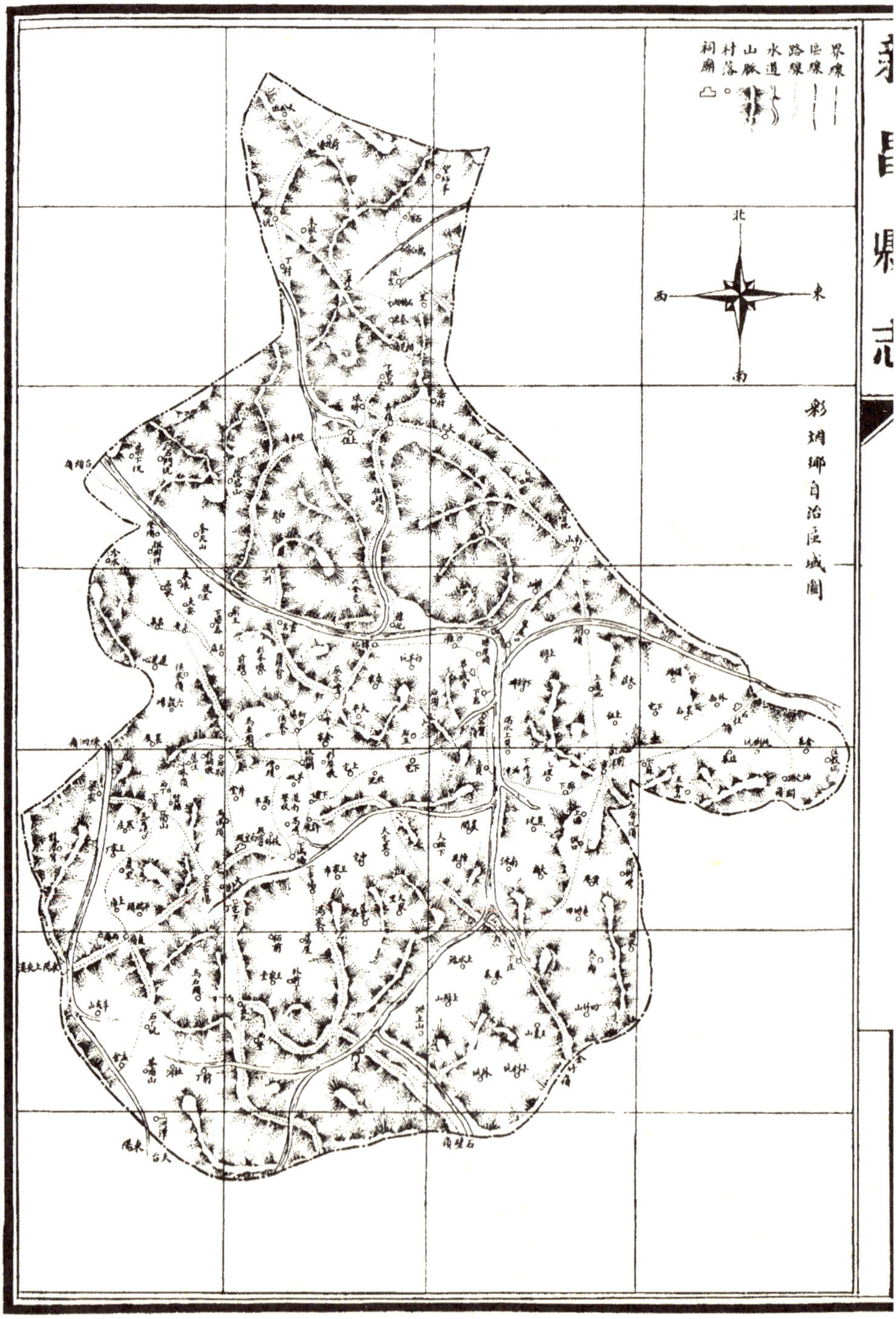
新昌縣志
彩烟鄉自治區域圖
界線
區線
路線
水道
山脈
村落
祠廟
北
東
南
西

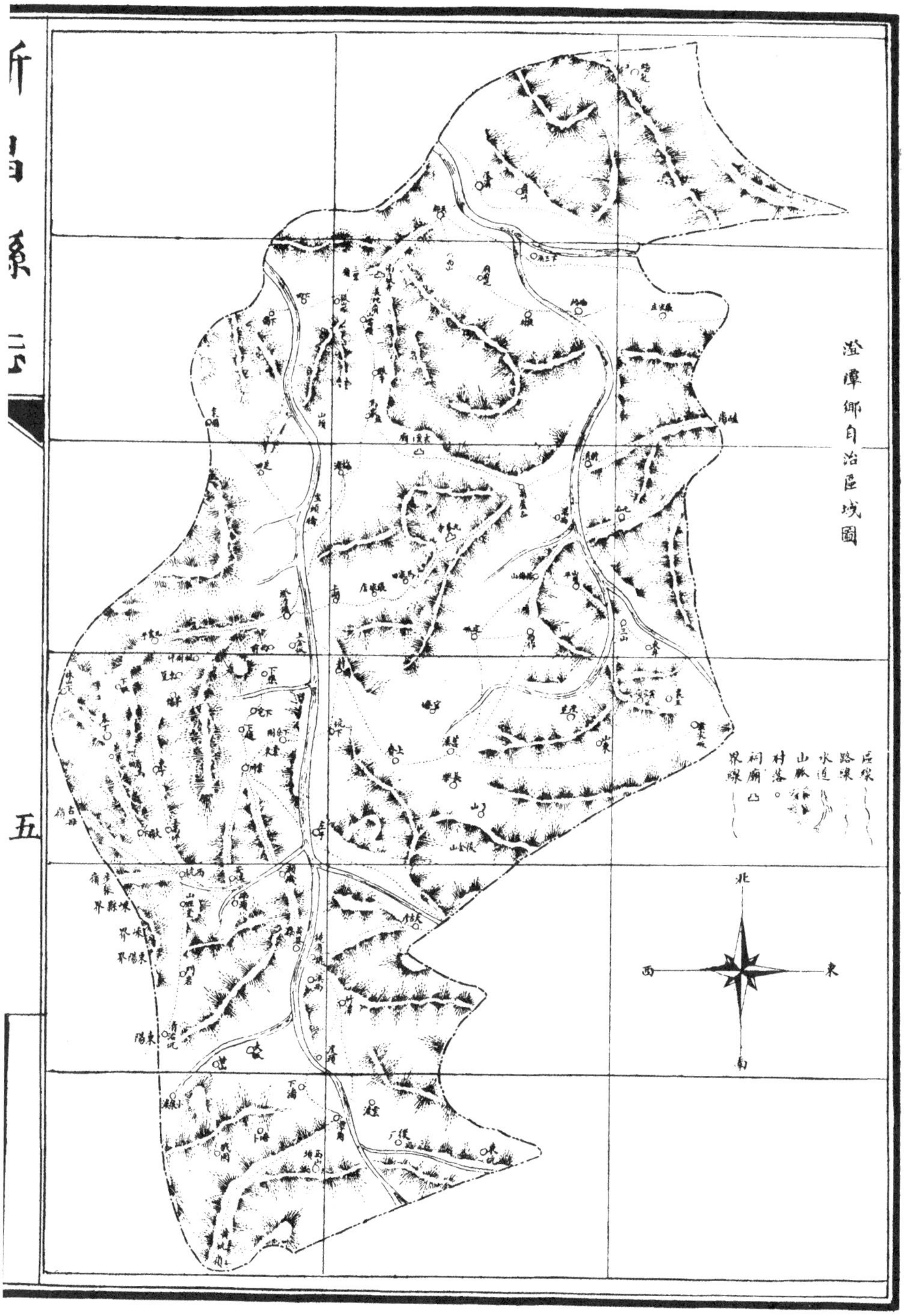
澄潭鄉自治區域圖
區線
路線
水道
山脈
村落
祠廟
界線
北
東
西

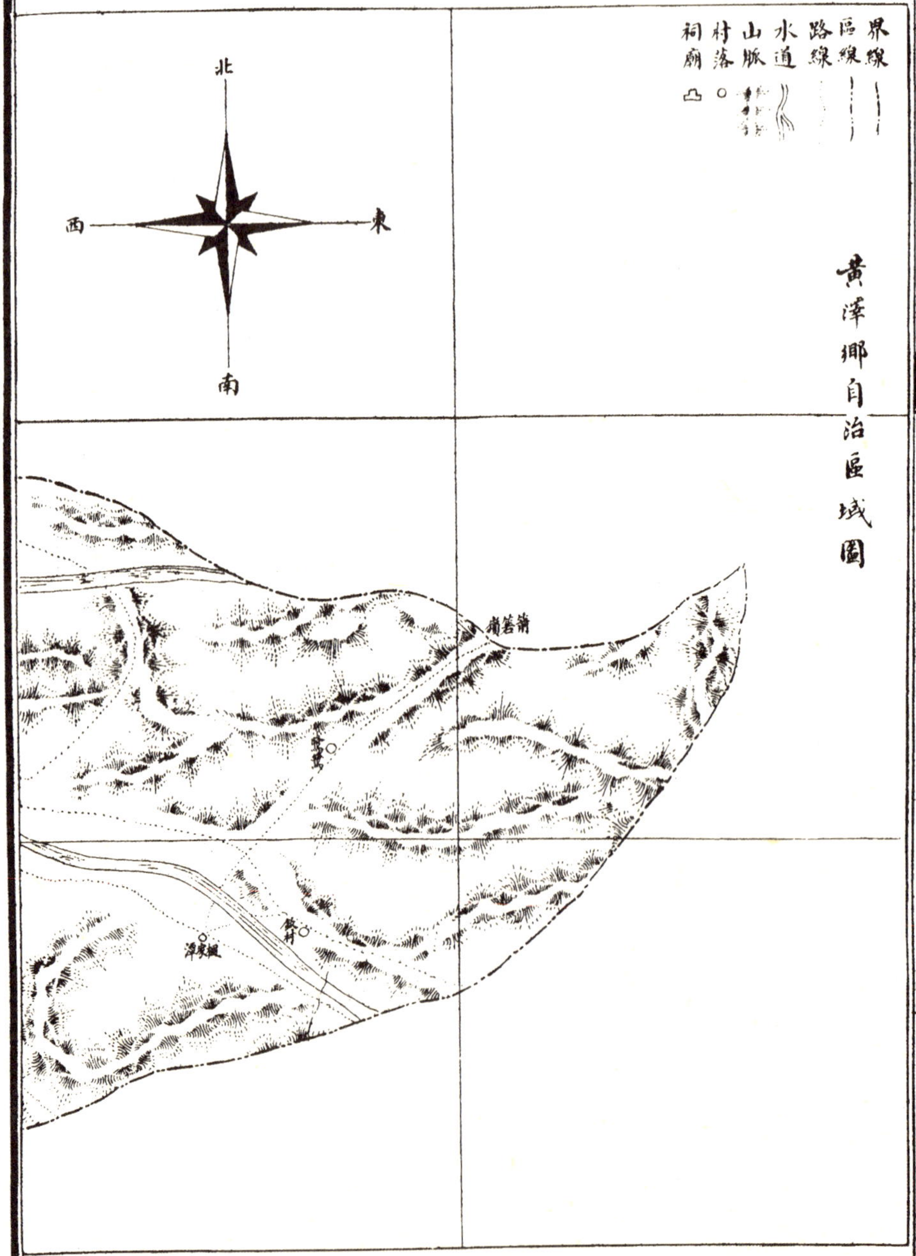
黃澤鄉自治區域圖
界線
區線
路線
水道
山脈
村落
祠廟
北
南
東
西

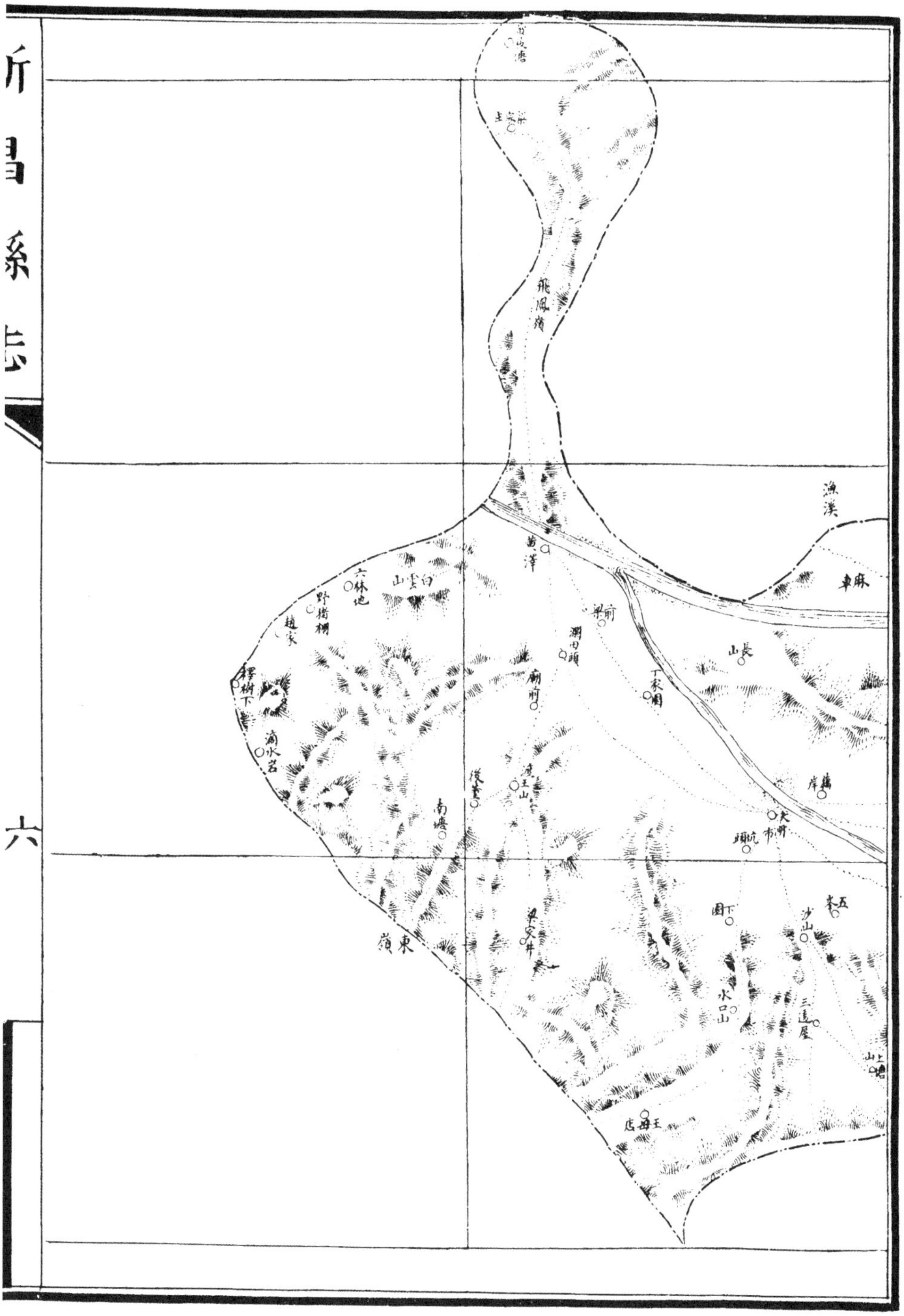
六
飛鳳嶺
黃澤
白雲山
野猪棚
趙家
滴水岩
廟前
南塘
東嶺
漁溪
麻車
長山
丁家園
下園
沙山
水口山
王母店

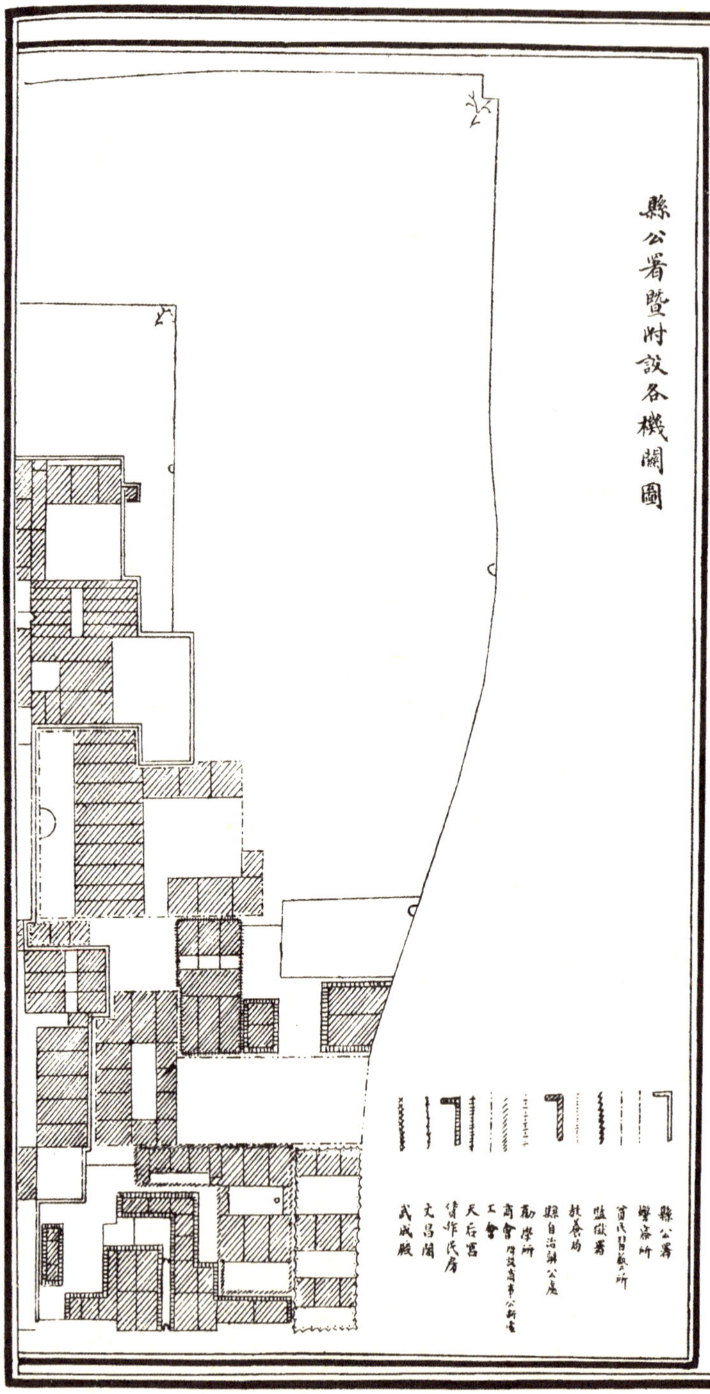
縣公署暨附設各機關圖
縣公署
警察所
貧民習藝所
監獄署
救養局
縣自治辦公處
勸學所
商會 附設商事公斷處
工會
天后宮
賃作民房
文昌閣
武成殿

浙昌系志

七

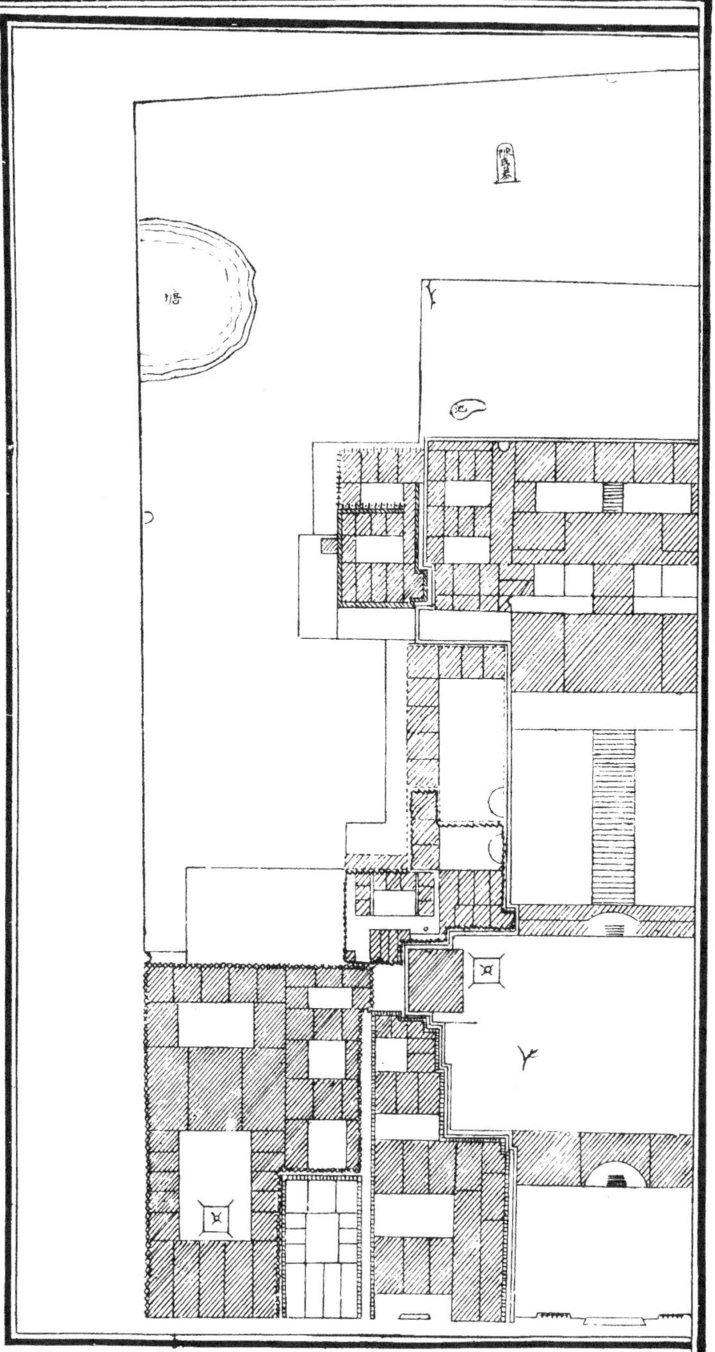

南明山

逍遥樓
彌勒洞天
三生聖蹟
大雄寶殿

天姥山
新昌縣志

沃洲山

新昌縣志

新昌縣志

十一

南巖山

穿巖山

水濂洞

新昌縣志

十四

新昌縣志

泄上山

新昌縣志

學宮圖

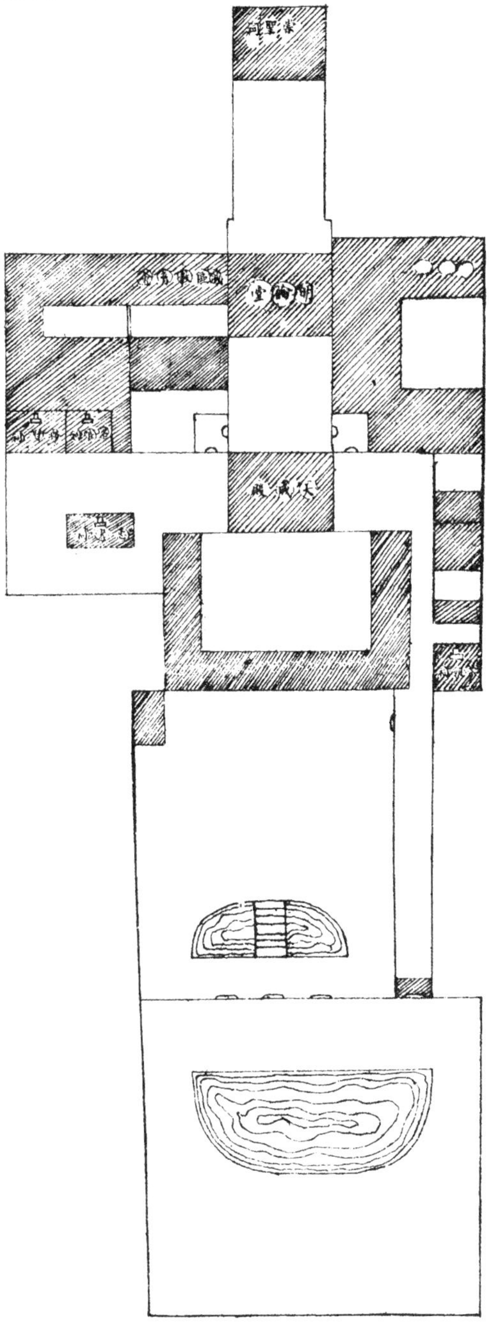

禮器圖

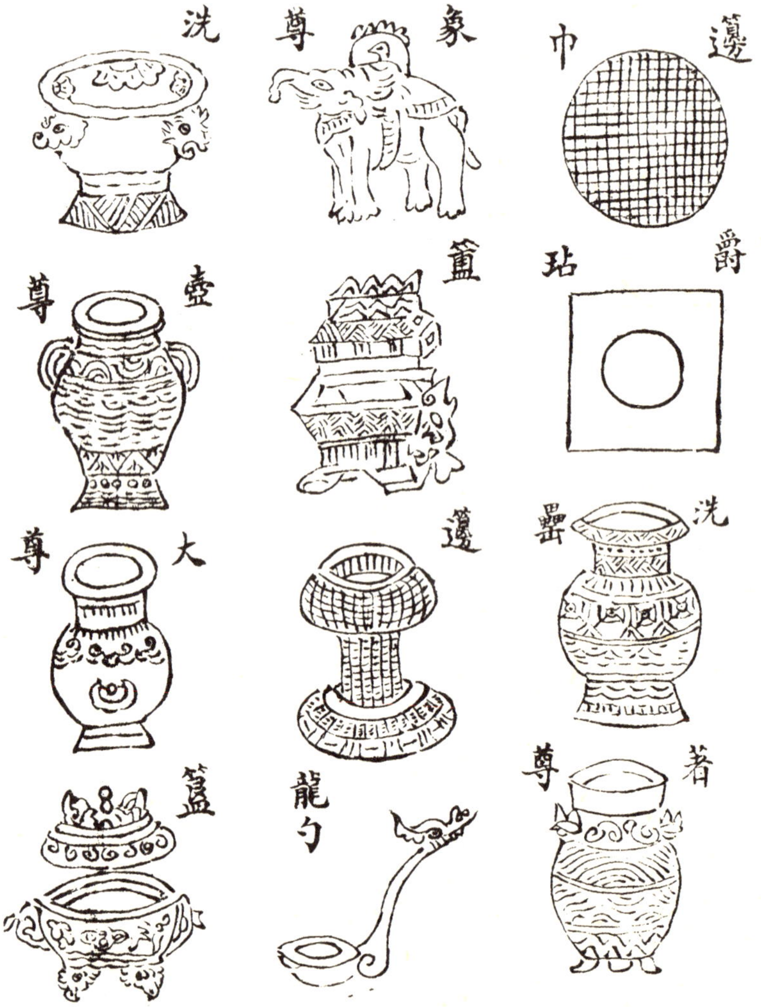

禮器圖

豆

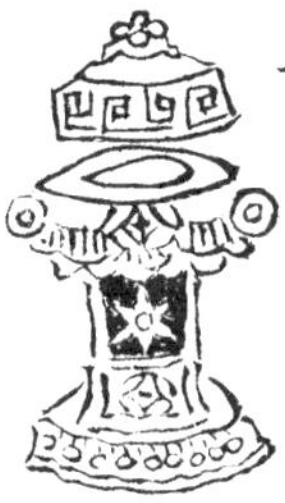

篚

爵

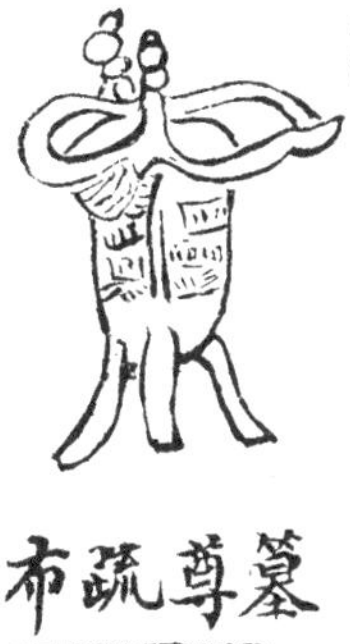

冪尊疏布巾

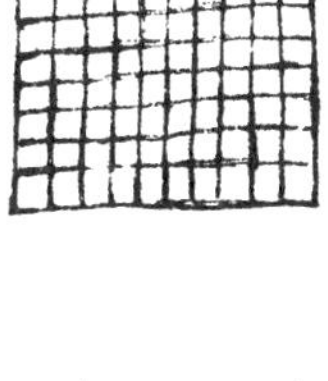

山尊

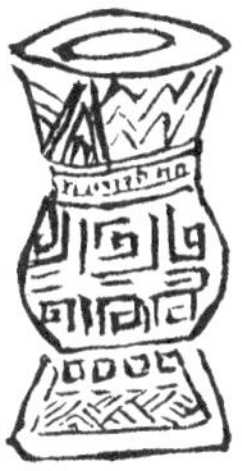

犧尊

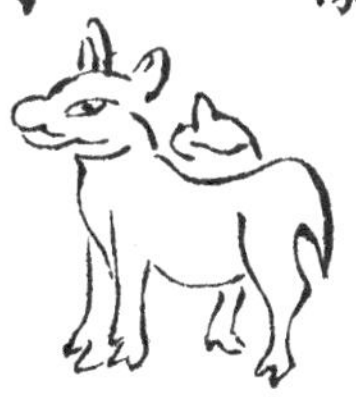

俎

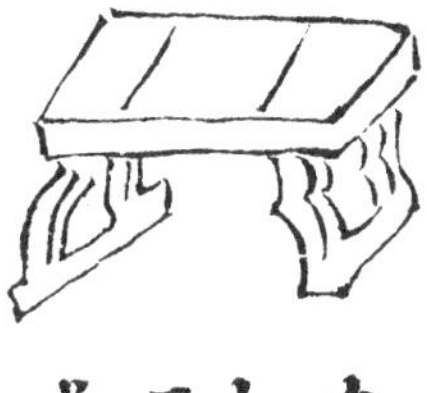

宋淳祐元年
知縣丁璹刻
石立於講堂
并刻牲圖同

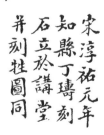

割牲圖

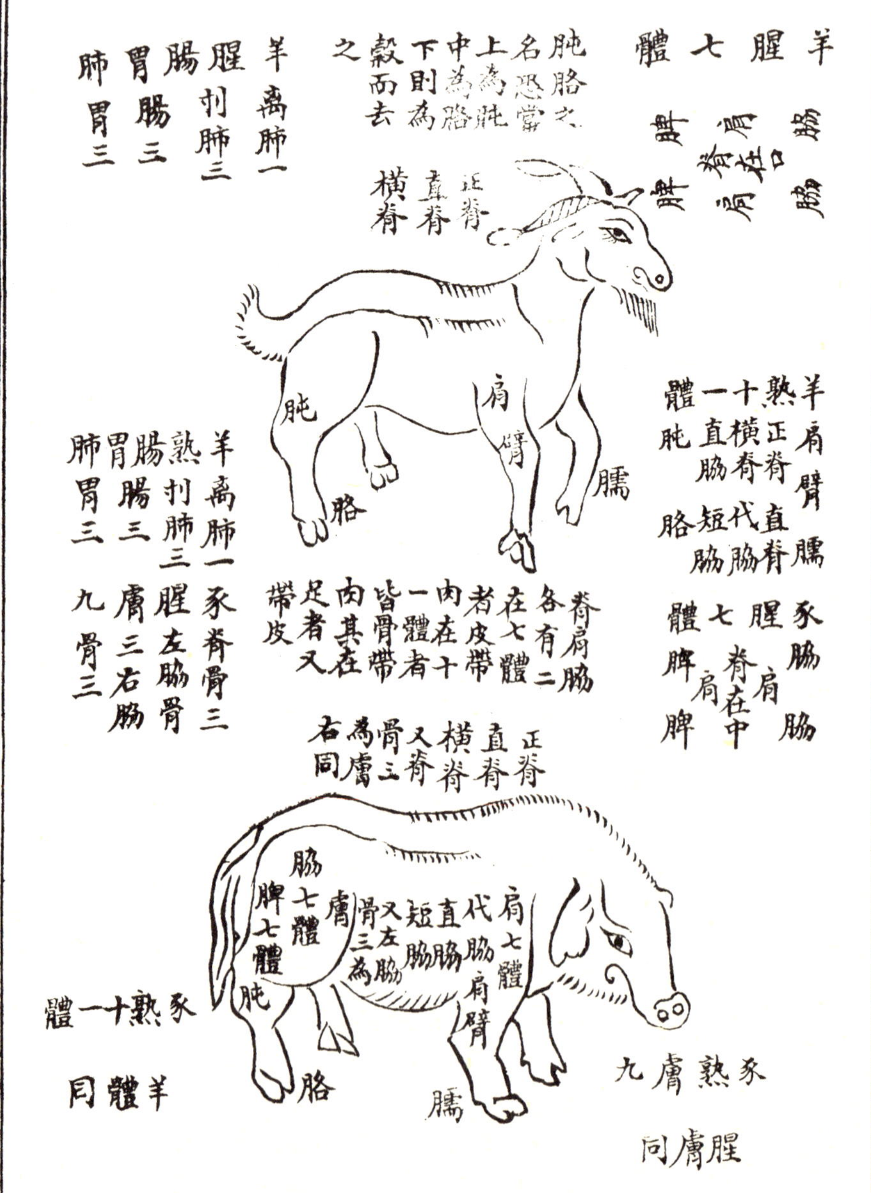
羊腥七體
脇 脇
肩 脊在中 肩
脾 脾
肫胳之
名恐當
上爲肫
中爲胳
下則爲
縠而去
之
正脊
直脊
横脊
羊離肺一
腥刌肺三
腸 腸三
胃 胃三
肺
肫
肩
臂
胳
臑
羊熟十一體
肩臂臑
正脊直脊
横脊代脇
直脇短脇
肫胳
羊熟腸胃肺
離肺一
刌肺三
腸三
胃三
豕脊骨三
腥左脇骨
膚三右脇
九骨三
脊肩脇
各有二
在七體
者皮帶
肉在十
一體者
皆骨帶
肉其在
足者又
帶皮
豕腥七體
脇 脇
肩 脊在中 肩
脾 脾
正脊
直脊
横脊
又脊
骨三
爲膚
右同
肩七體
代脇
直脇
短脇
又左脇
骨三爲
膚
脇七體
脾七體
肫
肩臂
胳
臑
豕熟十一體
羊體同
豕熟膚九
腥膚同

新昌縣志卷一

輿圖

疆域

縣地東西八十里南北一百五里嘉泰會稽志

東西廣二百二十里南北袤一百四十五里周圍四百四十二里萬歷志

東至嵊縣界五十里以孝嘉鄉鄉屬嵊縣在嵊東七十里爲界自界至嵊縣二十里西至嵊縣界三十里以烏巖溪爲界自界至嵊縣二十里

南至台州天台縣界七十五里以祥鸞鄉爲界自界至天台縣六十四里北至嵊縣界三十里以王宅後溪爲界自界至嵊縣

二十五里東南到台州天台縣界八十五里西南到嵊縣界一十五里東北到嵊縣界二十五里西北到嵊縣界一十五里東路來自嵊縣界經縣界六十里西復入嵊縣界南路來自台州天台縣界經縣界一百里北入嵊縣界東南通台州天台縣一百五里西北通嵊縣三十里東小路通慶元府奉化縣一百二十里西南通婺州東陽縣一百八十里嘉泰會稽志原注見舊經

西北至北京四千七百五十八里西至南京一千三百一十三里西北至杭州布政司三百二十五里至紹興府二百二十里東至台州府甯海縣一百八十里西至嵊縣三十五里南至金華府東陽縣二百一十里北至嵊縣四十里東至天台縣一百

二十里東北至甯波府奉化縣一百六十里西南至嵊縣四十里西北至嵊縣三十五里萬歷志

東至黄柏尖台州甯海縣界一百里東南至關嶺天台縣界一百里南至彩烟山東陽縣界一百一十里西南至穿巖山嵊縣界四十里西至烏巖溪嵊縣界三十里西北至花鈿嶺嵊縣界十五里北至王宅後溪嵊縣界四十里東北至王罕嶺奉化縣界一百里萬歷志

京師四千七百五十八里浙江通志

按顧炎武肇域志王渡嘉靖四十五年自甯海縣改屬是以嘉泰志與萬歷志疆域互異又按嘉泰志所書至界至縣不

偏廢萬歷志則專言至縣舊府志則專言至界閱者詳之由評

本增

鄉都

乾隆府志唐十道圖縣各有鄉里歷有興廢因革宋熙甯三年行保甲法始置都領於鄉改里曰保領於都元豐八年廢都保復置附治地爲坊其郭外仍以鄉統里已又分府城內爲五廂仍領坊元改廂爲隅縣各置隅鄉爲都里爲圖俱以一二次析縣時凡十三鄉尚因唐舊後去永壽石順昌化象明遵德石城等六鄉而增仙桂一鄉共爲八鄉管都三十九里四十二今鄉都如舊里以人戶數計歸併爲三十云

五山鄉在附郭內外管里四孝行里孝義里任巖里步渚里嘉泰會稽志

舊管都四自一至四里四歸併爲三里一都孝行里與二都歸併三都任巖里分爲六圖四都思行里萬歷志

按一都二都今併爲一二都三都卽縣治今改爲坊

豐樂鄉在縣西南管里八紆湖（舊作胡）里永泰（今作大誤）里美人（一作仁）里楊谷里僊巖里金節里（今作全節）通義里懷化里（嘉泰會稽志）舊管都六自五至十里八歸併爲四里半五都懷化里六都永泰里七都美人里八都楊谷里與九都僊巖里歸併十都全節里與彩煙鄉十一都歸併（萬歷志）

按五都六都今併爲五六都八都九都今併爲八九都

彩烟鄉在縣東南管里三松門里穿巖里太清里（嘉泰會稽志）舊管都七自十一至十七里三歸併爲六里十一都通義里與豐樂鄉十都歸併十二都懷化里十三都穿巖里十四都崇文里分二圖十五都十六都十七都俱崇文里（萬歷志）

按十一都今歸併無存

仙桂鄉在縣東南管里二思行里晝錦里（嘉泰會稽志）舊管都五自十八至二十二里二歸併爲二里半十八都孝（當作思）行里與十九都歸併二十都思行里與二十一都晝錦里歸併二十二都晝錦里與善政鄉二十三都歸併（萬歷志）

按十八都十九都今併爲十八九都二十一都二十二都今俱歸併無存

善政鄉在縣東管里二永甯里開化里（嘉泰會稽志）舊管都八自二十三至三十里二歸併爲七里半二十三都安仁里與仙桂鄉二十二都歸併二十四都安仁里二十五都二十六都二

十七都俱開化里二十八都二十九都三十都俱安仁里萬歷志

按二十三都今歸併無存

新昌鄉在縣東管里二金莖里新豐里嘉泰會稽志　舊管都三自三十一至三十三里二歸併爲一里三十一都金莖里三十二都新豐里歸併三十三都安仁里萬歷志

按三十一都三十二都今俱歸併無存

安仁鄉在縣東北管里二一作非他義順里嘉泰會稽志　舊管都三自三十四至三十六里一歸併守義鄉共一里三十四都三十五都三十六都俱金莖里萬歷志

按三十四都三十五都三十六都今俱歸併無存

守義鄉在縣北管里三崇賢里靖安里惟新里嘉泰會稽志舊管都三自三十七至三十九里三歸併安仁鄉共一里三十七都靖安里三十八都崇賢里三十九都惟新里萬曆志

按三十七都今歸併無存三十八都三十九都今併爲三十八九都

八鄉管都三十九里四十二歸併爲三十云萬曆志

紆湖嘉泰志作紆胡金節萬曆志作仝節松門萬曆志作崇文蓋前爲字之誤後爲音之誤又康熙志云八鄉管都三十九里四十二歸併爲三十今按嘉泰志八鄉管里共二十五

其標目則二十六葢安仁鄉有里二義順里下缺書一里耳以歸併之數計之亦止二十八里半與三十之數未合石璿何大司馬鄉德祠記舊制邑三十有二里公以民貧議歸併十之一舊數與縣志四十二亦未合今核彩烟鄉善政鄉其歸併實數各得二里半萬歷志彩烟里三歸併爲六里善政里二歸併爲七里半並誤正合二十之數合以五山鄉去孝義步渚二里豐樂鄉去紆湖一里楊谷爲楊坑彩烟鄉去太清一里松門爲崇文善政鄉去永甯一里安仁鄉去所缺一里亦合二十之數則縣志所云里四十二當作里二十六歸併爲三十當作歸併爲二十評本

按新昌今八坊八鄉二十三都三十里然古有十三鄉三十

九都四十二里其十三鄉何以爲八鄉四十二里何以爲三十里乎且都止二十三仍以三十九數之曰一二都曰三都曰四都曰五六都曰七都曰八九都曰十都曰十二都曰十三都曰十四都曰十五都曰十六都曰十七都曰十八九都曰二十都曰二十四都曰二十五都曰二十六都曰二十七都曰二十八都曰二十九都曰三十都曰三十三都曰三十八九都今之城内爲三都地其餘皆屬於城外也惟城内分爲六坊里長六名十四都分二坊里長二名餘俱一都一里長而已此二十三都所以有三十里也古三十九都中其一二都五六都八九都十八九都三十八九都又何爲而合之

乎其十一都二十一都二十二都二十三都三十一都三十二都三十四都三十五都三十六都三十七都又何爲而去之乎葢古剡四十鄉梁開平二年吳越王析剡東十三鄉爲新昌縣歷唐晉漢周皆沿之宋初改爲越州後改爲紹興府元改爲路明又改爲府縣並屬焉則自五代迄南北二宋皆古之鄉都里也何言之剡錄著自南宋嘉定時並詳列嵊縣二十七鄉是嵊未改卽可知新之鄉都里亦未改明正德時已爲三十二里邑尚書何鑑又去三里爲二十九里隆慶五年邑令均平里甲乃爲三十里是今之三十里已自明季定之八鄉之目曰五山曰豐樂曰彩烟曰善政曰新昌曰安仁

曰守義皆舊鄉名也再立仙桂一鄉是爲八鄉其所去之六鄉盡沒矣然則十三鄉之改爲八鄉四十二里之改爲三十二里當在於元明之間及正德隆慶時由三十二里改爲二十九里由二十九里改爲三十里里由都定則三十九都之改爲二十三都或合或去可知其間之迭爲變易者正多也由沃洲小紀增節

坊巷

應台坊　在縣東一里餘萬歷志　卽今城一坊縣治東應台門內外

文林坊　在縣東南百步餘萬歷志　卽今城二坊縣治南仰山門

內外

文昌坊　在縣西五十步萬歷志　卽今城三坊縣治西通會門內

外

儒慶坊　與文昌坊對今併入城三坊

崇化坊　在布政司左爲青瑣坊萬歷志　今併入城三坊

通明坊　在縣東二百步萬歷志　卽今城四坊縣治東北青陽門

內外

忠信坊　在縣東百步古康樂坊萬歷志　卽今城五坊縣治東中

鎭

聚賢坊　在縣北二百步萬歷志　卽今城六坊縣治北濟川門內

外

按評本言宋之坊四爲康樂霸越太平千秋明之坊八未知即此否惟忠信卽康樂尚存餘則當有改易矣增

上司巷　在靑瑣坊內

下司巷　在按察司右

橫街巷　在布政司前

睦家巷　在縣東五十步五顯廟邊評本睦作陸

王家巷　在縣東百餘步

張家巷　在王家巷左

槐巷　在通明坊又名陳家巷

何家巷　在縣東一里餘

盛橋巷　在學宮前

孝子巷　在南門左以上均原志

文元巷　在通明坊外由祠祀志增評本

黃家巷　在縣南百步有宋尚書黃宣獻公故宅評本

道里

大東門

幹路通關嶺

自大東門東南至平川橋五里又東至長垣田村三里瑤宮村路自此西南分又東南至柘溪舖二里又東南至黃婆亭村五里又東至見

砌棚村二里又東至下姥嶺二里又東至小石佛二里又東過小石佛嶺（拔茅村路自此北分）折而南至赤土村五里又東南至燕窠村二里又東南至九間廊五里又東南至斑竹村七里又東南至會墅嶺頭十里（前楊市路自此西南分）又東南經太平庵至橫板橋五里（豆箕巖路自此東分）又東南至冷水坑五里又東南至黃渡街五里（頂角三嶺路自此東分）又東南經黃渡橋至油交舖四里又東南至關嶺頭一里入天台縣界

枝路通瑤宮村

自長坵田村西南過橋至梨木村五里又西南至瑤宮村四里入南門幹路

枝路通拔茅村
自小石佛嶺脚北至嵊嵊村一里又北至后岸村一里又北至王泗洲村五里又東北至拔茅村三里入小東門幹路
枝路通前楊市
自會墅嶺頭西南至後蔣村二里又西南至溪下村二里又西南至儒嶴鎮一里又西南至南山村五里又西南至湖頭村五里又西南至上道地村五里又西南至前楊市五里幷王晉坑嶺路
枝路通豆箕巖
自横板橋東至官園廟五里（銀絲薛路自此東分黄壇路自此東北分）又東南經接引

寺至滕公山五里又東南經淸涼寺上牛牯嶺至豆箕巖五里
接天台縣界
枝路通銀絲嶀
自官園廟東經飛虎嶺脚東南越毛羊嶺至東山村十里又東
南至甏坑村十六里又東南至銀絲嶀四里接天台縣界
枝路通黄壇村
自官園廟東北上飛虎嶺至讓里村七里又東經石磁村至黄
壇村十里入芹塘村路
枝路通頂角三嶺
自黄渡街東至後路村一里又東南至雪家坑村六里又東南

至頂角三嶺接天台縣界

小東門

幹路通蘇木嶺

自小東門東經靑陽橋至靑山頭村五里又東南至橫山路三里又東至拔茅村七里細鳥嶺路自此東南分剡界嶺路自此東分沙山村路自此東北分又東至僉判嶺五里又東至坑西村二里火爐橫路自此東分又東南至大市聚十五里又東南經裏外大坑至朱母嶺十五里又東至順嶺十里又東經竹家墺至上疊石村五里又東越細嶺至莒溪橋十里盤龍嶂路自此東北分又東至溪口村五里耐煩嶺路自此東南分又東至下三涇村五里又東至上三涇村五里又東至蘇木嶺入甯海縣界

幹路通細鳥嶺

自拔茅村東南至蘭沿村八里又東南至下東嶺四里（芹塘村路自此東南分）又東南至青壇村十里又東南至下坂村二里又東南至掉埠頭三里又東至坂卜坪三里又東至鄭家塢十二里又東南至石砌嶺五里又東南至外小將村三里（芹塘村路自此南分）又東南至裏小將村五里又東南經雙溪橋至南洲下堡五里又東南至麟角村五里又東南過橋上細鳥嶺（王家广路自此東南分）入天台縣界

幹路通芹塘村

自下東嶺東南至溪東村四里又西至溪西村三里又南至嶺頭墩村七里又東南至嶺跟村五里又東南至黃壇村三里又

東至百菊村五里又東至茅洋村十五里又東至埠頭村五里
又東至孫家坪五里又東經雷公山海角坑至芹塘村十五里
接天台縣界
枝路通芹塘村
自外小將村南至裏宅村二里又南至坑裏村五里又南至染
里村十里又西南至橋頭王五里又西南越廟嶺頭至芹塘村
五里接天台縣界
枝路通王家广
自細鳥嶺東南越天台縣境中央董下莊村至橫山路二十里
又東南越錢莊嶺至逐步村十五里又東南越應家嶺至宴了

村十里又東越張家嶺至大陳村五里又東至楊厂村五里又東北轉至王家厂十五里接甯海縣界

幹路通剡界嶺

自拔茅村東至洞坑嶺五里又東北至東塢村七里又東北至曹洲村五里又東北至胡卜村一里又東北至梅坑橋十里又東越嵊縣界念石村至陳公嶺八里又東北至孫家田村十里又東南至火爐橫五里北至剡界嶺五里入奉化縣界

枝路通沙山村

自拔茅村東北至栗樹墩五里又北至上塘山五里又北越高盤嶺至沙山村五里入大明市路

幹路通火爐横

自坑西村東至銀硃嶺路亭六里又東北過橋至竹岸村五里又東上巖頭北嶺至龍皇堂村八里又東南至唐家洲村七里下蔡礐路自此東分界牌嶺路自此東南分又東北越朝陽嶺經合溪村至沙溪村十五里又東北至火爐横五里幷剡界嶺路

枝路通下蔡礐

自唐家洲村東至眞詔村十五里又東至上徐村三里又東北至唐家坪村七里榧林嶺路自此東南分又東至上蔡礐村十里又東至下蔡礐村十里接奉化縣界

枝路通榧林嶺

自唐家坪村東南至桔池村五里又東南至黄坑五里又東南至椢林嶺五里接奉化縣界

幹路通界牌嶺

自唐家洲村東南至開口巖村七里又東至董村五里又東南至雪溪村十五里又東至界牌嶺八里接奉化縣界

枝路通盤龍降

自莒溪橋東北越後降山嶺經堰頭村至雪溪村十里烏坑村路自此東南分大賫村路自此北分又東北至盤龍降五里接奉化縣界

枝路通烏坑村

自雪溪村東南至尖坑村三里又東南至烏坑村七里接奉化

縣界
枝路通大賚村
自雪溪村北經小銅坑至石雷盤村五里又東至大賚村五里
接奉化縣界
枝路通耐煩嶺
自溪口村東南至中溪村五里又東經下嶴村至上嶴村三里
又東至耐煩嶺接甯海縣界
南門
幹路通石壁嶺
自南門東南經盛家橋南路亭（此西南分莒溪村路自）至石溪村十里又南

至瑤宮村八里（會墅嶺路自此東分）又西南至石橋頭路亭三里又南至秦巖村五里又南至相見嶺三里又南至丁家塢一里又西南至琅璫村二里（會墅嶺路自此東分新市場枝路自此西南分）又南至上任村一里又南至任胡嶺二里又南至韓妃村十里又南過橋（王晉坑嶺路自此西南分）上韓妃嶺至袁家村五里又西南至蔡家灣五里又南至新市場二里（界牌嶺枝路自此西南分）又南至馬車園村五里（安頂山路自此西南分）又西南至後將村八里又東南至井堂村四里又東南至宅下丁村二里（烏巖嶺路自此西南分）又南至河塘岡村三里又南至腳踝頭嶺一里又南至門溪三里又南至界牌嶺四里接天台縣界石壁嶺

枝路通莒溪村

自盛家橋南路亭西南經禹王廟至掛簾山四里又西南至天公圻村五里又西南至楊坑村十五里石橋頭路自此東南分又西南至丁村五里秦巖村路自此東分白巖村路自此南分又南至章家畈村五里又西南至莒溪村十里幷澄潭鎮路

枝路通石橋頭

自楊坑村東南至朱家嶴村二里又東至下洋村五里又東至石橋頭路亭三里幷幹路

枝路通秦巖村

自丁村東至下邑山村五里又東至叜頭村五里又東至秦巖村三里幷幹路

枝路通白巖村

自丁村南至馬鞍山十里又南至白巖村五里幷新市場枝路

枝路通會墅嶺

自瑤宮村東至企石村七里又東至眉黛村十里又東至紅塘村五里又東至安山村七里又東南至會墅嶺頭五里入大東門幹路

枝路通會墅嶺

自琅璫村東經青嶺腳上青嶺至南山村十五里又東北至儒嶴村五里下夾溪路自此南分又北至會墅嶺頭五里入大東門幹路

枝路通下夾溪

自儒嶴村南至横山村十里又南越仰船嶺至黄渡口三里又西南經下巖村至石蟹嶺六里又西南至下塘薛十里又西南至下湖橋四里又西南至白皇殿六里又西南至上市場一里又西南至夏里村六里又西南至西嶺村四里又西南至下夾溪五里接東陽縣界

枝路通新市場

自琅珂村西南至絞車嶺頭五里又西南至後岱山十里又西南至白巖村五里又西南至下洲村十里又南至新市場十里

并幹路

枝路通王晉坑嶺

自韓妃村東南過橋至塘岸頭七里又南至華藏寺一里又南至下巖村一里又南至上貝村三里又南至漚潭村二里又南至廊下村五里又南至前楊市三里又南至王晉坑嶺一里接天台縣界

枝路通界牌嶺

自新市場西南至雙柏樹五里王里山路自此東分又南至下湖橋十里又南至下市場三里又西南至栢前村二里又西南越虬坑嶺至門溪三里又南至界牌嶺幷幹路

枝路通王里山

自雙柏樹東至下塘嶐五里又東至後溪村五里又東南過橋

至張家村四里又東南越撞潭嶺至王里山十五里又東南至金竹嶺接天台縣界

枝路通安頂山

自馬車園村西南至青鞋嶺三里又西南至胡公殿四里又西南至西丁村五里又西南至賢輔村一里又西南至練使嶺頭一里又東南至瓦窰灣二里又東南至王家彥嶺二里又東南至上庫村一里又東南至直嶺一里又南至拔箭嶺三里又東南至安頂山八里接東陽縣界

枝路通烏巖嶺

自宅下丁村南至長虬村五里又南至寨嶺二里接天台縣界

烏巖嶺

西門

幹路通黃泥橋

自西門外櫸樹下路自此西北分西經茶亭至眠犬山麓四里澄潭鎮自此西南分又西至鯉魚墩西路亭一里五都村落自此西分又西至上三溪村五里又西北過橋至石柱灣五里又西北至後溪村二里又西至黃泥橋三里入嵊縣界

枝路通櫸樹下

自西門外西北至鐘樓下村二里又西北過橋至上醴泉村二里渡王山路自此東北分又西北上西嶺至滴水巖九里又西北至櫸樹下

五里接嵊縣界

枝路通渡王山

自上醴泉村東北上東嶺至南塘村五里又東北至后董村三里又東北至渡王山一里入北門幹路

枝路通澄潭鎮

自眠犬山麓西南經敗兵嶺至磕下村三里自此西分黃坑嶺路又西南至元畧村三里又西南越水竹嶺至楊梅山六里又西南至定坂村五里又西南至莒溪村五里又西至上賁村五里又西北越上賁嶺至社圃村七里又西北過橋至澄潭鎮三里并黃坑嶺路

幹路通黃坑嶺

自磕下村西越磕嶺至前溪村五里又西至葫蘆嶴二里澄潭鎮枝路自此西分又西南至玄壇廟五里又西南至馬家莊二里又西南至梅渚村三里又西南至坐頭橋二里棗園村路自此西分又南至澄潭鎮七里王高坪路自此西分又東至西前村五里又東至下宅村三里又東經下趙村又棠川村二里新市場路自此東南分步狼嶺路自此西南分又東至瀨磯村五里又東至黃婆灘鎮十里又南過橋卽鏡嶺鎮新市場路自此東分又東越裏鏡嶺至竹潭村五里又東至渡頭村二里又東至下潘村三里又東至潭角村三里上市場路自此東南分又西南至黃坑嶺頭十二里接東陽縣界

枝路通澄潭鎮

自葫蘆壆西上黃楊坑嶺至麻家田九里又西過百鸕嶺至張家店一里又西至上湖村三里又西至澄潭鎮五里并幹路

枝路通棗園村

自坐頭橋西至芝田村三里又西北至棗園村五里接嵊縣界

枝路通王高坪

自澄潭鎮西上風火嶺至嶺頭村三里大嶺下路自此西分又西南至楓樹坪四里又西南經東篁村至茅陽村二里又西南經大楓樹村至東丁村四里又西南至王高坪三里入西坑并步狼嶺路

枝路通大嶺下

自嶺頭村西至瓦窰坪三里又西經上旺村至下旺村三里又西至裏丁村一里（靈山下路自此北分）又西至燕窠村一里又西經看馬田村大嶺下五里入西坑并步狼嶺路

枝路通靈山下

自裏丁村北至靈山下三里接嵊縣界

枝路通新市場

自棠川村東南至左孟村五里又東上台頭嶺至肇圃村五里又東至前將村三里又東至新市場五里入石壁嶺路

枝路通步狼嶺

自棠川村西南至安溪村五里又西經砩頭村至西坑村四里

清治坑路自此西南分古母嶺路自此西北分又西至步狼嶺五里接嵊縣界

枝路通清治坑

自西坑村西南至山旺堂村五里又西南至門巖村十里又西南至清治坑五里接東陽縣界

枝路通古母嶺

自西坑村西北至古母嶺十里接嵊縣界

枝路通新市場

自鏡嶺鎮東上十八曲嶺至大古彥村五里又東南至冷水村二里又東南至巖泉村五里又東至新市場十里幷南門幹路

枝路通上市場

自潭角村東北至練使嶺頭五里又東南至回山村五里又東南至上市場二里幷烏巖嶺路

枝路通五都村

自鯉魚墩西路亭西至張家莊村五里又西經磡頭村至侯村三里又西至廟前地村二里又西至五都村三里（馬家莊路自此南分）又西二里接嵊縣界

枝路通馬家莊

自五都村南至南巖寺五里（夏裔村路自此西分）又南越長蛇嶺至山嘴頭三里又南至鐵牛三里又南至馬家莊新路廊一里幷幹路

枝路通夏裔

自南巖寺西越三望嶺至後山根三里又西至下田村二里又西過橋至夏裔村二里接嵊縣界

北門

幹路通黃澤鎮

自北門東北過橋至馬大王村二里丁家園路自此東北分大明市路自此東南分又北越下盧家嶺至梁家井村四里又北至渡王山五里又西北至藍田頭村五里又西北至黃澤鎮五里胡卜村路自此東南分梁家莊路自此北分入嵊縣界

枝路通丁家園

自馬大王村東北跨中盧家嶺至太公廟前村五里又東至孟

家塘村五里又東北至丁家園村五里并胡卜村路

幹路通大明市

自馬大王村東南經上盧家嶺至王姆店村五里懶蛇嶺路自此東分又東南至三透屋村二里又東至鬬雞山嶺三里又東至沙山村二里又北至大明市五里并胡卜村路

枝路通懶蛇嶺

自王姆店村東至水口山村五里又東至下園村三里又東至坑頭村二里又東北至藕岸村五里又東北上懶蛇嶺五里接嵊縣界

幹路通胡卜村

自黃澤鎮東南至前梁村五里又東至丁家園三里又東至大明市二里又東南至楓家潭十里（箭箬嶺路自此東北分）又東南至欽村五里又東南至胡卜村十里并剡界嶺幹路

枝路通箭箬嶺

自楓家潭東北至鷺鷥村五里又東北至箭箬嶺五里接嵊縣界

枝路通梁家莊

自黃澤鎮北至梁家莊十里接嵊縣界

區界

清宣統二年行選舉投票法劃分區域以人口滿五萬以上者爲鎮不滿五萬者爲鄉新昌定縣治爲城區東鄉爲鎮區南鄉西鄉北鄉爲鄉區共爲區五以

各村分隸之

城區 附村三十二內有古村名六

東硑屬城一坊 前山根在縣治南萬歷志 盛家橋以上屬城二坊 茶亭 鐘樓下以上屬城三坊 花園有半畝塘原志 半村一名錦村明初孝子呂升養親於此原志 梅湖有醉園原志以上屬城六坊 平川橋 棣山 上甘棠 下甘棠 青山頭 楓樹灣 嶴元 巖嶴以上屬二十都 巖裏 上石演 下石演 漏頭 上醴泉 下醴泉 上三溪以上屬四都 磕下 林家 雪塘裏原志爲泄塘村 龍裏坂 外掛簾 裏掛簾 爛泥灣以上屬一二都 錢嶴原志近石溪右今廢 盛嶴原志縣東二里今廢

東區沃洲鎮 轄村三百五十內有古村名四

儒窰原志作徐窰　王家莊　舊宅　裏畬一作鯉魚　裏趙　黄渡
街萬歷志爲皇渡村　黄渡橋　屋簷坑　篠坑　讓里近東山原志　石
墅一作磁　横板橋　溪下　東山　下章　冷水孔　甽塍
滕俗作藤　公山　庵一作安　山　羹飯坵　胡塘　官園　九
巖　裏銀一作任　鄭家橋　黄窰　甲一作隔　山　大塘　石
竹　紅塘一作棠　競山　後張一作蔣　斑竹在十八都原志　地下
坑　下一作雅　張　寺一作時　後山　舊柱　王風山脚　魚子
坑　鬆坑　黄泥坵　高湖　染一作彥　彎　平坑　新屋
裏葉　黄泥塘　關嶺頭　會墅嶺頭原志爲會墅村　芭蕉山
後路　虎尾巴　雪家坑　徐家山　甘彎　白巖坑　高

塘　裏朱　黃家坑　後江山　萬羅坑　下莊　莊岡

布袋坵以上屬十八九都　橫山路　泉窩　羽林坂原志爲羽林村　拔茅

原志作白茅村　巖下　百步　王泗洲原志爲泗洲村　后岸　⿱山大崀

蘭一作瀾　演　前岸　長詔一作照　望江山俗呼麻家山　上田

長坵田　張一作姜　家坂　王婆亭　莊前　下溪灘　鴉鵲

窠　平壺一作湖宋陳祖陳雷曾建義塾於此原志又有蝙蝠洞　下井　巖頭　梨木

上小余　下小余近平壺原志　木隊一作眉黛　下姆嶺　小石佛

平水廟　畧裏頭　大羊山　王一作黃　貢坑　劉門塢有烏

嘴巖　劉門山　赤土　燕窠　九間廊　干一作甘坑　瀏版

巖　孔家山　干家塢　東坪　下笆山　石竹坑　坐田

山　自畈　夏家在一二都原志按夏家村南屬一二都東屬二十都　柘溪鋪原志爲柘溪村

楝漆棚一作見砌棚　桃墅塢　施家坑一作四角坑　大垅田

高山脚　新屋　風香一作箱　嶺　丁公橋　虎坑嶺　大簷

洩上　前田　山腰　大楓樹　姨婆降　黄羊角　朱

家山　屯地山以上屬二十都　溪東　溪西　地頭　嶺頭等一作墩

桑園　息坑　嶺根一作跟　黄壇　蕉坑　石佛前

靑壇　下坂　金鈎　瑯坑　十字路　赤坑　寨嶺　鄭

家塢　掉埠頭　板卜平一作坪　上朱部　下朱部　下塢

銅坑古銅溪村有九峯方泉之勝原志　方口　細茅洋　茶蓬山　雅坑

黄將庫以上屬二十四都　百菊原志作白竹今有上下二村　茅洋有酒甕巖　芹塘

道墅嶴有鬬雞巖　埠頭倪石二姓所居原志　坑裏　裏宅　外小將有鶯嘴巖　裏小將有金雞巖溪上有孤松高百餘丈原志　鰲坑　橋頭王　孫家坪倪氏所居原志　雷公山　海角坑　赤旁山有魁大巖　染里以上屬二十五都　莒根一名莒溪原志作舉溪　大嶺下一作大靈鶴　中家嶴　羅坑　南洲有螺螄巖仙人洞　嶺脚一名麟角有大佛巖　逐步有老虎巖石柱巖　宴了宴一作堰　有道士巖仙人洞　清水　羊厂一作眼有千丈巖觀音巖仙人巖馬鞍巖楊府洞觀音洞　大陳　王家厂一作年　細深坑　裏丁　菲坑　山腰平　中央塢　彭潭以上屬二十六都　溪口有香爐巖　中溪有月山形如新月萬歷志　廟前　橋下　東田　嶴裏　唐家　礅頭　三涇俗作坑有羆山龜巖　上嶴　下嶴　鄰竹原志作裏竹　礪頭山以上屬二十七都　疊石有紗帽巖猪頭巖雞籠巖田雞巖靈獅巖

尖坑　堰頭　溪下英　洩（一作雪）　下（有裏外二村）　雪頭（原志作雪溪）　石雷盤　小銅坑　烏坑　石硯坑　平山　舊塢（有將軍巖）　金釵　裏園　王婆山　竹家衖　磚橋　山后王（以上屬二十八都）　丹坑　赤巖　生田（古南田村）　開口巖（有熊口巖）　董村（有龜溪石壁響鼓巖諸勝又有南湖庵米芾書扁萬歷志）　新宅　門樓裏　蟠松　大坑　小馬峯　磊石坑　大賚　淦坑　桔池　吳家田　黃坑　陳紹（一作趙）坑　梱林（俗名飛廉）　竹家坑　山岸　馬巖　下蔡嵒　唐家坪（有虎頭巖以上屬二十九都）　唐家洲（一作棠洲）　王家巖　眞詔　上徐　岔路　上蔡嵒（有兎巖馬巖鷲嘴巖將軍巖仙人洞諸勝）　合（一作葛）溪　沙溪　高洩　孫家田　火爐橫　張家車　剡界嶺　裏

沙溪　大發一作法　洪　上嶺山　平頭山　王罕嶺以上屬三十都
上竹一作祝　梅坑　胡卜一名梅溪原志　東莊　祝家廟　缸
窰　甏湖　龍皇堂　楓樹下　大坪頭　孟莊塢　下莊
焦坑　小溪一名秀溪　查林　竹岸　王家莊有夫人巖　碇嶺
脚　巖頭北　巖家山　江村　雷成坑　呂家溪　結竹
一作局　山　裏大坑　外大坑　青札一作宅　細湖坑　白石
卜塢　丁家池　甏頂山　鮑家門　姚家　葛塢　章
塢　王坑　雄一作流　河嶺　上竹　齋堂　後梁　管家嶺
梁家田　山南在鼇峯之上徐氏世居原志　上球古球村原志　下球　高
雷　大市聚　石板橋　塔橋廟　上滸　花井巖一作欄

蔣家塢　上圍　中圍　下圍　雪潭　後湖　下王　上宅　西河　下梁　橋頭　黃銅一作駝　巖　后坑　後梁灣　鐘井　柘樹灣以上屬三十三都　梅林山　坑西近西河有上下二村　原志　樓下　西山　烏石坑　東塢　下宅　曹州原志作曹洲　茅坪　鷺鷥崗　曹家　板橋　大楓一作峯　頭　桐樹園　王村嶺　僉判嶺　栗樹墩　地頭灣以上屬三十八九都　蘇師原志在二十都縣東南二十餘里今廢　沃洲原志在二十四都縣東三十五里今廢　牛澤原志在二十四都縣東五十里今無考　鰲峯原志在二十四都縣東三十五里今廢

南區彩烟鄉　轄村二百十七

荷花塘　天公垅　官塘頭　上石溪有紫金山桃花塢　下石溪

平峰巖　洋一作楊　坑有大嶺壁巖原志　朱家嶴　下衣山　丁村
岌頭　西山等　小積坑　下洋　姚宮原志作瑤宮　柏一作八
里　秦巖原志作陳巖　相見嶺　丁家塢　琅琊　上任　銀
壺嶺一作任胡嶺俗名牛塢嶺　上頂頭　裏角一作格　廊　章一作張　家灣
海棠灣　大塢　潘村　西嶴　石橋頭　企石　細坑
紅巖裏　青嶺脚以上屬一二都　練泗　蓮花心　舊柱一作住
六穀灣　西丁　賢輔　後堂庵　裏屋　官塘一作堂　下
董　上岡頭　瓦窰灣　亞烏　韓一作寒　莊　下山　塘裏
上庫　焦元山　夏一作雅　里近廻山南原志　廻一作回　山一作杉楊
宅下丁　棠公市一名上市場　西嶺　前塢
杉遷居於此故名創廻山原志

石水澗　直（一作植）　嶺　長虬　下趙　西孟倉　杜（一作渡）河　石厂（一作彥）　坑　硑頭　裏前丁（一作汀）　外前丁（一作汀）　籐坑　將坑　柘前　屋基爿（以上屬十三都）　湯家　上宅（古長塘裏宅前村原志）　烏珠塘　舊屋　黃家堂　西堂　下宅（一名下新宅原志）　雙柏樹　後畈　齋堂　白王廟　茅畈　高平　後將　上楊　下楊　石界　門溪　井塘（一作堂）　前陳　大園　殿前

馬塢頭　芝林坑　高𡽱　下塘　半山　下湖橋（原志作下湖村）　巖頭山　𡽱頭　嶺頭周　大嶺脚（以上屬十四都）　馬鞍山

前將　上晉　白巖　後岱（一作黛）　山　施家　韓妃（俗名寒峯）

夏洲（一作下洲）　石門坑　冷水　巖前（原志作巖泉）　肇圃　馬

車園　王店　大安　靈巖　後王　前王　下塘畧　新
市場　後樹　金家　冷嵻　蔡家嵻　袁家　大平　楓
樹屏　嶺頭俞原志爲嶺頭村　大坑　冷水孔　沙灘　侯家嶺
以上屬十五都
六經岙　丁年倉　大洞　白茅坑　塘岸頭
黃渡口　下巖　石蟹嶺　大猷山　積坑　大坑嵻　北
池近下新宅原志　上貝　居藏殿　漚潭　下市場　坑裏　下
丹溪　南詠　大降　澗潭　溪邊　馬家田　后溪　王
家市　舊宅畧　鍾一作中宅　官田頭　樟花　棠墅原志作市
大宅里　大家里　大溪一作坵下　李一作裏間　許家
回竹山　外坑　小裏坑　楊公坑　石槽　橋頭　下莊

畈田　上堂一作尙塘　庵一作安基　賈菴一作安　大井頭

周家　王畫以上屬十六都　槲樹灣　上八一作畈塢　倉基　郵一作油

交舖　下宅　聚穀塢一名治國塢　馬家溪　楊梅園

裏嶴　樓頭　外嶴　前洋市　下蘇原志爲蘇村　東山頭

上道地　上任　廿石灣　上將　大莊　湖頭　硍下

黃牆坂　南山　橫山　黃渡裏　長爿地　後葛　外洋

畈　桃樹坑　下畈山　茅陽山　筌坑　上湖以上屬十七都

西區澄潭鄉　轄村一百五十三

蟠龍　壙衖坑　王家巖　五龍嶴以上屬四都　栗園山　石

杜灣　塔山脚　張家莊　磡頭　侯村　下三溪　廟前

地　後溪　趙婆嶴　龍亭山　西山　五都　山嘴頭

鐵牛　馬家莊　葫蘆嶴有海螺巖高數十丈腰有一洞可容百數人　溪西　油車

嶴　元嶴原志作袁嶴有龜峯山和尚巖媳婦巖　楊梅山　山頂坪　九峯寺

白作　磕嶺脚　施銀莊　後山根　宋家　蜻蜓塢　下

田　畈田　白楊樹𡾊　順唐坪　上馬　山頭古梅山村原志以上屬

五六都　廟外　嶴底　黄泥礪　梅渚有頂公巖　蘇秦　山泊

長安坟棚　平水廟原志爲平水村　夏裔一作下意　棗園　芝田

陳家山　羅家山　茅家　巖下山　茅洋山　社頭橋

以上屬七都　麻家田　張家店　上胡　官塘　上賫一作來　定

畈　王家嶺　產芝原志有產芝山　三山　東井　裏王　柴下

坑　泥塘崗　柴婆塘　左于（一作盂）　後金山　章家畈

絞車嶺　山東　了山　莒溪　長樂　坑下　社（一作射）圃

澄潭（原志作長潭）　風火嶺頭　西前　上金坂　王古廊

王潭坑　王芝嶺（以上屬八九都）　下宅　下趙　下桑園　棠東

棠川（原志爲棠村）　茅陽　大嶺下　竹廟　靈山下　裏丁

東丁　溪邊　瀨磯（古瀨石村原志俗名樓基）　燕窠　磡下田（一名看馬

田）　上旺　下旺　細坑（近穿巖產美石可作碑礎原志）　暖古山　安溪

黃泥田　硃頭　後山寨　黃塘裏　山王堂　大用

平峯巖　黃婆灘　下黃婆　蔡家　下張（一作將）　洩下

朱家塘（一作堂）　袁家山　周家　大安坑　門巖　瓦窰坪

東篁　中央坂　王高坪　大楓樹　大畧以上屬十都　鏡嶺脚　溪西　大古彥一作广　竹潭　渡頭　下潘原志爲鹿石村

雲渡　後染一作彥　東坑　梁家　白巖下　石柱園

大田　戰國一作古　破山頭　西山頭　潭角　唐卜一作北

大畈　安山　黄坑　小泉一作船溪　楓樹屏以上屬十二都

北區黄澤鄉　轄村八十三

南𡽪　後樹　蕎麥𡽪　黄家塘　白雲山　南塘　董家塘　梁一作楊家井　王姆店　店堂坂　野猪棚　後董

冷水𡽪　中央𡽪　東嶺頭　金交椅　前桃　上坂以上屬四都　大園薩　大桑園以上屬二十都　三透屋　下園　沙山

西山　五峯坑原志爲五峯村　桂溪　唐孔　欽村曹呂二姓所居　原志

萬石坑　上竹園　鐵頂山　撲鑊　龍潭　柏峯　楓一作

風家潭　鷺鷥一名蘆池　前王　毛楊坪　白楊樹𡽫　蘭洲

原志作瀾洲　麻車　藕岸一名藕溪　原志　大明市　方塘頭　大園

墩　坑頭王原志爲坑頭村　丁家園　王家山　富家山　長山

山頭裏　石橋頭　前梁　水口山　孟家塘　太公廟

前　大畧底　東塢　廟前　渡王山　下丁　黃沙畧

爛田頭　高桂　大莊　鷺鷥畈　山坑　雲居寺　蒸底

山　天燈盞　上塘山　張家園　石門青　法洪坑　井

𡽫　蒙泉山　朱家坪　楊柳塢　桃花𡽫　廣溪　黃澤

一名王宅
原志

梁家莊

黄枝塘以上屬三十八九都

建置

建置表

邑本剡之東鄙（續文獻通考）剡爲漢古縣（資治通鑑胡注）屬會稽郡（漢書地理志）平帝時莽改盡忠世祖建武初復舊東漢及吳因之（通志）東晉以會稽郡爲王國縣屬之成帝咸和中改會爲鄶（嘉泰會稽志）故城在今嵊縣西南（地理韻編）劉宋永初二年復爲會稽郡（嘉泰會稽志）領剡縣（宋書地理志）又僑置剡縣於此改設于今嵊地（地理韻編）齊梁陳隋並因之（通志）唐武德四年置嵊州及剡城縣（舊唐書地理志兼始甯地）改會稽郡爲越州七年剡城縣廢入剡縣貞觀元年廢嵊州復以剡屬會稽（嘉泰志）列望縣（唐書地理志）以前皆與嵊相同茲自

建立爲始圖列如左

	五代
統轄	梁　吳越 舊五代史錢鏐於唐乾甯三年兼越州遂屬吳越詳大事紀鐵劵載乾甯四年
屬	越州鎮東軍 吳越備史昭宗乾甯三年斬董昌改按舊唐書於昭宗龍紀三年七月置武威軍防禦等使又不合是吳越始必因之故鐵劵亦書兼官 東府 新五代史錢鏐世家十國春秋同原志稱東都
縣	新昌 太平寰宇記錢鏐割據錢塘以去溫州道遠此地人物稍繁又無館驛乃析剡縣十三鄉置舊經言即永壽石順昌化像明遵德石城五山豐樂彩烟善政新昌安仁守義是或原有新昌一鄉而因以名縣原志均列開平二年即吳越天寶元年今道里記作開平

元年嘉泰會稽志稱治在石牛鎮至分台割剡見王鐵甲科題名記其原址皆無攷

晉 吳越國

軍府 同

新昌 文獻通攷晉時吳越錢元瓘奏置續通典亦稱天福五年析剡縣十三鄉置改剡爲贍同時注本爲剡縣後因二火一刀之說惡其不詳故改爲贍有贍都鎮案此必又割及嵊地故同時云奏置

宋

兩浙路 四明寶慶志錢氏國除杭守帶鈐轄提舉兩浙路州

越州 原志稱宋太平興國錢氏納土時改東府爲越州

新昌 元豐九域志列緊縣州東南二百二十里八都有沃

		元
軍 **兩浙東路** 宋元通鑑太宗淳化四年置至道三年合地理志神宗熙甯七年又分爲東路尋合爲一九年又分十年又合南渡後復分安撫使以越守領	**沿海制置使司** 地理志高宗紹興初置十一年孝宗隆興元年復置	**江浙行中書省**
越州大都督府 宋史地理志徽宗大觀元年升爲師府領兩浙東路鈐轄	**紹興府** 地理志紹興元年升爲府道考置浙東宣撫司	**紹興路**
洲山其所云八鄉似即省永壽等六鄉而增仙桂一鄉成化志稱宋已有巡檢司二廨在縣未詳	**新昌** 地理志列緊縣當在改府後	**新昌**

	元史世祖本紀至元十三年爲兩浙大都府十五年爲江淮行中書省至二十一年徙治於杭州不言改者以後仍稱爲江浙行省故地理志從之其後權爲方氏特設分治不錄 **浙東海右道** 有肅政廉訪等使地理志言未知何年置	地理志至元十三年改	地理志列中縣成化志元設彩烟豐樂善政巡檢各一員均於元末裁革
明	**浙江布政使司** 明史太祖紀於至元二十六年仍改爲行中書省洪武九年又改此	**紹興府** 與上同年改路爲府領縣八	**新昌** 地理志有彩霞鎮豐樂善政三巡檢司未知何時復設
清	**浙江省承宣布政**	寧紹台道 紹興府	**新昌**

使司 通志領府十一		乾隆府廳州縣志故城在縣東二里當係明未建城而言又有彩烟鎮巡檢當由明彩霞鎮改
民國 浙江省	會稽道即甯紹台改府除	新昌

城

城周一十里高一丈厚一丈二尺見舊經今不存嘉泰會稽志　新昌舊有土城高一丈厚一丈二尺周十里久廢無攷惟迎恩西鎮東東候僊南拱辰北四門名存而已古今圖書集成職方典九百八十七　明宏治十八年知縣姚隆始築洞門於祥溪廟右成化志　名應台關胡宗憲籌海圖編　嘉靖三十一年知縣萬鵬重加修築城門四東應台西通會南仰

山北濟川圖書集成　城長一千三百七十四丈有奇高一丈七尺闊二丈四尺周六里萬歷志　表裏俱石呂光洵修城記並詳大事記　城上爲女牆爲窩舖門上爲譙樓門外爲子城內外馬路各一丈有奇東北引溪爲池西南面山圖書集成

明尚書呂光洵原記

洵讀會稽志新昌蓋剡之東境梁開平間析其十三鄉爲縣以其創建也因名新云縣舊有城記稱周圍十里高一丈厚十有二尺元末城廢逮明乃更新令甲而議不及城蓋天下之平久矣聖德丕冒守在四海况疆域之內耶縣所治地東界瀕海西帶剡江內有崇岡峭壁絶壑叢林之險而魚鹽負販之徒相競逐而不遂即叫囂橫暴此其故俗也頃者劇盜起海隅入剽台甯不能禦鋒刃接於新昌新昌之民盡震空其縣走山谷即官師亦離次而匿矣於是武進萬侯鵬詣任在道聞警即馳抵縣乃召其父老拊循之其父老率子弟伏庭下曰惟侯令侯乃簡其壯鋭授以利器日校於演武之亭聲聞遠近盜驚懾不敢近吾縣吾縣安堵晏然矣侯乃召吾耆老黎庶而告之曰新昌故巖邑也羣盜所窺前日僥倖脱虎口其可恃以久遠耶吾爲爾計必依險而城城固可守可守乃可居父老曰惟侯令侯以父老之言告於贈吏部尚書石橋潘公廣西參議三泉俞公又以告洵亦曰惟

侯令侯乃具狀白於巡撫梅林胡公巡按玉泉趙公胡公持其議未下諸於趙公趙公曰新昌瀕海盜起而無城是棄民也宜亟下其議議下侯乃大集士庶度地相基計工量費取石於南山購材於四境諏日以致工工始自東隅循南山之麓而西跨澗而北又遡溪而東計周一千三百七十四丈九尺高一丈八尺厚一丈七尺表裏俱石而實以土礫蓋極堅緻云城東故有捍水石堤城附於堤堤愈堅城愈壯既銷外侮又禦橫流居者安堵過者竦望覬覦者革心眞千百載不磨之偉績也迨今十有餘年而吾頌功之碑尚未有詞竹山田公一心一德民用諴和士用祗式乃授簡於洵俾道揚前政之休洵惟設險以守國莫大乎城宜時以集事莫先乎得人是故文王之聖也有西鄙之難則城於朔方而以南仲宣王之賢也有諸侯之患則城於東方而以仲山甫二臣之賢際明良之會竭篤棐之誠業懋功成詩人詠之其所揚厲遠矣今萬侯簉仕吾邑下車卽釐民瘼任重而慮遠集思廣益夙夜殷勤不數月遂底丕績無忝前賢矣而時勢之艱屯殆過之非膚敏剛毅爲德爲民永底一心者孰能與於斯洵寡昧未能敷張盛美竊比詩人有愧焉詩曰在昔有夏越維南方逮於有梁邑我新昌維邑奕奕南邦之望元季棼泯墜其紀綱維明肇運守在裔荒時維甯人載樂載康康樂未央乃有狡狂淪淪泚泚弄兵於潢牀台踐越窺我疆場疆場勿慎黎庶奔亡謇謇萬侯勿警勿惶戒我士民城維鉅防維我民士祗役皇皇維侯詢謀厥謀用臧乃相舊址舊址靡常乃卜新麌新麌集祥民士丕作勿亟勿忘夙夜于工翕翕驤驤勞之來之誦聲琅琅董之攻之伐鼓鏜鏜斯雉斯垣允矣金湯維民居之樂只徜徉謇謇萬侯令譽孔彰田侯翼翼于萬有光耀其文德勿弛勿張維文炳炳惟德洋洋勒茲貞石永

世無彊　郡志

明禮部尙書兼翰林院學士潘晟新城記

惟我皇祖定神京制四裔在東南尤嚴於倭寇故沿海諸郡邑連城百雉稱金湯雄固獨內地差徧小者則多建治而不城於二百年來國家雍熙奸宄屏息有司僅置譙鼓守離垣而閭閻外戶多不閉卽吾新昌亦然蓋不知有假於城也自嘉靖壬子倭寇匪茹焚掠台溫沿海諸郡縣蹂踐無虛日歲丙辰有窮寇爲戚元帥所窘乃自台取道經敝邑直走蠡城邑令萬侯聚兵力拒之莫能得邑人驚怖棄輜重走匿藪澤賊遂縱火焚燒廬舍殺傷百十餘人越數日始甯而余邑岌岌稱殆矣時大司馬沃洲呂公以光祿卿家食率衆士夫謀於萬侯請城之侯乃毅然身任其事下令民蔑肯應者侯置其魁於獄而衆議尙洶洶公又爲侯請於督撫大夫暨臺使者議按察官一人嚴檄馳諭羣囂始定乃周爰相度地勢東抵龍頭山西抵舊郊扉南澗北溪延袤雖僅三里計費頗不貲時公帑靡羨金督撫以軍興莫能佐必歛民間錢乃可而饒瘠不相儗也侯乃視其戶賦爲重輕饒者輸財貧者輸力各聽其便惟北枕大溪砂礫澌瀰晞三隅功倍衆苦難之時先太史公與沃洲公暨鄉之有位者議請爲民望畫地三分身任之以是人心感悅咸樂於趨事伐石炊陶運錘操杵而甃文石中實以魂而堅築之侯復日夕巡行壺漿慰勞程其工拙不少僭踰故百度値規庶工輸巧其結隅嬰堞若砌鱗鏤甲附合疏離署無鉤心鬬角痕跡洞起四門冠以巍閣翬飛鳥革尤爲壯觀自余遊歷所覩記殆與丹陽石頭江夏黃鵠庶幾乎媲美矣是役也議昉于嘉靖丙辰落成於丁巳不朞年而工倍萬侯眞苦心哉先是侯走書屬余文以記其事無何侯竟以勞瘁

余以留滯周南遂因循廢閣殆二紀餘矣歲甲戌田侯蒞兹土睹河洛思禹功喟然歎曰職來晚雖不及運甓從諸公後而使先美勿斆任民事者之羞也郎琢片石竪諸中郭乃爲萬侯申前請以表章之余因念萬侯築斯城以庇吾新人也其功烈矣顧城成而侯隨以沒凡侯所爲千萬年城守計者固有志而惜未之逮也思患預防不無有俟于君子矣夫邑之有城猶室之有垣也綢繆牖戶稱完室矣而家無積貯人鮮鬬志則徒四壁立耳闠牆外侮誰其禦之雖欲稱爲安宅也可乎神農之教曰有石城千仞湯池百步帶甲百萬而無粟不能守也又曰衆心成城故晉陽以衆附而完雎陽以食詘而困蓋民固爲邦本而食又民之天也守土者惟實倉廩敦信義而已矣萬侯已積粟數千石兹田侯繼之贓贖無他糜積粟至萬石有寄而沉毅介潔令出不移惟務噢咻其民不謀旦夕赫赫之譽以故新人無遠近老稚惟侯是德咸懷親上效死之心則所以徹桑土而戒衣袽以代終於萬侯爲斯城千萬年利者又不但於版築之助已也余固重爲萬侯幸又因附述之以示勸於來者若督造助貲凡有裨於斯城者其名氏例得附於碑陰云

明邑人呂光化記

周時邑新昌爲越國荒徼台溫則閩中地秦置剡邑於越東鄙台溫時爲章安二縣山曠人稀山川險阻不相往來而剡一地山林深密亂罕及焉故晉時避亂若戴逵諸公多居天姥沃洲間時語曰兩火一刀可以逃蓋指此也孫恩之亂蔓延海濱邑以遠獲免劉宋謝靈運爲永嘉守鑿山開道剡始與台通嗣是兵寇出入多由於兹而邑屢罹禍亂矣元既渾一虞華人反側多設戍兵於邑西置鎮守軍營以百戶領之又設縣尉尉吏各一員弓兵三十人兩巡檢司各設官吏弓兵六十

人然法令偏縱軍橫虐民而嘯聚之衆爲邑患者不可勝紀元末大亂羣雄竊據明朝龍興始平定之歷代昇平民間不聞兵革之警至嘉靖乙卯海寇入我邑居時城守未備民無固志邑侯萬公始謀築城經畫周備堅緻爲他邑最但城東南逼山城中少蓄民不嫻武事草竊或可安守一有大盜至不能無杞人之憂矣邑侯田公視城闉少有虧隨加修葺創義倉廣儲積時閱民兵較武藝浚渠均水以裕居民遠猷碩畫無非久安保障之圖使後之長斯土者常懷此心新民其永賴矣

知縣田琯論

城守之可虞也呂氏言之詳矣然亦有限于時勢力量之未逮者焉欲爲久遠計必須於城之東南隅改築於書案山上而於西南一帶浚深渠以達於大溪庶可以遠矢石而遏衝突斯其爲金湯之固而予之有志未逮者也後之君子能繼而爲之其利於邑也豈小補哉

萬歷庚戌知縣李應先於東北中間開青陽門萬歷志　清順治十五年增高雉堞重加修葺圖書集成　康熙九年知縣劉作樑捐資修建五門麗譙原志

清邑人徽甯道呂正音重建五門城樓記

牧民之道在於內順而外威內順者所以爲仁也外威者所以爲義也仁義立而

政教修如是則可以爲民牧矣邑之有城衰人民而奠安之以爲鄉聚之望無事則安居樂業無界乎遠近有事則合村落入城而守之可恃以無患然而安不忘危守必爲戰備茲樓櫓之設非以爲觀美蓋憑城設險以爲瞭望應敵之具實與金湯相表裏不可或廢也新城五門舊有層樓歲久時變或毀於兵燹或風雨搖飄蕩然以盡守望擊柝者茇舍而居寒暑無以蔽而欲責其巡守達旦以保無虞也得乎邑令盧巖劉侯以攖龍之才暫試小鮮綽有餘裕政乂民安百廢具舉庚戌秋乃庀材鳩工次第而一新之將以伏至險於大順藏軍威於不測高可以望十里廣可以容千百人以飽佚而待饑勞勝算存於其間豈區區創葺之僅事哉顧嘗論之新邑雖山城然東通台溫東南明州西南婺州西接剡及郡往來咽喉不減玉壘一谷之勢左顧右盼爲東越之要害城高且堅易以爲守近兵燹之後民多習於火器前此山寇竊發大師進勦皆以土兵爲前茅所往必利此吾邑之選卒也苟畜之有方一呼可集以其長技守其地險敢有乘墉者乎斯樓之作可以彈壓山川雄鎮一方矣容有自邑來者告余以故喜而爲之誌侯之政眞能以仁義爲干櫓也夫

乾隆三十六年知縣裴六德重修內外城垣女牆樓櫓用牛車輦南明山石堅緻壯麗特過於舊靜深齋筆記　嘉慶二十年知縣淙日燿修築洞門建傑閣於上金碧輝映顏曰沃洲第一樓道光

七年知縣朱堃章邦彥先後集在城紳民捐修女牆重建仰山濟川青陽三門麗譙二十一年知縣楊際泰因有夷務勸監生呂喬槐獨力重修由評本增

案嘉泰會稽志築城之法城身高四丈城闊五丈上斂二丈若城身高三丈五尺則址闊四丈三尺七寸上斂一丈七尺城外築甕城去大城十五步甕城圜一面包城高厚與大城之數相等甕城外鑿濠去大城三十步上施釣橋凡爲三濠第一重闊二十步深二丈水深四尺至七尺第二第三重遞減五尺濠之內岸築羊馬城去大城五步高八尺址闊五尺上斂二尺自上三尺開箭窗外至濠垠留一步埋設鹿角大城上每三十步置馬面敵樓各一座女牆

相去各十步凡樓櫓之法曰垂鐘版曰拐子木曰伏兎子曰手抱腰腹曰鷹架曰踏空版曰杈柱版曰護柱版曰胡孫柱曰鄣水版曰馬面曰梯曰馬垠踏道曰蛾眉磚踏道曰笆曰草椁曰牛革曰氈曰大小索曰鐵雁鈎此其名數之大略也新昌土城規制與前法高厚之數相懸況在宋嘉泰年已云不存其爲山洪衝塌無疑邑志謂疑即東隄東隄南宋初始築且只自東迤北一帶未嘗周也又嘉泰會稽志府城正西曰迎恩門則新昌迎恩亦正西矣且新昌志載迎恩館在縣西三里此其確據況
欽定古今圖書集成西東南北顯然對舉迺道光七年修譙門時好事者鐫古迎恩門於南古候僊門於西非惟當代城門不

應鐫混古名卽西南亦顛倒其處謬矣當有以易之由評本增

衙署

縣衙　新昌縣治在五山鄉南明山後浙江通志　知縣廨在縣城内嘉泰會稽志　卽石牛鎭錢鏐開設宋太平興國中縣令張公良創立治所宣和三年燬於方臘紹興十三年縣令林安宅重建元至元二十六年燬於楊震龍二十八年縣令完顏從忠復建至正末燬於方國珍萬歷志　明洪武元年知縣周文祥鼎新之淸順治七年燬於俞國望康熙初知縣俞居辰鼎建煥然一新中爲公廳廳前爲露臺後爲川堂原志作穿堂今依通志　有愛竹堂山陰御史薛綱碑今佚　後爲龍亭庫夾以兩楹堂左爲幕廳三間右爲耳庫房公廳南爲戒石

亭有黃庭堅石刻東西各爲吏廊一十二間康熙八年知縣劉作楳重建戒石亭南爲儀門三間兩旁爲際留倉儀門外東上爲土地祠東下爲寅原志作迎賓館明嘉靖中知縣張汝楠建今廢西上爲縣監七間監前爲思善亭明萬歷知縣田琯建久毀直南爲大門上爲譙樓五間久毀知縣劉作楳重建大門外東爲旌善亭西爲申明亭並久圮嘉慶十四年知縣陳銘重建申明亭亭之下爲榜廊兩旁並圮侵爲民房觀狀榜者直上公廳正南爲屏牆古今圖書集成職方典九百八十七萬歷志公廳後爲正衙官宇牆圍凡二百六十六丈萬歷志正衙迤西而南爲書廳嘉慶三年知縣曹曙卿建前有十圍碧梧錢唐學士梁同書爲書美陰二字於廳扁而系以跋以喻蔽芾焉書廳迤西而北爲幕廳嘉慶十五年知縣陳銘添建榜其中曰政簡刑清又北爲衙園廣袤數十丈園西北隅舊有關帝廟三楹楹有舊板帖曰香裊一鑪思漢鼎花開

三月想桃園字畫高妙以上見評本

郎中王畿題名碑記

我聞民生有欲無主乃亂天下之立君所以爲民也守令者親民之官有君道焉縣令於民爲最親親之也者親之也非徒刑威之懲督政務之糾紛固將佐理承化平民之欲遏惡揚善以順天命也古之人以天地萬物爲一體視天下之民如父母之於子喘息呼吸氣相爲通思民之饑溺猶已之饑溺一夫不獲其所若已推而納諸溝中自任以天下之重如此非意之也同體之仁本與天地萬物而爲之也自此義不明世之言治者議政而不及化下焉者議刑而不及政甚至恣其淫虐煩刑以逞使民無所措其手足而一體之義亡矣天之所以立君之義與吾人父母斯民之責固若是乎新昌縣之設肇於梁開平時分台割剡處於台剡之墟溪山環麗似朴而文地氣使然也自設縣以來爲令者凡幾姓名未有紀述漫無考鏡識者病之蕭君敏道自幼有志於古人之學以進士起家來令茲邑能以文學飾吏治始下車罷諸供侍期會條約與民更始刑無妄施獄無濫繫期年而政行化達乃修舉缺典訪諸耆舊考諸册牘徵諸廨宇題識得其所可見者自國初周君而下勒石以紀用示勸戒以予爲同志若有所聞乞言於予道其所以孔氏有言道之以政齊之以刑民免而無恥道之以德齊之以禮有恥且格學者童而習之視爲迂儒之常談特未之思耳夫政刑者輔治之具德禮者出治之本而者興化之基也免而無恥者欲念未忘畏於迹而違於心也有恥且格者由中之化出於刑政之外不待糾懲而欲自平也條貫本末功效淺深古人經世之大法要無以易之者恥之於人大矣所欲有甚於生所惡有甚於死簞食豆羹生死之

界嗥蹴而與之行道乞人有所不屑而受此豈有所爲而爲之耶是乃羞惡之心充之則可進於聖賢不能充之則將入於禽獸故君子導民莫先於興其恥心此善惡之幾治亂之原天命存亡之所由決也舊令所記予之及知者若佟君之和毅宋君之裕博曹公之精敏政修刑愼要皆幹局之良進而入於化則未可知也蕭君素有志於學卽其經綸措置章章如是而出之有本殆幾於化矣予常遊南明歷天姥得觀弦歌之俗與之語一體之學信而受之有津津然進而未已是未可量也夫平民之欲莫先於自平其欲格民之心莫先於自格其心所藏不恕而能喻諸人者未之有也明道云視民如傷畿平生愧此四字此經綸之本一體之實學望道未見之心也蕭君終勉之哉固將以爲勸也

學士史大成新建譙樓記

新昌斗立萬山中下臨剡曲上接台雲其地淳古縣治無亭臺樓閣之勝可以登眺如東坡所云雖非事之損益而其理有不當然者余甲午年受業前新昌縣公海若胡夫子登堂肅謁因得縱覽山川之秀邇城郭宮室因革廢興之由時方苦兵燹後胡公華路藍縷以救甯茲土廳宁猶構木槀爲之常携余登縣首門之上曰此門舊有麗譙設銅壺鐘鼓以司刻漏聞昔賢宰是邦者每挾賓從爲觀遊吾願修舉之而未暇也余實聞是言於今將二十年矣感胡公知遇因瘏瘵新昌有從越來者輒問譙樓修復與否以志遐思且深有望於邦君而特恐其政理之繁未暇以及此也余年友比部呂夢軒先生語余曰邑劉父母莅任未朞而吏懾民懷百廢具舉以三時之隙捐俸修學校城闉倉庫官廨之屬而譙樓首成以與君有一日之雅且君常辱臨下邑也謹請一言爲之記而余友孝廉董子允瑫丘子

克承又爲劉公受業之徒以公車至亦惓惓以此爲請余維戊戌年屢奉召見諸進士於乾清門時在班行中心識劉公爲不凡且公受業余年友胡又弓先生之門又聞公家世及其孝友文章兄譙樓之舉是夫子胡公有志而未遑者也余雖不文其何敢辭噫譙樓當縣署之衡實一邑所具瞻月吉讀法次第懸書則古象魏之制也是必翬飛翼革巨麗崇弘方足以稱儀型而表景範甯獨資遊觀之勝事哉雖然當樓之南杰然雲際者南明石城也五馬獅山峙北天姥沃洲據其東其西則獨秀旗鼓諸山屈東南而特出者九峯石溪山也問猶有崇義塾而置義田如石氏陳氏其人者其問往來遊歷猶有羲之太白及文杜韓呂朱晦庵陳止齋諸君子者乎其登斯樓而山川在望如晤其人則慨然於古今人賢不肖之相及而廉頑立懦者每未嘗不係乎此也且也春花宵月聆闤闠之謳吟薰風五弦揮虞廷之解慍秋飈發而響瀨瀏以清朔風橫而峯容嚴以潔登斯樓也思所以燮四時之氣而詢民疾苦以振幽出滯者又將何如也兄永夜漏聲晨鐘曉角聆音者卜政治之休隆徵化理之明肅於以靜四郊之桴鼓警重闍之魚鑰其所係豈淺鮮哉余倘得陪公杖履預賓從之末其尚能爲公賦之公之筮仕歸善也余受業士從嶺嶠來者云公甫至值遷界勦逆令下軍功旁午提鎮怙兵驕肆公痛繩以法民賴安堵界兵執一平民百十餘謂犯界當死公呼問詳悉放遣還家期某日詣督撫廷辯之至期無一逃者督撫直公言百十餘家皆無恙至今肖公像尸祝焉夫以公追風掣電之才而尚試之以小鮮宜其百度具舉而不形諸聲色也故修譙樓即一事可書也公諱作棫字木生號虛巖登戊戌進士江西吉安府永新縣人

呂維師重建譙樓頌

於維南明，據越上游。眉兮目兮，天姥沃洲。駱駝聳秀，五馬飲流。旗鼓爭雄，於兌西昜。榜列峙於巽陬，縣治居中。沃壤平疇，彝衍曠達。天府神州，四山輸翠。澄溪碧綢，中非傑閣，何以豁眸。譬如坐井，鬱鬱陰幽。爰有舊址，彷彿遺留。於今瓦礫，頹圮多秋。來宰是邦，實惟劉侯。江右名賢，歐陽子儔。化行俗阜，布政優優。政通民和，建其鴻猷。乃陟景罔，高爽是求。爰究爰圖，亦卜亦謀。庀材鳩工，相度允休。捐我俸薪，作彼巍特。延袤百步，矗拔百尺。削屢馮馮，搆創奕奕。成何速易，經營勿亟。巍乎煥乎，參列辰極。高棟崇奮，翬飛鳥革。八窗洞開，玲瓏翠嵂。丹雘銀鋪，霞騫星璘。歷級而升，帝座呼吸。瀣檻遐矚，玉繩低拂。工既成矣，候惟春矣。自春徂暑，朱明屆矣。携我賓寮，宴喜以落。匪以眺覽，匪以歡樂。月吉懸法，平秩東作。嚴鼓啟閉，晨昏罔錯。乘間登陟，詢謀諏度。北望金臺，藩屏鎖鑰。下瞷闤闠，憂深寸掬。可以翼帝京，可以求民瘼。噫嘻樂只君子，邦家之基。樂只君子，父母是依。胡不壽耇，萬年是庇。保乂爾后，毋不爾或期。

縣尉陳大道重修衙署記

新昌古會稽名勝地也，羣山簇擁，佳麗絕倫，東接天台，劉阮之遺踪尚在，西聯剡水，子猷之逸興猶存，巖壑標奇，泉流瀑布，孕靈毓秀，英賢輩出，猗歟盛哉。夫何兵燹爲災，山川如故，城郭半非。余蒞兹土，不特居民落落，即衙宇亦自蕭蕭。前之君子視爲傳舍，織葦爲壁，結草爲覆，瓦礫成丘，棟柱朽蠹。因捐貲鳩工庀材，督理贊政廳三間，龍亭庫一間，官廳三間，右側二間以便辦事，土地祠一間以迓神庥。至於尉署門額振育堂，扁誠求軒，爽闓暢，煥然改觀。隙地蒔花，紅綠交錯，禽音和唱梅竹參差頗分山川況味由昔言之風雨不蔽由今言之居處載甯後之君子其念之哉若夫祟神禱雨減費運粮備軍需鑿𥕢渠此職所當然者也新民欲誦於石固辭不止幸逢縣伯盧巖劉公以大才而宰小邑遂得承流而宣化焉如附驥而馳千里屬在尉吏可告無罪於地方則已矣因修治衙署之餘志其邑之佳勝與人民愛之戴情云

按魯文肅石散騎墓誌大中祥符五年邑之縣宇聖殿皆爲兵燹景祐二年邑令張公良欲新之以費萬計石散騎待賀者捐構縣之堂舍譙樓廊宇學之聖殿明倫堂齋屋雕文刻飾勝於前令以其名勒石據此則張公良景祐時縣令矣今縣志本傳張公良太平興國中爲邑令立縣治建邑庠勸民出資克底於成其事正合石散騎墓志惟太平興國未合又石待賀傳公良卒不能返喪賀獻地葬之則張侯立縣治其爲散騎捐構無疑矣太平興國至景祐中隔五十餘年府縣志首列公良於太平興國疑誤

咸豐辛酉縣署燬於兵燹事平後假武廟爲行署光緒辛巳邑令劉廷芬始議重建卽去任至己丑四月王公貽信更邀紳耆會議邑人張景昌獨認捐建大堂其餘皆由城鄉分認由邑孝廉呂衷謙經理至辛卯桑公如正蒞任方告成增 宣統三年台

匪周永廣入城頭門及東首房舍均被燬由在城六堡公議出資重修採稿

典史署　在縣署內公廳左首萬歷志康熙間典史陳大道捐貲修建中廳五間南向二門三間西向大門一間原志咸豐辛酉燬

武尉營　在縣西宋縣令林安宅建今廢

尉廨　在縣西一十六步嘉泰會稽志今廢

駐防署　舊無營房僦居民舍今聊備數楹於縣治西原志後圮僦居靑陽祠久之嘉慶初重建於縣治西有中廳後衙大門各三間南爲小屛牆

按通志元明以前未詳清防守新昌把總一員馬步戰守兵丁

三十名百子砲一位存縣庫附識於此

民國改防營爲警備隊設哨官一員

教場閲武廳　舊教場在西門内北鎮廟前隆慶六年知縣謝廷試徙於北門外知縣田琯置地增拓之又建閲武廳三楹周圍甃以石横一十丈直三十八丈四尺今廢原稿志萬歷志

驛舖

南明驛　在縣西一百步久廢嘉泰會稽志

天姥驛　在縣東南五十里久廢嘉泰會稽志

皇渡驛　在縣東六十里今無存成化志

市西舖　在縣治西萬歷志

三溪鋪　在縣西十里萬曆志

柘溪鋪　在縣東十里萬曆志

小石佛鋪　在縣東二十里萬曆志

赤土鋪　在縣東三十里萬曆志

斑竹鋪　在縣東四十里萬曆志

會墅鋪　在縣東五十里萬曆志

冷水鋪　在縣東六十里萬曆志

關嶺鋪　在縣東七十里萬曆志

按萬曆志各爲屋三楹旁列兩廂中建一亭繚以周垣榜曰某鋪各設司兵以急遞焉明知縣周文祥建毛鸝李楫重修又乾隆府志衝要九鋪市西鋪兵五名八鋪兵各四名　今皆廢

市

上市街　自縣東門抵西門上一方原志以雙日爲期

下市街　自縣西門抵東門下一方原志以雙日爲期

坑西市　縣東二十里原志今廢

胡卜市　縣東三十里原志今重興以二五八日爲期

蔡嶴市　縣東八十里原志今廢

棠墅市　縣南七十里原志今上市場以一六日爲期

長潭市　縣西三十里原志以三六九日爲期

王澤市　縣北二十里原志以單日爲期

儒嶴市　縣東五十五里以三八日爲期

大市聚　縣東三十五里以三六九日爲期

小將市　縣東七十里以二五八日爲期

前洋市　縣南七十五里以四九日爲期

下市場　縣南七十里以四九日爲期

新市場　縣南六十里以五十日爲期

黃婆灘市　縣西五十七里以二五八日爲期

金嶺脚市　縣西五十七里以二五八日爲期

大明市　縣北十七里以二五八日爲期

鎮

石牛鎮　在縣西郊外茶亭其故址也原志

古有石牛屆止至自始豐因其蹄涔遂啟東道梁劉勰石城寺造像記今在西郊外故道宋時開孝行砩水當牛頸因斷其首尚在砩堤道光十一年二月鑿而去之今牛身尚存評本明邑令田琯亦有辨

祥溪鎮詳水利志

王澤鎮在應台門外原志今無市詳上市

倉

預備倉在縣西深一十四丈廣一十四丈五尺官廳三間廒屋九間原志

際留倉舊在縣儀門外知縣田琯以爲不便於民合併於預備

倉舊志載倉凡五處一在縣治一在廿三都沃洲一在十七都皇渡一在六都梅渚一在三十三都胡卜以納鄉輸每倉編審大戶守之民以委輸不便火盜交侵或累賠販故尚書何鑑議令知縣姚隆請於巡撫王公合併於預備倉民咸便之萬歷五年知縣田琯奉督撫部院徐公檄勸民捐田穀備賑刱義倉一間附於預備倉以貯租穀時尚書呂光洵捐穀二百石邑人陳大順陶文光各捐穀一百石陳應璧陳應陽各捐穀五十石一時貧乏之者賴利濟焉志稿

清嘉慶十七年知縣陳銘勸捐平糶賑濟碑記

沃洲附天台山麓民之待耕而食者曰磜曰泉曰坑厥田僅號中上若層巒高阜之處天田尤多每遇凶歲西成失望人嗟鮮食其地然也予官於斯之二年辛未境內値旱秋收歉薄以致食物騰貴人心洶然間有以請平市價之說進者予曰

不可商賈之志在漁利若驟平之是拂其所欲而轉運不行邑之人將有米珠之歎可若何不得已晉在城紳士而咨詢之並告以捐買平糶法諸紳士咸欣然樂從共襄義舉約計捐錢三千有奇而此外無可再議者當是時市中米一石易錢四千顧此涓滴不足以圖久遠而資賑恤更若何於是復與紳士謀擇其中殷實老成者詣郡邑巨商家加息借貸始得錢八千貫以爲資本先後分走長安義橋而售之其中水脚客費以及月利各項即以紳士捐金列爲賠墊行之數月城中一切食物接踵而至其價亦不期平而自平民之入市而乞糴者固已翕然稱便利矣顧其間有極貧之家無以謀生者又定一四七日分設男女兩廠按照大小人數散給口糧以資接濟未幾二麥皆登而貧民卒賴以安或者曰危者安之溺者拯之是役也微公之力不及此豈知好行其德不惜傾己囊而出之者皆紳士之力也予則偕諸君子贊理其事而樂相與以有成第竭此心而已矣居朝廷親民之官任斯地守土之責本此心以供職即本此心以爲民方且惴惴然引咎之不暇而敢憚勞哉且敢言德哉詩曰豈弟君子民之攸塈吾儕讀古人書一行作吏竊愧有展卷而汗顏者茲適就時與地而權宜以處不過如此事既竣照捐薄之出入收支各數對衆核算除一面稟詳各憲請予旌獎外用勒貞珉以示將來此平糶捐賑之記所由作也若曰小惠未徧不足以孚輿望嗚呼德歟怨歟蓋不暇計云

清道光元年知縣張邦棟平糶碑記

余自丁丑出宰斯邑比年豐稔而地瘠民貧蓋藏實鮮己卯春於役之楚夏去冬旋其間旱潦交至市米騰貴未免蒿目時艱先是粵西左說巖攝事軫恤鮮民因

嘉慶十七年西蜀陳警堂有捐買平糶舊章勸石爰商諸富紳亦欣然樂從顧謀之尚未集也今因踵其事大集在城諸富紳申告之曰救荒之道在安富安富之道在賑貧富民者貧民所賴以生也貧民者富民所賴以守也余忝民牧竊願爲貧民請命爲富民保家於是已捐者加增未捐者續補一日計得錢六千八百餘千文而猶恐少不濟事且緩不及時也向郡城富商借資萬貫始由義橋買米繼由長安輸運汎舟相接源源不絕即於武廟設廠間日平糶每升酌價三十五文計照市價平減三文雖便宜無幾而米色乾潔斗斛平滿囤積者不得居奇販運者無從射利市價頓減民賴以生始於去臘迄今秋前後共計糴糶二萬三千八百餘石其中水陸之費折閲之資借貸之息即以捐金津貼日久數多羨餘無幾而已新穀登場豐年有慶矣維時別駕呂喬柯監生呂式波捐資最鉅而總持會計力任辛勤者則廣文陳樹籛監生呂式泮俞際堯也往返買運諳練老成者則生員張聲華職員呂靜也凡書役皆不得參與惟助捐其事相與有成者余書識潘鳳岐俞克任俞世勳金奎招與孫鳳儀亦與有力焉除分別詳請獎勵外謹識義舉泐石以垂不朽云

城區常平倉　在西門道咸以前父老傳說在城殿富田滿百畝以上者每畝歲捐穀一升至辛酉倉房儲滿復於縣署儀門左右各搆二楹儲存積穀通共不下數千石一經兵燹俱成灰土

平定後百端待理無暇及此至光緒己卯大旱他處豐稔穀價大賤鮑邑侯國琦倡義捐辦委任俞君偉建陳君詡經理以田五十畝者起捐每畝一斗得穀八百餘石己丑西鄉水災移撥其半以賑濟後歸呂君錫時呂君桂芬經理販穀儲錢不無盈餘癸巳歲旱濮邑侯文曦飭令買穀還倉己亥庚子連遭水災俟邑侯琫森詳憲擇貧散給卽委俞君鴻學等續行捐辦以田二十畝者起捐得穀五百餘石至辛丑米價每斗至八百有奇呂君衷謙經理在城隍廟設廠運米平糶以倉穀爲賠墊費不足又向張君景昌陳君兆齡募捐洋二千有奇自是穀則顆粒無存價則有加無已屢議屢輟至丁未斗米千文又開議呂仁

圻發言隍廟幹首因捐筵改戲每年提出錢六十千作公用不如停止提議劃出稍價輕而田常稔者收穀歸倉遞年積貯則捐不待募穀可漸增實爲兩便議同而未實行及丁未華邑侯尊訓採呂君桂芬議捐戲資以辦積穀并購鐵路股票詳憲通飭任怨任勞辦有成効奈任未久而戲禁開鐵路收歸國有欵仍分散無存迨民國議會成立呂仁圻復臨會提議議員多數贊成由議長俞往欽表決知會總董呂秉鈞照案施行遂於三年北鎮幹首起少收稍價洋四十四元可得穀五十餘石訂定章程收穀則六堡公同監察經理則值年輪流任責至五年知事宋承家勸令合邑舉辦積穀城區應備四百石前收尚未滿

數勸募足額由是逐年積累庶幾有備無患矣採稿

井

七星井　凡七井列縣直街如七星然宋知縣林安宅所鑿萬歷志

潘氏義井　縣東潘家橋側耆民潘惟清所濬萬歷志　一在縣東潘家橋耆民潘惟清浚一在縣北官道邊萬歷丁未耆民潘明吾浚新邑水泉易竭遇旱輙涸此井渟泓澄澈味獨清冽旱則日汲千家多利賴焉原志

王氏義井　在錦村州判王惟通所浚萬歷志

義泉二井　縣西二里茶亭前其一行人汲飲其一以小塔蓋之萬歷志

復井　在學宮內原志詳禮制志

天井　南明洞頂冬夏不涸詳禮制志

木泉井　縣東三十里木隊村增

石井　縣東天姥山下詳禮制志

鐘井　縣東鐘井村詳金石志

義井　縣東六十五里茅洋村丁君卿鑿增

雙井　縣東三十里胡卜村中增

上井　縣東三十里胡卜村飛黃坊上增

下井　縣東三十里胡卜村左司諫坊後增

龍井　縣東四十五里龍皇堂村深三丈餘底有石水從石中湧

出增

大園井　縣南八十里大園村丁川祖上鑿增

道南井　縣南六十五里道南學校前宣統二年潘士模趙服鑿增

義井　縣南七十里下市場上街梁水竹鑿增

大井　縣北二十里黃澤街中增

陳家井　縣北二十里麻車村增

張家井　縣北二十五里麻車村增

會善井　縣北二十五里麻車村增

上山井　縣北七里三透屋村增

大井　縣北五里王姆店廟下增

潘家井　縣北五里王姆店村增

金水井　縣北十里渡王山村增

孟家井　縣北十里孟家塘村增

大樹下井　縣北二十里前梁村增

横庄井　縣北二十里前梁村增

渡

三溪渡　縣西十二里舊有石橋至春夏水暴漲卽壞知縣田琯置渡舟以濟之唐史咸通九年賊裘甫陷剡觀察使鄭祇德遣將張公著沈君縱李圭擊之甫設伏於三溪北壅上流使可渡

既戰佯敗走官軍追之半渡壅水至官軍敗三將死之萬歷志
明侍郎呂獻詩
三將精忠天地知三溪流水日東馳驚濤一派迎風瀉猶似官軍赴敵時

柘溪渡　縣東十里近天台萬歷志

蘭沿渡　縣東二十五里乾隆間喬裏吳柏城捐田十六畝創設義渡至今賴之

橋

潘家橋　縣治東北半里萬歷志

廻瀾橋　縣治西北萬歷志

觀政橋　縣西門外萬歷志

西郊橋　縣西門外萬歷志

鐘樓橋　縣北一里萬曆志

濟川橋　縣北溪邑人潘復寵等建有濟川庵置田贍僧以守之原志道光時邑紳呂孫枝復捐田四十畝

清進士梁葆仁撰呂孫枝捐田碑記

邑環城皆山而東北兼水自城東襟抱而北截然橫流當北門之衝源發台山經東岬盤折百餘里彙萬山脈絡涓流之注乘之以淫霖暴漲而水之力遂猛城人北行與北人城行多窘於此而涉而死者以歲月計好義者建庵設渡名曰濟川由來久矣但洪流嚙岸無定在其勢不能駕石而木苦易朽且力不勝水往往被陽侯挾去渡資不給於繼每致廢擱行人憾之非籌鉅款儲資以待爲隨圮隨修之計事難久遠向之所謂歲月計者終不免也然非有大力者不能道光庚戌邑紳呂孫枝先生渡此行人知其有力爲告其故先生慨然曰余力不及遠而使此跬步之間有憾境情何以堪遂捐腴田四十畝零立橋渡戶授濟川庵住持廣法及其徒元通隨鉢遞傳世濟此渡自是水漲則船水落則橋橋船以時修葺廢則造之取資不竭而北城之水無滅頂者矣佛氏有拯人一命勝造浮屠七級浮屠之造吾不知所用矣至拯人之說則菩薩心腸何異吾儒宗旨慈悲立達非有兩義顧先生自嫌其力不及遠余謂功之累也以積積塵可高積羽可重苟無是積雖遠及千里而終有所盡茲水之斃人以歲月計此後歲月計之人盡得拯於

此四十畝之力試積百年計之人之拯於此四十畝者已幾何積數十百年計之人之拯於此四十畝者更幾何耶且此四十畝之留於渡將不惟數十百年止也苟留於家而可以數十百年計者斷無有也即幸有之子孫而富益之豪奢焉耳子孫而貧資之游惰焉耳減子孫游惰豪奢之費以少積其過增十百年不盡拯人之用以多積其功將後之食報於積而天之盡數償之者又當幾何耶雖然報不報非先生所計然以盤折百餘里萬山脈路涓流彙注險猛不測之水力非先生以四十畝之力抵之而不復肆其斃人之技錢武肅之五百弩復何加哉則已足以爲先生豪矣先生姓呂諱喬柯字公眪孫枝其號邑諸生議叙州司馬紀錄二次富而好義人也田入義渡者已三十餘年碑石未有記其孫邦祥等乞記於余余爲道其略田之畝分字號戶目及坐落俱列如左

光霽橋　縣治東北原志

石橋　在縣東舊經引剡江東經石橋廣八丈高四丈下有石井逕七丈橋上方石長七尺廣二丈二尺橋端有盤石可坐二十人溪兩旁悉高山山有石壁二十餘丈溪水攻撞轟響外發聲聞數里名勝志水經注云浦陽江東逕石橋下有石井口徑七

尺輿地志剡東百里有石橋里人傳云舊路自石筍入天姥今石筍橋下一大井與水經合疑卽此也嘉泰會稽志

項斯寄石橋僧詩

逢師入山日道在石橋邊別後何人見秋來幾處蟬溪中雲隔寺夜半雪添泉生有天台約知無却世緣

平川橋　縣東五里萬歷志

桂香橋　縣東八里成化志

渡津橋　在二十都萬歷志

棲霧橋　縣東二十一都萬歷志

石甘縣　縣東十五里王泗洲村嘉慶間建民國五年拔茅村重建有義渡增

迎仙橋　縣東二十都萬歷志　道光間丁天松重建

丁公橋　縣東三十二里萬歷志　道光間呂天球重建

三石橋　縣東劉門塢乾隆庚子庠生丁振綱母黄氏首出四百餘金幷募捐六百金而橋以成副貢楊世植爲之記增

司馬悔橋　縣東四十里一云落馬橋舊傳唐司馬子微隱天台山被徵至此而悔因以爲名竊謂此橋當表而出之足爲處士輕出者之戒仙都山志士人誤以悔爲晦曰司馬晦橋其義與字傳之益舛嘉泰會稽志　道光廿四年蛟水爲災橋圮呂發音倡捐重建

周文樸送人之桐柏山詩

半里松黄蘸碧波狂夫於此欲如何洞天春曉歸不得司馬悔橋芳草多

邑庠生呂震詩
仙源妬與共故遣尺書臨素願悲芳草凊風逗竹林馬頭方欲勒渡口却難尋寄
語天台客入山須更深

嶴口橋　縣東五十五里儒嶴村口增

卧虹橋　縣東五十六里增

螺山橋　縣東五十七里增

普濟橋　縣東六十里楓樹嶺脚增

天姥橋　縣東五十里萬歷志

黄渡橋　縣東七十里萬歷志　道光二十四年蛟水爲災橋隨波逝
行人苦之經理呂振音潘錦周潘漣潘秉銓等集股重建約貲
數千金堅鞏較勝於舊又建茶亭四楹淪茗濟渴捐田十九畝

零山三處以爲持久計本邑教諭鄔明經爲之記
永濟橋　縣東二十三里蘭沿村同治間建有義渡增
周波橋　縣東二十六里前岸村乾隆間建增
溪西橋　縣東三十里溪西村乾隆間建增
利涉橋　縣東四十里光緒八年趙大川建增
萬壽橋　縣東四十里雅坑村口光緒十八年梁永世重修增
盤橋　縣東四十三里雅坑村嘉慶九年裘氏婁氏合建增
柳陰橋　縣東五十里朱部村光緒九年婁朝根建增
靈溪橋　縣東五十里黃壇村增
福洋橋　縣東六十五里茅洋村增

繼善橋　縣東六十五里埠頭村增
永濟橋　縣東七十里石磁溪增
馬弓橋　縣東七十三里石磁溪增
毛羊橋　縣東六十五里毛羊嶺脚增
飛虎橋　縣東六十六里飛虎嶺脚增
長春橋　縣東三十五里靑壇村同治間募建增
雙虹橋　縣東四十里掉埠頭村增
步雲橋　縣東銅坑村萬歷志
永安橋　縣東五十五里方口村同治五年吳望欽建增
靈鶴橋　縣東七十里裏小將村石泮林募建增

雙溪橋　縣東七十里裏小將村一名永春橋南洲丁蓮生募建增

叉新橋　縣東七十五里坑裏村增

太平橋　縣東七十五里坑裏村增

公善橋　縣東三十里胡卜村口有橋田二十五畝爲每年修橋之費梅溪五橋均屬焉增

盤山公善橋　縣東三十五里光緒二十三年僧永昌募建增

巖門橋　縣東四十五里增

協濟橋　縣東三十里查林村下增

馬岸橋　縣東三十里查林村上增

竹岸橋　縣東三十里竹岸村有義渡增
世濟橋　縣東四十里黄沙田大坑陳家茂建增
吉安橋　縣東六十里裘塢村吴忠槐吴孝珍募建增
道人橋　縣東七十里疊石村增
靈佑橋　縣東八十里莒溪村前中溪張正輝募建宣統間被洪水冲壞至民國四年張家傑金景全募捐重建增
三條橋　縣東八十五里溪口村增
上溪橋　縣東九十里中溪村增
靈噓橋　縣東九十里中溪村增
古松橋　縣東九十里三逕村當台甯三水交冲之地下疊以石

中鋪以板上架以屋車輿可通如登樓閣都人劉炳所建因以其號名橋萬歷志

王莊橋　縣東四十里王家莊村增

麻地橋　縣東五十里麻地村增

棠洲橋　縣東五十里唐家洲村增

石壁橋　縣東七十里董村新宅增

萬春橋　縣東七十里董村門樓裏增

定安橋　縣東九十里雪溪村增

彙慶橋　縣東九十里雪溪村增

大慶橋　縣東七十里眞詔村里人俞維乾募建增

邑令楊正觀大慶橋記

眞詔四面皆山一溪環流溪水兩岸廣可百步山極陡峻而水尤極險平時淸流一帶光可鑑人水勢從石罅間經過卽東坡所云水落石出者是夏秋之交每逢大雨傾注山坳之水如江潮怒吼奔騰砰湃來匯於此傾刻間洪濤震谷高浪蹴天往來行人無不望洋色阻嘉慶間鄉先輩好義者惻然念之捐貲疊石始建造一平橋無如水勢急而力猛旋被冲壞咸豐庚申年有俞君維乾意氣豪爽仰承先志於七夕集村中父老議建洞橋一座深以功程浩大非萬金不足蕆事心焉難之幸諸父老義其言樂從其志無不爭先踴躍慷慨直輸或司記或書捐或督工自是冬經始越明年秋後功成爲橋洞者三高四丈闊二丈長十七丈有奇於是行人占利涉焉夫善事之行也莫爲之前雖美勿彰莫爲之後雖盛勿傳是舉也既有前人創之復有俞君與諸父老成之非是鄉多善人何以能此不唯此也一鄉人倡捐爲善而遠近鄰鄉之聞風捐助者指不勝屈可謂善與善合而同歸於善矣易曰積善之家必有餘慶七夕爲牛女渡河之辰七月乃大慶之月今是橋之建適於是月是日議始而果克觀厥成殆亦有天監在茲者乎吾知同捐造是橋者咸卜大有慶也爰名其橋曰大慶是爲記

雙嶺橋　縣東九十里上蔡嶴雙嶺下增

田安橋　縣東九十里下蔡嶴村增

沙溪橋　縣東七十里沙溪村增

利濟橋　縣東七十里孫家田村咸豐四年重建增

大硃橋　縣東七十五里大硃坂陳守寶募建增

里仁橋　縣東七十五里大硃坂孫家秀募建增

石鼓橋　縣西五里萬歷志

鎮洋橋　縣西七里增

三溪橋　縣西十里邑人呂天章建原志

清嘉慶四年邑令莫景瑞三溪橋會捐產碑記

邑西三溪當孔道之衝而繞北數港尤往來要津也粤稽古昔參軍呂公建有石梁載在邑志明季傾圮繼設木橋惟賴庵僧募資修理一遇川流陡漲往往隨波而去雖有竹簰囊空莫濟迨邑紳張正心慨捐百畝設立義渡稍免需索之苦第簰小人衆欲渡不給復經紳士呂綢等十有餘人增備渡杠以勷利涉種種美舉固有相繼而爲之者然有時霪雨驟注狂瀾洶洶木橋被折杠筏難行未免征人

窘足驛使稽程官民交病而石橋之設誠亟亟矣歲甲寅里人王耀昇劉廷珗張士祈同庵僧瑞鐘等捐金肇基立志勸募重建石橋是時有好義之家或輸產而備修或捐資以勷事數月間橋工告竣爰集同志三十餘人復出己資置田立會每歲仲秋訂期赴庵酬神飲福捐置田產分杜輪值貞而復元計其所入存備修葺非以充己囊也非以酬神貺也蓋爲一勞永逸之舉其在斯乎無如三載未週大水頻發石梁盡頽董其事者爽然若失或者曰天運無常水道遷流斷無久而不敝者曷若仍舊之爲費簡而爲功易也是以復建木橋較前倍加闊厚其橋撥歸庵僧管理所需工費議將捐田收息抽出錢二十一千文給僧收領庶幾事有專司同會鮮拮据之苦橋可長繼住僧無窘迫之憂自是水大舟行水涸成杠已無深厲淺揭之慮矣今同會士庶以捐置田產泐石垂久請序於余余承乏茲邑嘉其事之次第爲功尤愛其經畫之周足以相傳而無廢因舉其事之巔末焉倘有賢達者繼起而續成石橋不第有裨斯津獲福無疆一稽除道成梁之利實爲行政之一助云

清道光二十二年邑人陳宁燮新捐橋渡碑記

我沃洲在萬山中重岡束隘溪流悍急潦降則一水縈紆雨注則萬流噴薄時爲洪漲時爲淺渚淺則橋梁通之漲則舟筏濟之地勢使然也三溪去縣十里爲台甌明越通衢來往者接踵絡繹舊有義渡行旅便之但歷年既久捐置田畝不免滄桑變易爰集城鄉紳耆議捐添置舟筏修葺橋梁建郵亭以息征蓋煮茶茗以解煩渴甚盛舉也特以恒產無幾終非久計則有呂太孺人陳氏同姪職員榿捐田若干畝備修舟筏可無望洋之歎矣有王明經與天台僧妙明合捐田若干畝

又有呂太恭人何氏同弟郡賓惠仁呂職員宣猷丁君天松各捐田若干畝衆善俱舉其議則倡自呂太孺人可見一念慈航福緣響應泛出金螺不唱招招於匏葉呵成玉蝀旋生步步之蓮花一時指上流泉心田種福既得千餘金以贍用復得田數十畝以善後可一日亦可千古茲特將捐資芳名臚列於左以重不朽其捐田畝分各樹豐碑不復贅

潛溪橋　縣西十里增

旌善橋　縣西十里元嶴村光緒二十八年募建增

復興橋　縣西十里礪頭村光緒間募捐重建置田十五畝增

毛田橋　縣西十五里廟前地村五都西山廟前地三村同建增

五都橋　縣西十五里五都村光緒間士人俞士標募捐重建置田二十五畝零山與地二畝零增

黃泥橋　縣西二十里嵊界萬曆志　一名重興橋民國四年重建田

與山地約七畝零採稿

廣濟橋　縣西七都萬歷志

泊東橋　縣西三十里山泊村與田東村同建捐田十餘畝增

山泊橋　縣西三十里山泊村增

永福橋　縣西二十五里小意村乾隆五十四年重建捐田十餘畝增

定波橋　縣西二十五里梅渚村道光二十八年重建捐田十餘畝乾隆府志

三村橋　縣西三十五里澄潭村增

茅蓬菴橋　縣西三十五里澄潭村下增

射圃橋　縣西四十里射圃村前增

洩下橋　縣西四十六里洩下村增

安溪橋　縣西五十里安溪村光緒四年張宋濵陳其豪募建增

竟成橋　縣西五十一里瀬磯村光緒八年王品三獨建今已圮增

大王廟橋　縣西大王廟村增

鏡嶺橋　縣西五十七里鏡嶺村光緒三十年何贊滎等募建今已圮增

畝頭橋　縣西畝頭村光緒十六年張方桂等募建今已圮增

梁家橋　縣西七十四里梁家村增

小茅橋　縣南四十二里萬歷志

門溪橋　縣南九十里門溪村有田九畝增

韓妃橋　縣南五十里韓妃村增

下夾溪橋　縣南九十里又曰坦吉橋有田十三畝增

雙溪橋　縣南六十五里增

同善橋　縣南五十五里黃渡裏村增

萬福橋　縣南七十里下莊村增

春成橋　縣南七十里下莊村增

溪邊橋　縣南六十五里溪邊村增

丹溪橋　縣南六十里下丹溪村增

水口橋　縣南七十里坑裏村增
黄渡橋　縣南五十五里石柱嶺脚增
樂取橋　縣南七十里增
久遠橋　縣南五十五里黄渡裏村增
世德橋　縣南七十里花藏寺外增
馬龍橋　縣南六十里南山村增
太平橋　縣南六十里南山村增
渡王橋　縣北十里萬歷志
黄澤義渡橋　縣北二十里黄澤之東兩岸相距六十餘丈清同治間田泰岱等籌捐創建木橋募田九十餘畝增

保善橋　縣北二十里黃澤中街僧德山捐市房三楹在橋下內

附施茶名保善茶亭增

孟涇潭橋　縣北二十里黃澤鎮增

石小橋　縣北二十里黃澤鎮黃氏建增

後溪橋　縣北三十里梁家莊後橋北屬嵊界增

歡潭橋　縣北三十五里前王村清道光間姚國本建增

通甯橋　縣北二十五里麻車村嘉慶九年魏詩建增

蘭洲橋　縣北二十五里蘭洲村增

前梁橋　縣北二十里前梁村有義渡庵置田八畝增

下園橋　縣北十三里下園村藕岸呂福善建子登岳建茶亭於

橋西贍田施茶增

白峯橋　縣北十四里白峯村增

興隆橋　縣北十七里丁家園村同治十二年高炎元建增

重定橋　縣北十七里大明市俞鳳槐建增

大明寺橋　縣北十七里大明市淸光緒時藕岸呂登第倡捐建造增

橫溪橋　縣北二十里藕岸村淸康熙時呂聰四倡建幷造廣濟庵捐田贍僧以守之又於庵傍建茶亭一處施茶以濟行人增

大巖橋　縣北二十里淸光緒時藕岸呂在前鷓鴣黃靈元募建增

鸕鷀橋　縣北二十五里鸕鷀村一在村西一在村北增

石馬橋　縣北二十六里石馬庵下增

欽村橋　縣北三十里欽村增

茶亭

接官亭　縣西後溪村下茶田十五畝

三官堂　縣西石柱𡸣村

新路亭　縣西廟前地趙名未詳妻俞氏捐茶田五畝

接南亭　縣西南巖寺下光緒十二年章發春募建有茶田七畝

零

普渡亭　縣西張家莊村

廣錫茶亭　縣西上馬村有茶田六畝山三畝
積善亭　縣西馬家莊村有茶田七畝
飛鳳茶亭　縣北飛鳳嶺
黄澤茶亭　縣北黄澤村下
渡皇山茶亭　縣北渡皇山村後同治十年建王氏捐田三畝
蓮峯茶亭　縣北蓮峯嶺
盧家嶺茶亭　縣北盧家嶺同治間張有諤呂福善募建并募茶田三畝五分
方廣嶺茶亭　縣北方廣嶺乾隆己丑年建後呂登第捐茶田二畝

前梁路亭　縣北前梁村乾隆間村人募建

長山路亭　縣北長山村光緒間里人募建呂登第呂登岳各捐茶田二畝

通甯路亭　縣北麻車村嘉慶九年魏詩建并捐田十畝

土地堂　縣北蘭洲嶺上同治間竺望暄妻陳氏募建

下園茶亭　縣北藕岸村光緒間呂登岳建并贍田施茶

白峯茶亭　縣北白峯坂

茄葫茶亭　縣北茄葫山藕岸呂登第與張姓各捐田二畝

丁家園茶亭　縣北丁家園村民國六年潘文華募建潘文謨潘文煥捐田施茶

永濟茶亭　縣北大明市村人孟姓募建

橫溪茶亭　縣北藕岸村康熙時呂聰四募建幷贍田施茶以濟

行人

新路廊　縣東羽林坂光緒間募捐兼茶亭

簽判嶺路亭　縣東簽判嶺脚

青壇路亭　縣東青壇村

掉埠頭路亭　縣東掉埠頭村

十字路路亭　縣東十字路村

火爐橫茶亭　縣東火爐橫十方募建

細嶺茶亭　縣東眞詔細嶺上大坑陳鳳松等募建

鳳翔亭　縣東下蔡嶴村施長茶

會墅嶺茶亭　縣東會墅嶺頭里人潘步程潘萬鎰等捐建並助田十餘畝

冷水坑茶亭　縣東冷水坑光緒二十年里人潘連彬等捐建並貳田八畝零

望梅亭　縣東橫板橋明季里人潘浩建並捐田十餘畝勒石以垂久遠

善舉

惠民藥局　在縣治西今廢成化志

養濟院　舊在縣西文昌坊後徙於城西一里中爲廳一間左右

爲房周圍六十二丈明知縣曹天憲建造乾隆府志 在西城外鐘樓前雍正三年知縣李之果重建萬歷志

保嬰局　清光緒十七年辛卯邑令朶如正因烟商控高姓截屋不讓捐廉償贖即以此屋爲基礎二十一年乙未呂衷謙等稟辦繭捐邑令許國瑞諭令各繭商遵辦俞濬鑑經理繭捐五年陸續添置房屋議辦煙捐未就後繭商以局未開而繭捐不付事遂中止至二十九年癸卯呂秉鈞創議開局收捐接嬰邑令侯瑧森照會城鄉紳董四月十九日開會一律贊成即於五月初一開局接嬰重辦繭捐續辦菸捐需款浩大隨時籌劃接濟嗣後募田募款賴以支持繼呂秉鈞後經理其事者有陳福堂張祖琦祖仲諸人

撥捐產

西門護鐘庵田八畝並庵基地租

雨花庵屋賃並屋基地租

各戶捐產列后

張景昌命子祖琦捐田十四畝坐東鄉小將村

呂萬富捐田十二畝坐東鄉大嶺下胡坑梨園

俞福根捐田十一畝坐東鄉蔡呑乂路

陳其祥捐靜修庵田八畝坐西鄉蔴家田係皇字

石演庵尼松盛捐田五畝坐西鄉后溪土名塘等係金字

郭周氏仝子有周捐田三畝坐東鄉西河土名袍垳係倡字

盛黃氏捐田三畝又地五塊坐西鄉山泊村

何愛棠仝妻張氏子秉珪捐田三畝坐高盤嶺等土名大平頭

呂秉鈞捐田一畝坐北鄉金交椅

添置產

本局後塘並塘等地

城隍廟後平屋六間

丁家園村沙塗村近大溪居民幾遭淹沒光緒二十四年省憲撥欵賑濟呂東謙等議將以工代賑築堤保村禀縣詳憲批准立案築成堤塍尚未堅固光緒三十年邑令楊葆光判撥南鄉高車嶺欵項照會呂東謙呂秉鈞再爲築堤水勢遂東積成塗地招就近居民開墾認稍歸保嬰局管業

禁烟局　光緒二十八年邑令侯琫森在署附設戒烟局三十四年邑令華尊訓續設戒烟局宣統二年五月成立稱禁烟局附

設育嬰堂總董吕秉鈞副董吕文臣繼其後者有俞錫疇俞宗謙陳恭藻諸人

百全會　歲除日以錢米分給貧乏吕秉鈞發起辦理

大街公牆　光緒二十八年五月初一日民國四年七月十三日迭遭火災無從救止由知事宋承家自治委員俞往欽城區自治委員吕秉鈞商會會長吕鍾杰定議建設增

棲息所　在縣署後民國五年邑人張祖琦建增

六堡公所　在隍廟内由城區六鎭捐貲建造以爲六堡幹首辦公處知縣朶如正撰碑記

按此所於嘉慶時詳水利碑記並循吏李孫二傳中惟建立年月不著

惜穀會　在縣西後山根村附設觀音堂
惜字會　在城區
靜安永安二會　向係邑人張煥文石玉中籌捐建置年久廢棄光緒二十九年間邑人呂鍾杰籌欵規復又聯合同志醵資成會增
大東鎮長安會　民國六年創建由堡下紳士陳南圖張祖琦俞錫朋張國華張祖鶱等發起向堡下各殷戶籌捐建置常年經費議定本堡廟資內每年撥洋三十元稟請縣知事金批准立案增
新東鎮水龍會　民國七年建增

以上消防隊士係土木兩業補助

守潛消防會　在縣北黃澤有屋三楹安放消防器具

永安消防局　在縣北黃澤附潮神廟

梅渚消防會　在縣西梅渚村有永安水龍靜安水龍二具合村公辦

五都消防會　在縣西五都村有太平銅水龍一具合村公辦

義塚

義濟局　宋淳祐年間陳雷立以濟死無棺者成化志

教授徐紘記

予聞上古無棺槨自有虞氏瓦棺棺蓋昉於此矣漢符融妻亡鄉人憫其貧無殯歛資爲具棺槨融辭曰古之亡者棄之中野融高曠放達人不皆融也原壤之母死夫子助之沐槨顏淵死顏路請子之車以爲之槨嗚呼養生喪死無憾王道之

始無憾其具也井田無恙死徙無出鄉非有甚富甚貧之民也姬轍逸阡陌一開於是富者事兼并貧者無蓋藏矣夫惟貧富莫能相恤也於是圈牢之外自肥一腴之外俱遠於義乎何有南明越支邑地險而僻俗屢而儉邑南門外有局曰義濟大要爲力單者歛手足形棺有三上杉次楮又次松有是應之苟無矣且量授舁掩費幾至纖至悉也昔子游問喪具夫子曰稱家之有無此意得之始予聞而竊有疑越人視秦人肥瘠漠然欣戚之不加胡爲有是哉今入其境土腴人朴夫有義庄之規月羨歲增培其根又有義塾之舉晨窗夕檠養其源里正無撞搪而呼號井社安左饘而右粥此其大略也十室之邑必有忠信噫亦難矣范文正公守邠之日公餘帥僚佐登樓顧見衰絰者矍矍如有求亟令詢之乃一貧士七棺無所取辦公憮然即徹宴席賙其事非要譽而市恩也仁人居黃簾翠幙宜念巢居露寢者食陸琛海異宜念餬口甑塵者飲風亭蔗漿宜念曝日熱耘者衣貂裘翠園宜念卒歲無褐者苟用心如是演而伸之後世子孫必有興者是局創於淳祐戊申重新於景定辛酉區畫經始石君損與有力焉倡之者誰桂山陳君雷也乾隆府志

義阡　宋咸淳年間陳雷立以濟死無所葬者傍有慈濟菴原成化志

慶元司戶參軍葛炳奎記

當世有義人乎曰有桂山義翁陳君是也桂山界萬山間非動傳湊集之會而義公之名常四馳過其里者必指其山而問曰此非桂山義翁之所居乎吁君何以

得此哉蓋君世之義者也先是君闢義塾於家之東偏每大比詔下不遠千百里致名師江閩浙負笈至者以千計龍集己酉余嘗游君之東塾見其酧應無倦容聞書聲必倒耳聽嘖嘖不自已吁君眞義人也越二十三年余自芸館外贅鄞幕聞君擇邑南潘嶴以葬貧死而無歸者以畝計之得五十有奇規其地築庵若干楹榜曰慈濟請官地於曹州墾以爲田計二十餘畝擇人主其事且白之常平使者其事甚義而慮甚周也余曰此必桂山義翁爲之元寮笑曰然且徵余記余亦急於義者輒援筆書曰先王掩骼之政仁也有義焉自井田制壞生者無所於養死者無所於藏故儀渠火化之法足以灰燼斯人而礫滅之吁其亦不仁甚矣自合萬物齊宇宙觀之司馬之石槨伯倫之荷鍤固不若以天地爲棺槨之爲無碍奪鳥鳶之攫狐狸之食而與螻蟻固不如浮屠氏付烈焰之爲速化此豈可爲孝子慈孫訓哉先王治生民之道不如是也父母全而生之子全而歸之矍矍然遑遑然此人心天理之良感激風教所由闢也厚衣以薪不封不樹使可以掩其顙之泚則所謂聖人者何必取諸大過而強人以所難哉惟先王掩體之政上之人不能盡行故逸而歸諸下之好義者奈之何世之好義者不多見也吝閉者不肯爲因循者不暇爲若陳君者百千萬人中僅一有焉吁世之人何其不發深思也即以百年有限之軀而欲務自封植而爲不朽計知有子若孫而已靦其族之屬以至鄰里鄉黨極而至於途人休戚之漠焉不係其心者總總爾夫豈知天地間所以不朽者惟義耳舍是則芸芸衆多同歸於盡果何所底極哉昔人有建義庄以賙族聚設義漿以濟行人廣義塾以教學者而義阡之立自元豐陳向後往往乎未有聞者至今誦其名談其事髫齔童槁齒叟亦知其爲義人其不朽者蓋如

此夫義事之顯著者有四而陳君行其三矣皆有關於風敎者豈向者之苗裔歟是不可以不書抑爲世之不知義者勸余聞太史氏方將大修國載若陳君者他日必特書行義傳之汗簡爾君名雷字震亨越之新昌人也咸淳七年秋七月日慶元府司戸參軍葛炳奎記

義塚　在西郊萬歷志

廣義塚　在西門外它山廟右明長洲縣尹邑人呂曾龍公派下

捐助

小鳳凰山義塚　在縣北蘭洲村竺氏捨出增

楓樹堂義塚　在縣北王家山村竺氏捨出增

水口𡾰義塚　在縣北三坑村僧輔臣捨出增

何家𡾰義塚　在縣北王姆店村呂登第捨出增

象鼻山義塚　在縣北大畧底村增

西沙塢義塚　在縣北孟家塘村（增）

三角地義塚　在縣北王家山村（增）

美橋嶴義塚　在縣北王家山村（增）

叉裏嶴義塚　在縣北渡王山村聚福庵捨出（增）

上庵山義塚　在縣北東塢村張宗聖捨出（增）

下庵山義塚　在縣北東塢村張宗聖捨出（增）

下打嶴義塚　在縣北大莊村呂登第捨出（增）

天打嶴義塚　在縣北廟前村（增）

大木嶴義塚　在縣北廟前村（增）

烏泥嶴義塚　在縣北黃沙嶴村呂士海捨出（增）

塔山棚義塚　在縣北藕岸村呂登第捨出增

虎頭山義塚　在縣西龍亭山脚俞氏捨出增

官塘裏義塚　在縣西龍亭山脚俞王趙七人捨出增

葫蘆嶴義塚　在縣西周錢氏捨出增

周村山義塚　在縣西礪頭村增

南亭坟會　在縣西龍亭山陳長孝捨出增

掩埋公所　離城三里許在千佛巖即蟠虎巖有石穴甚深好善者搆以棚門以停放道殣間歲無人承領則購地以埋之外建公所一處乾隆丁未建有石坊上題掩骼埋胔並題一聯云逝者如斯夫掩之誠是也係知縣鄧鍾岱書增

施棺所　在縣署右嘉慶年間邑人呂周緒捐建停放普濟會所

捨棺木 增

義棺局　在縣北黃澤任掩埋義務 增

崇德祠　在縣北黃澤任掩埋義務 增

普濟會　光緒四年成立施捨棺木衣被收殮貧乏之道殣

光緒四年俞鴻逵普濟會碑記

吾邑多廟會自東嶽城隍文昌武曲以及山鄉村鎮社公田祖之屬所在比比率皆醵貲置產歲時祭報立制雖善非必爲地方造無窮之澤而垂久遠之模惟普濟一會其制善其澤普其貟有裨地方而可垂久遠者是不可以不記乾隆初邑先輩憫貧乏無含殮貲醵錢施棺于縣署西偏設施棺所凡有道殣不時施濟此普濟會之名所由防也垂嘉道迄咸豐約百餘年以無恒產旋興旋圮卒無成效咸豐初合邑推議呂君丹銘主持經理得餘貲置田三畝嗣遭逆擾會又圮同治紀元平定城邑三年人衆稍稍集呂君踵成前志與會者三百人每月出錢六十文積貯四載置良田六十餘畝計每歲可得稍價錢一百五十千文又于郊外添置義塚俾便掩埋現今會分六杜挨次輪值每杜公舉兩人董其事定於七月六

日祭城隍尊神會衆按名給胙不沒所自其每年稍價除公用外更剩餘貲仍歸存息添置會產董事陳君渭祥鐵舟句香俞君照靑哲卿芝亭晴江呂君芹軒魚卿張君韻蘭石君月中等謀勒諸石問記于余余固與斯會者喜合邑善舉垂百餘年無成效者一旦克觀厥成是其利賴地方遺澤將來詎淺鮮哉是豈其他廟會所可同年語哉爰不揣固陋浮一大白而爲之記

新制

警察局　在縣署二門內西側

光緒三十三年縣令蘇耀泉奉省令創辦委任俞往欽爲正董呂鍾杰爲副董警察十餘名其經費由城中紳商捐助三十四年改委陳南圖爲副董定崗位籌房捐賴以支持宣統元年改官辦省委馬振中爲正巡官號巡警局警察二十名二年改委黃葉蓁三年改委賀翰銓又委孫祖武爲黃澤副巡官袁人龍

爲澄潭副巡官是年十二月改正巡官爲警務長副巡官爲區官改稱警務長公所民國元年又改稱警察署改警務長爲署長區官爲分署長至九月間改署長爲所長分署長爲所員並設四鄉派出所至三年六月底所員盡行裁撤祇留城區一所長警察三十名是年十月又改所長爲警佐所長由知事兼任

西側

監獄署　民國成立裁撤前清典史設監獄官署在縣署二門外

平民習藝所　在縣署二門內東廂由民國二年秋間創建房屋三年五月落成招生開工初祇織布一科逮四年五月第一次畢業後添設染色竹工二科

議會　分參議會縣議會區議會及董事會諸名目均民國元年創辦三年取銷議員姓名另詳選舉門

縣自治辦公處　在縣署內花廳西首民國紀元創設自治委員與縣議會並立至三年縣議會撤銷改設自治辦公處委員三人

商會　民國元年八月成立初名商務分會總理呂鍾杰六年二月改組名稱商會其經費由各業會員出會長呂鍾杰地址在舊文昌宮右

商事公斷處　附設商會民國六年七月成立處長呂正律經費由商會自認

工業會館　在商會之後由各工業捐貲建築民國六年成立

模範森林所　在城西三里許公地計三十畝於民國四年秋間開辦每春清明節試種各樹秧子

惠通木機繅絲廠　設縣署左文昌宮後卽天妃宮舊址民國六年創辦由呂鍾杰等發起因蠶戶每受繭商聯絡抑勒虧損甚鉅關係生計公議設廠自行繅絲先集資本五千元舉童學修張德宣陳煥堂共任經理請蠶學館畢業呂汝本任教師每年繅出之絲行銷西洋成績頗優

普利木機織布廠　設城內前山根王氏宗祠民國三年創辦由呂大渠等發起資本二千元置木機四十具男女工共五十餘

名舉俞景江爲監理織成各色布疋行銷本地及閩廣累年獲利亦厚

新昌縣志卷一

新昌縣志卷二

山川

自古言山水者皆本禹貢禹貢導南紀江漢之間以衡山爲宗由衡陽循嶺徼東達浙中爲南紀終極浙中山水原自江西林歷山分浙西浙東二支浙東之山由衢而處而金而台達新邑東南天姥山蜿蜒五十餘里至縣治爲一邑之主山其西南祖山曰王會山曰安頂山環繞於西南之間其東北祖山曰菩提峯曰羅坑山曰黃柏尖曰大湖山環繞於東北之間無不自東南來共祖大盤山新邑分三大溪縣治之水發源天台石梁經縣治東舊名東溪居新邑之中其西澄潭溪發源東陽界其北黃澤溪發源甯海奉化界一自南而西一自東而北悉會於剡溪此新邑山川之大略也

自大盤山東陽縣志山高五百丈形如覆盤故名東南百餘里直至王會山過關嶺越龍皇堂岡上萬年山天台縣志中有萬年寺因名折而西北入牛牯嶺盤亘二十里層巒疊嶂蒼然天表曰天姥山其最高峯名撥雲尖而大尖細尖次之爲一邑諸山之主

天姥山　縣東五十里高三千五百丈圍六十里南爲蓮花峯北爲芭蕉山道家稱爲第十六福地萬歷志　山狀如髽女因名天台縣志

明邑人董曾賦

客有問於沃洲處士曰蓋聞會稽山水沃洲天姥爲之眉目然沃洲則修竹平津王謝之所棲息靈泉古刹支竺之所駐錫余固嘗聞其畧矣若夫天姥之耳邊清猿杜少陵之佳句可考空中天雞李謫仙之夢遊甚奇亦豈有數其實而剖其的者乎吾於此焉是處斂耀藏英目有所嘗擊足有所嘗經天姥之勝亦既厭聞而飫覩之矣願子發邱壑之奇蘊抒煙霞之深情博我以天姥啟我以地靈處士曰唯唯天姥之山表乎東南實爲新昌下擘劃乎后土上撓拂乎穹蒼左傾赤城華項之攢巒右俯會稽秦望之崇岡四明僕趨于其後王山秀拱于其陽靈貫斗牛之墟雄鎮於越之疆剡溪若一線之索紆東海僅杯水之汪洋巑巑業業攙攙搶搶根盤薄其幾里名烜爀乎一方吐瑞靄而吸祥煙紛兗彩而隔日光色沉沉其欲雨氣肅肅以成霜遠而望之若雲鵬之投翅近而察之如陣馬之騰驤青翠旹崒沓菡特出側者弁俄端者圭立或谷而杳或阜而突峭岳嵸變修嶺盤屈千姿百態變化欻忽夕暉映而絳氣扶疏宿雨霽而浮嵐勃鬱藹然春茂之繁華瘁爾秋凋之風骨信良工之莫繪雖辨口其奚述陟之者神恍恍于青都仰之者目瞪

瞪於天闕茲蓋幽怪之所憑陵猛鷙之所巢穴也至若松濤動壑寒聲回薄竹翠連空煙光重疊巖棲異卉澗老青楓有柘而瑞有泉而蒙黃精委輕身之餌白朮任厥貢之供金芝連莖而煒灼瑤草濯秀以玲瓏琥珀幻千年之松脂瑯玕吐萬丈之白虹翠壁如削丹崖可礲洞扉蹴躃以傍啟地道黝糾以潛通石巑岏其踞虎木偃蹇其游龍瀑流飛洩以夏寒巖電閃礫以霄紅蒿苕想謝公之屐齒藥徑憶劉阮之仙蹤安期羨門金母木公徘徊雲舉蒼茫鴻濛清虛羽仙之館窈窕梵王之宮寶閣霞擁眯宇雲封風廊月殿暮鼓晨鐘或朱其頰或青其瞳或龐眉而圓頂或雪鬢而冰容或導引以辟穀或趺坐而談空丹成九轉教演六宗拍肩白足挹袂赤松傲圭組於物表等蓬閬於壺中是皆所以示不滅之相鍊冲舉之功雖虛寂之不足尚要皆有以闡元化而躡仙風也客曰子之所陳博矣大矣宏矣麗矣偉哉茲山誠仙佛之窟宅煙霞之原委子勿誚乎支離予請得而議擬然之是山也匪宅中土匪奠奥區跡遠界乎蠻陬名近覩乎異書職方之紀蔑有禹貢之載缺如周穆西遊之轍詎臻乎絕境秦皇東駐之蹕卒限於修途既無預於五岳之時巡烏有乎萬歲之嵩呼此所以不獲衍金冊玉函之秘遂湮沒乎一隅禽鳥啁啾其若訴窾桂黯慘其若愚老煙嶂之胎禽怨月嶠之於菟諒人生之取舍亦物理之同符苟茲山之可移屹萬仞於通都蓋將有以掩西華而觀南極之詫元嶠而誇方壺玉帛於焉以旁午冠蓋於爾乎躊躇又何有林扃之爭誚窾徑之蓁蕪哉處士悚然不怡曰嗚呼噫嘻陋哉子之趣也夫聖軌渺漠皇風寂寥蔑德以誇散朴以澆雖考古之簡牒而泥金檢玉之恥實朘民之脂膏彼嵩岱之受汚亦嵝嶁之獻嘲吾子固乃扶彼以議此誤貶而謬褒是猶欲禍犧牛以文錦之炫爛戚

鷄鶋以鐘鼓之嗷嘈倘天姥之有知也縱不能如北山之移文以杜妄嚮亦將有以類巢由之洗耳以避唐堯矣乃歌曰淸風皓月兮兹山之高勝人韻士兮兹山之遭一塵不點兮何取乎輪蹄之躪轢牲酒之醮禳歌既終於是俯抑怡神山靑雲白客赧其言逡巡避席　原志

關嶺　縣東七十里與天台接境一統志　唐時置關戍守嶺由是得名詳大事紀及古蹟門

牛牯嶺　縣東七十里

附近東山縣東五十里　原志

明邑人甄圭詩

深塢人稀到重門晝亦關白雲秋舍靜明月夜窗閒徑掩花開落簾通燕往還窮居聊自適卻憶謝東山

飛虎嶺縣東六十里

大獅山縣東六十五里

金魚山縣東七十里

藤公嶺縣東六十五里

毛羊嶺縣東六十里

冷水嶺縣東六十里

由天姥山而西出會墅嶺過洪洞邱上柿樹岡峯巒重疊曲折至相見嶺皆自東而西者也其自柿樹岡北折爲木隊山分三支一由木隊至天聰山一由木隊至小余山一由木隊至黃婆亭三者皆其分支耳

會墅嶺　縣東五十里萬歷志

天台齊召南會墅嶺上望沃洲山詩
登嶺無冬夏嵐氣冷虛空今來稍晴暖江樹含空濛南望天姥岑峩峩白雲中逢僧話沃洲指點前山東列嶂海湧濤鼓盪隨颶風奔崖躍神駿老樹森高獅養馬放鶴人遙遙想支公未知王許後遊眺誰復同郵亭無別徑且問煮茶翁

相見嶺　縣南三十里

木隊山　縣東三十里山多雜木一名抹黛山萬歷志

小余山　縣東三十五里萬歷志　旁有踞虎巖原志

九巖山　縣東三十里栝溪水所出一統志　上有九巖故名原志

天聰山　縣東十五里萬歷志

附近南山　縣南四十里脉從天姥山來羣峯疊拱如環城內稍寬廣容數百家其景有八　原志

明知縣田琯詩

畸人築室跨南山八景悠然出世間環帶水從軒外繞翠屏人在畫中還馬潭曲澗流宗澤鹿嶺懸崖壯士關龜玉羅文呈瑞彩應知靈傑却非閑

石溪山　縣東八里一名紫金魚袋山　原志

寒雲千疊山　縣東三十里高二百餘丈四面層崖如疊地氣高寒夏冬挾纊　萬歷志

楊養晦詩

松竹陰森護上方老仙蓬髮一簪霜閒來欹枕松風裏歸夢不知山水長

三山　縣南二十里三峯並立如筆架然　萬歷志

栝溪東山　縣東八里山下小山如圓月　萬歷志

由相見嶺折而北至西山頂東過石溪望師亭而達於東門書案山下爲縣治則書案山又縣治之主也縣治之西又分三支一自

黄泥岡至旗山一自挂簾山至鼓山又分一支爲石城山均回抱西南爲縣治保障也

書案山　一名五山五峯相連如貫珠正對學宫儼如書案降而平衍爲縣治卽邑之來脉山萬歷志

明尚書何鑑詩
五山巀嶫倚空起秀拔東南數十里古木蒼藤翳日陰匡廬峭壁渾相似吾家舊住此山前倒指今過五百年從來地靈出人傑胡爲寂寞成虛傳
明侍郎呂獻詩
三疊山如玉案形泮宫門外涌空青筆峯掃盡煙雲勢驚見文章耀日明

鼓山　在縣西五里其形如鼓嘉泰會稽志　又名屏山脉自旗峯降於平衍巋然特起圓頂若鼓若屏有泉池可田山横截水滸爲邑之門戶萬歷志詳古蹟門

明尚書何鑑詩

步出西郊日已晡眼中突兀一山孤包欄風氣如屏障壯觀封疆入畫圖邱壑嵐光人自愛雲林晴色鳥爭呼望迷禾黍連千畝路轉荊榛入坦途遠脉孕鍾天姥秀長川壤接剡溪紆祇知我邑爲輕重不管鄰封曾有無書院空傳遺故址道流今已作仙都從來勝地多方外自昔登臨屬士夫壯志有懷投筆早虛名無負守株迂晚來絕頂終須上笑覽乾坤醉玉壺

旗山 縣西七里其形如旗一名天樂又名墭山萬歷志

附近 南明山 在縣南五里一名石城一名隱岳中有寶相寺 嘉泰會稽志 形若駱駝下有寶山稱駱駝卸寶乃邑之賓山也 萬歷志 按舊志南明石城分爲二山嘉泰會稽志乾隆府志俱合爲一今從之 志稿并詳古蹟門

眠犬山 縣西三里 萬歷志

雞峯山 縣西五里 原志

滑石山 縣南十五里 萬歷志

雙芴山 縣南五里 萬歷志

平山 縣南五里 萬歷志

挂簾山 縣東南三里其形如簾旁有象蹄山 萬歷志

石牛山 縣西三里 萬歷志

下金山 縣西五里 萬歷志

虎隊嶺　縣東五里　萬歷志

敗兵嶺　縣西五里　萬歷志

東嶺　縣西五里　萬歷志

百步街嶺　縣南三里遊石城者多由此　原志

塩嶺　縣西十里　萬歷志

天姥山之後其原於萬年山者三一自馬坑至茅洋一自馬坑過三十六渡至白菊一自地藏寺過東山至平頂三者皆天姥之護山其由天姥北出爲芭蕉山爲斑竹山爲西尖山爲劉門山極峞嵬而止此爲天姥北分之大支山也其由斑竹山東至靈栢由風香嶺東至溪西則又爲二支山矣

芭蕉山　縣東四十八里

斑竹山　縣東四十里

西尖山　縣東三十五里

劉門山　縣東三十里嘉泰會稽志詳古蹟

風香嶺　縣東四十里

天姥山之前其由柿樹岡向西行別出高山過青嶺越任胡嶺逕馬鞍山與大頭山出紅巖過上馬嶺趨南巖龍亭山極於嵊之南境此爲天姥西分之大支幹也

青嶺　縣南三十里萬曆志

任胡嶺　縣南三十里萬曆志

明呂升詩

路陟任胡嶺人家總姓任不知春去盡祇覺樹都深啼鳥我所愛好山誰共吟平生行樂處物物是知心

馬鞍山　縣西四十五里

大頭山　縣西三十五里

上馬嶺　縣西十五里萬歷志

南巖山　縣西十五里萬歷志詳古蹟

龍亭山　縣西二十里

附近巖屛山縣南三十里名蒼龍戲珠山　萬歷志

紗帽山縣西二十餘里　萬歷志

紫石山縣西二十里一名鐵牛山

西山縣西十五里萬歷志

產芝嶺縣西南二十五里　原志

茅洋山縣西三十里萬歷志

蜈蚣山縣西二十里萬歷志

筧山縣西二十里

石馬山縣西十五里

喬木嶺縣西南二十里又名天燭嶺　萬歷志

南巖嶺縣西二十里萬歷志

王羊嶺縣西二十里

三望嶺縣西二十五里

天竹嶺縣西二十五里

水竹嶺縣西二十里

岳家嶺縣西二十里萬歷志

梅姑嶺縣西二十五里

天姥山之左而屬於南鄉者曰王會山曰安頂山爲南鄉諸山之祖其在王會安頂之間則有洩上山其在安頂之西而發脉於東陽玉山者則有小遁山是又爲西鄉之支山矣

王會山發脉大盤山復過梅渚嶺而來實中國東南之一大幹其由王會北分黃里山復起烏寶山而下極於雙溪幅幀十餘里自成一局俗名爲小烟山云

王會山　縣南八十里

黃里山　縣南七十里

烏寶山　縣南六十五里

附近

王會嶺縣南八十里與天台界

仰船嶺縣南七十里

撞潭嶺縣南七十里

烏寶嶺縣南六十五里

硠頭嶺縣南六十五里

安頂山亦自梅渚嶺過脉由公善嶺而來固與王會山同脉由安頂過直嶺至平端頭分東西兩大支東支出東安嶺至烏石又分二支一出長虬至門溪一出河塘至李間西支出上庫至小朱嶺又分四支一出彩烟墩至長虬一出彩屏墩至石蟹嶺一出彩峯

墩至白茅坑一出巖泉至穿石總名曰彩烟山直五十里横四十里四圍環繞自成一大局

安頂山　縣南九十里三峯屹立左曰青山右曰藥山中曰安頂頂有三州潭即彩烟山之祖（採稿）

彩烟山　縣南八十里與東陽縣界其上平衍勢盤旋施莿四面皆崇山峻嶺居民雜處其間（萬歷志）

宋無逸詩

吾聞沃洲天姥間又有彩煙之高山山上之岡三十里平視沃洲浮青鬟其中隱者吾所羨身世常與白雲閒種朮可療九州疾種稻自給千家餐橘柚棗栗與桑柘種者不少資者繁

楊文俊詩

環宇何寥廓吾家住彩煙攀蘿登峻嶺洗屐有流泉蒼翠千山樹膏腴萬頃田桑麻横檻外雞犬繞籬邊白朮香飄遠黄精味更鮮清風飄竹榻明月落花川天姥歸襟袖寒巖若比肩神臯誰啟闢應在避秦前

附近

回山 縣東八十里山勢盤旋因名　採稿

直嶺 縣南九十里

小朱嶺 縣南七十五里

界牌嶺 縣南九十五里

練使嶺 縣南八十里宋青州團練使戴賀卜居嶺下因名　採稿

清邑令朶如正詩

嶺巔盤曲五千級喘喘行人無地息嶄然天險爲關門一夫當之萬莫入往時絳首衆十萬快馬長刀電馳疾躊躇只入黃婆灘一寸煙鄉進不得山民堵賊亦何勇萬竈免罹刼灰黑至今石壘高峨屹猶若巴中劍閣立下有良田足耕種牛羊雞犬常無失壯夫捍禦閭里

筆架山 縣南八十里三峯特起形如筆架　採稿

東安嶺 縣南八十八里

石蟹嶺 縣南六十五里

夾溪嶺 縣南九十里溪夾於兩山之間故名

韓妃嶺 縣南五十五里有韓妃墓　萬歷志

台頭嶺 縣南七十里世傳梁開平以前屬天台管轄吳越王始割之一名梯頭嶺爲明甄完所開鑿疊石爲級如梯階然故名　採稿

下洲嶺 縣南五十里

寨嶺 縣南八十七里

求坑嶺 縣南八十五里

安如此干城當宣力西夷未靖方用武曷不推鋒衛王室

李間嶺縣南六十里

石柱嶺縣南七十三里

其在安頂王會之間有原於天台仍與王會同脉者曰泄上山盤亘五六里亦南鄉一小支山

泄上山　在彩烟東南俗名小萬年詳古蹟

其在安頂之西爲東陽玉山東陽縣志由大盤山八十里至玉山四周陡峻特高於諸郡　仍與安頂同脉由玉山至黃鏗嶺大畈山安山其分支也由黃鏗至大天宮山山雪嶂其分支也由大天宮至朱尖山石柱山其分支也由朱尖山至茶道岡步狼嶺古母嶺其分支也由茶道岡過木馬峧至八面山俗名小遁山綿亘十餘里極棗園而止以上諸山均由玉

山而來自西而東與東鄉之山自東而西兩相對峙於西北

黃鏗嶺　縣南一百二十餘里與東陽縣交界萬歷志

大昄山　縣西七十里

安山　縣西七十里

大天宮山　縣西七十里

山雪𡾰　縣西七十里

朱尖山　縣西八十里

石柱山　縣西六十五里

茶道岡　縣西六十里

步狼嶺　縣西六十五里

古母嶺　縣西六十里

遁山　縣西四十里綿亘二十餘里有支遁故居一統志　山下有上馬埠山頂有放鶴亭今其遺址猶存採稿

附近

紫微山縣西七十里萬歷志

風火嶺縣西三十五里　萬歷志

芝田嶺縣西三十里萬歷志

十八曲嶺縣西五十五里旁植古柏用石砌成爲壁　採稿

鏡嶺縣西五十里通台溫孔道　採稿

天姥山之右而屬於東鄉者曰菩提峯曰羅坑山曰黃柏尖曰大湖山皆東鄉諸山之祖其在東南隅而懸屬於天台甯海界中者則俗所謂插花地也

菩提峯發脉華頂山天台縣志華頂山峯巒重疊如千葉蓮花此山爲華心之頂故名　華頂由關嶺龍王

堂岡直上固中國東南大幹山也其由菩提峯龍架山經蕘阬過銅阬至朱部及雅坑極於香爐峯下爲沃洲此爲東鄉大支山又由菩提峯別出桃墅嵒至東山地一出黄檀一出蕉坑則爲菩提之支山矣

菩提峯　縣東八十里與天台山接有石似佛故名萬歷志

蕘坑峯　縣東八十里崔嵬峻峭高千丈周十里萬歷志

香爐峯　縣東三十五里

附近　梓山縣東八十里舊有梓木故名　萬歷志

兜峯山縣東四十里萬歷志

九峯山縣東六十里萬歷志

羅坑山由龍架至奇巖度燕子坑起大麥山盤折五十餘里跨朱

母嶺循崗右折孤峯峭拔者東岇山也爲東鄉之主山

羅坑山　縣東八十里

朱母嶺　縣東六十里洪武時知縣賈驥過嶺腹甚饑出所懷乾餅啖之時有父老自山谷中持蜜湯以獻不受乃謠曰清泉不與盜泉同何事賢侯忍腹空從此區區朱母嶺行人今古挹清風萬歷志詳古蹟

東岇山　縣東四十里一名望遠尖俗名水簾尖萬歷志詳古蹟門

附近

雪斗山縣東八十里巖壁峻峭中懸瀑布下爲浴絲潭

金坑山縣東八十里出礦石

細嶺縣東七十里

小金山縣東八十里中有小曲軒竹林居士寓之

大嶺縣東七十五里

寨嶺縣東五十里萬歷志

由東岬右折而下過青石白石至大市聚逕西河轉坑西從風崖嶐至同坑嶺縱橫二十里中爲鼇峯四面皆峻俗總名爲山背

鼇峯 縣東三十里四面相距各二十里上有小山盤伏如鼇故名鼇峯 萬歷志

宋楊萬里宿梁總之宅詩

四面環溪溪外山置身渾在水雲間山中隱者頭如雪淸夜安眠白晝閒

同坑嶺 縣東二十里

附近**沃洲山** 縣東三十里高百餘丈周十里與天姥對峙 一統志詳古蹟門

楊公山嶺 縣東三十五里

銀硃嶺 縣東三十里其土色紅似硃 萬歷志

展誥山 縣東三十里 萬歷志

旋網山 縣東二十里山頂有巖嵬聳峭峻幾十餘丈其形如網 萬歷志

東塢嶺 縣東三十里

下東嶺縣東三十里

支遁嶺縣東二十里

千官嶺縣東二十里本名僉判嶺　萬歷志

由同坑嶺而下經草蓬山踰高蟠嶺出大元降過青岔嶺至金扇及蟠龍下極花田而止計由羅坑至花田自東而北百有餘里爲東北最長之支山

草蓬山　縣東二十里

高蟠嶺　縣東十五里

青岔嶺　縣北十里萬歷志

花田嶺　縣西北十里一名醴泉嶺與嵊縣接界萬歷志

附近五峯山縣東北十五里　萬歷志

渡王山縣北十里　萬歷志

鬬雞山 縣北十五里兩山之首昂然而前若鬬雞狀與石塚山對峙 萬歷志

甘棠山 縣東十里 萬歷志

五馬山 縣北一里一名五龍山其下有光鼓潭俗稱五馬飲泉 萬歷志

宋李從訓詩

北山從何來崑崘爾鼻祖并包河與江考歷不能譜近推連括蒼繼乃至天姥既而南入台盤桓遂東下嵯峨起東岬沃洲猶牆堵孟塘五山頂樂祖舊遊處時髦集松下抵掌道今古秀分爲五龍駢首飮平楚環縣如負扆爲縣護生聚隱岳聳其南西隅列旗鼓其間諸名流晉宋最旁午我慚貂尾續于汝竟何補登樓覽淸秋黃菊滿樽俎

裏梁山 縣東十里一名仙橋 萬歷志

畫眉山 縣東十里 萬歷志

孟塘山 縣東十里宋尚書黃度建愛山亭於頂自爲之記 萬歷志

獨秀山 縣西北三里其脈分五馬山支隴獨峙山下爲醴泉村有靈山洞 原志

明章胥民靈山洞詩

石洞嶙峋鎖白雲光風霽月淨無塵桃花流水春常在別有乾坤轉化鈞

獅子山 縣北二十里 萬歷志

棊盤山 縣北十里

鳳凰山 縣北十里

大嶺山 縣北二十五里

持螯送新酒醉爲山起舞人生行樂耳無徒語羊祜

明呂獻詩

雨後烟雲散五花昂藏聯隊飲溪涯我來猶道淮陰守露冕行春向若耶

茹葫山縣北十七里

石塚山縣北十四里

夾坑嶺縣北二十三里

盧家嶺縣東北五里萬歷志一作虞家嶺原志

打石嶴嶺縣北二十里與嵊縣接界

石馬山縣北二十三里

覆鑊山縣北二十里

鐵頂山縣北二十里

平頂山縣北十八里

萬松山縣北十三里

蔀屋嶺縣東北二十里萬歷志

石丁嶺縣北十五里萬歷志

方廣嶺縣北十五里萬歷志

其由羅阬南奇巖山越大烏嶺天台上摘星嶺天台至疊石岡烏曲山左支至檡樹岡王家广止右支至望海岡楊广止方圓三十里爲

新邑插入天台甯海界中一部分其水則南流於甯海矣

烏曲山　縣東南一百十五里

檡樹岡　縣東南一百五十里

望海岡　縣東南一百三十五里

附近　應家嶺縣東南一百二十五里　張家嶺縣東南一百三十里

自疊石岡東北度上營嶺天台上落露岡天台逕深坑山天台至望海岡而蘇木嶺而第一尖而黃柏尖其中有二支一自望海岡至溪口止一自第一尖至莒溪止

蘇木嶺　縣東南九十里一名松木嶺與甯海接界萬歷志詳古蹟并大事記

第一尖　縣東南一百里萬歷志

黃柏尖　縣東一百里高二千五百丈周八十里登之可見東海一統志

附近釣船山縣東南一百里萬歷志　石鐵山縣東南九十里有礦石在中溪村

香櫞山縣東南九十里在三涇村　象鼻山縣東南七十里形如兩象交鼻元時遣兵鑿斷地脈其跡猶存萬歷志

其由黃柏尖至高橋岡過崀嶺出小山岦極王官人山此爲東鄉支山之大者

高橋岡　縣東八十里

崀嶺　縣東七十里

小山岦　縣東三十五里

王官人山 縣東三十里

附近雪溪山 縣東八十里高五百餘丈圍二十里攢峯數重其地陰寒多雪山中溪流盤繞謂之雪溪亦剡溪上源一統志其東有石棋枰鐘鼓巖其南有筆架峯文筆峯其西有石印眠牛石靈猫石香爐石松花石攢峯列戟交數十里其水緣崖而下飛瀑如雪故名萬歷志

九角嶺 縣東七十里

界牌嶺 縣東九十里

黃坑嶺 縣東八十里

尖坑嶺 縣東八十里

後⿱山降山嶺 縣東七十里

石猫坑嶺 縣東七十里

其由黃柏尖至大磊山而棲林尖而大椏山而蜂蟻尖至剡界嶺其中有二支山一自大磊山至大馬峯極棠洲而止一自蜂蟻尖上大木山極合溪而止

大磊山　縣東九十里

榧林尖　縣東九十里

蜂蟻尖　縣東九十里在蔡㠗

剡界嶺　縣東八十里

大馬峯　縣東八十里

大木山　縣東八十里

附近　紫牛坑嶺縣東八十五里　馬巖嶺縣東八十里

白竹嶺縣東六十里

其由剡界嶺上大湖山過陳公嶺王罕嶺下岡路起顧東山極蟠龍岡而止爲東鄉支山之大者

大湖山　縣東八十里萬歷志

陳公嶺　縣東六十里又名成固嶺萬歷志詳寓賢并古蹟

宋陳著回剡過陳公嶺詩

漫仕當閒遊歸程更自留嶺高雲送脚路險石垂頭家近聽鄉語山分認水流溪橋聊小憩雙路去悠悠

再回剡宿陳公嶺詩

夜宿雲間第一峯一雞鳴動萬山空薄餐菜飯留中火牢著芒鞋踏上風高處更無塵隔礙滿空惟有理玲瓏此時此意平生樂山下人誰此樂同

王罕嶺　縣東六十里一統志

顧東山　縣東五十里萬歷志

附近

朝陽嶺縣東六十五里

大嶺縣東五十里

白沙嶺縣東五十里

胡家嶺縣東四十里

巖頭北嶺縣東四十里

其由大湖山北經嵊上隝村入洞橋嶆上平湖七星峯下箭箬嶺上白象山過伏虎嶺衍爲平岡北經茅洋坪西至蘭洲山下富家山極龍舌頭自東而北可八十里亦東北一大支山

平湖山　縣東三十里俗名胡卜大山

箭箬嶺　縣北三十里

白象山　縣北二十七里

伏虎嶺　縣北二十五里

蘭洲山　縣北二十四里萬歷志

富家山　縣北二十里

附近

天馬山縣北三十里

蓮花山縣北二十八里

王家山縣北二十五里　蟠龍山縣北二十三里

犁壁山縣北二十里　懶蛇嶺縣北三十里

楊家嶺縣北三十五里　大巖嶺縣北二十二里

其在黃澤之北又有飛鳳山爲新邑插入嵊地而屬四明山之餘支矣

新邑凡三大溪縣治瀕東溪其源有二一天台石梁一南洲羅坑

東溪　縣東一里其源東南來自天台石橋瀑布水北逕石筍出青壇別一源東南出南洲北逕小將與青壇水合流入羽林又一源南出黃杜北逕天姥出羽林合流入縣出三溪嘉泰會稽志　按黃杜天姥之水西流澄潭溪並未入東溪也　詳古蹟

天台山之水由石梁入時新會於茅洋此由天台入新之水也由茅洋逕白菊至黃壇石磁坑自西注焉

石磁坑　縣東南七十里發源萬年山合董家坑同流至黃壇入於溪

由黃壇逕嶺根蕉坑細茅洋水自東注焉

細茅洋　縣東南四十里源朱部山西流入蕉坑

由蕉坑至桑園其下則爲沃洲矣

沃洲　縣東三十里自桑園分派石筍匯流中壅沙潭長里許者曰沃洲相傳白道猷嘗卓錫於此東岬志畧

南洲之水自雪斗山而來西至小將與羅坑之水會於雙溪橋出

方口掉埠頭至青壇大坑水自東注焉

大坑　縣東四十里一源朱母嶺一源青斗潭合流西入青壇

附近

靈龜潭縣東七十五里在羅坑山

青斗潭縣東四十里在水簾南神龍宅焉嘗聽經於潛公座下今禱雨輒應東岬志略

錫杖潭縣東三十里在沃洲山下唐僧靈徹之故迹嘉泰會稽志

浴絲潭縣東七十五里在麟角村

求豐潭縣東三十里在西嶺山下有燥龍洞水龍洞各一求雨多應故名求豐採稿

由青壇至桑園與石梁水合逕溪東溪西至英異赤土溪自東南注焉

赤土溪　縣東三十里發源會墅嶺經斑竹入赤土西流入東

溪萬歷志　古惆悵溪也發源芭蕉山逕斑竹赤土西則木隊山水入之東則西尖山劉門山水入之採稿

附近　芭蕉潭縣東五十里在芭蕉山故名

高蟠潭縣東二十里俗傳白龍母所棲歲旱祈之有應

萬歷志　宋李拱辰詩

雲送龍宮歸海藏雨隨車輦滿山來老農預有豐年喜餉我晨餐酒一盃

星斗潭縣東三十里在劉門山東相傳有龍潛此

由奐畏至平川橋栢溪石溪自南注焉

栢溪　縣東南十里源出天姥山嘉泰會稽志　按天姥之水未嘗入栢溪也　栢溪發源九巖山經瑤宮天聰山水入之過梨木小余山水入之至栢溪

鋪王婆亭水入之經長坵田與石溪同入平川橋採稿

石溪　縣東南八里一名石筍溪發源天燭山北流至長坵田與柘溪同入平川橋採稿

由平川橋而下至護田潭經縣治自東而北而西三面環城若襟帶然其支流由東而南而西者又有石牛溪

石牛溪　縣西二里源出天台山瀑布嘉泰會稽志　按天台山瀑布東溪之源也若石牛溪源於挂簾山由東門南門西門而會於東溪耳

附

彈子潭東門外五里近萬歷志

白泉潭在南明山俗稱石佛座下有白泉潭

光鼓潭在五馬山下萬歷志

由縣治西北至三溪潛溪自東南注焉

潛溪　縣西十五里舊名前溪源出馬鞍山經縣西後溪村爲三溪合流入嵊縣界一統志　發源馬鞍山繞陽坑經袁嶴後爲三溪合流至嵊萬歷志

附近　灰步潭縣西十五里有石梁可渡　萬歷志　明邑人呂仲春詩荷竿過石梁不覺日云暮歸來山月高清陰滿山路

白象潭即百丈潭　縣西十五里在袁嶴百丈巖下　萬歷志

由三溪逕五都至黃泥橋入嵊爲剡溪

附近　白龍潭縣西十五里

牛車潭縣西二十里在五都村

西曰澄潭溪其源有三一爲夾溪一爲門溪一爲黃渡溪

澄潭溪　縣西三十里其源西南自東陽北出夾溪過穿巖別

一源南自天台出墓門溪東轉韓妃溪逕西與穿巖水合入於潭又西北流入剡溪嘉泰會稽志

夾溪之水源東陽善公嶺出藤溪經安頂山麓折而西北流爲練使溪

夾溪　縣南九十里玉山煙山夾峙故名

附近三州潭縣南九十里一名天池在安頂山巔深不可測水出天台界　斗尖潭縣南九十五里

磯甘潭縣南七十五里在練使溪　石香潭縣南九十里距渡河村二里

自練使溪而下爲朗渡溪自朗渡溪而下至於雙溪口桂溪自西注焉

朗渡溪　縣西三十里發源東陽界隨山流行於彩煙之間過竹潭至槐潭入剡溪萬曆志

桂溪　縣西五十里發源門巖山合步狼嶺古母嶺諸水會於西坑村東流入雙溪口

自雙溪口下里許至左于村韓妃溪自東注焉韓妃溪有二源一曰門溪一曰黃渡溪

韓妃溪　縣西五十里源與朗渡溪同萬曆志

門溪之水一源直嶺一源柘溪出十六都下爲丹溪合黃渡溪而出韓妃溪

附近　鈷鉧潭縣南九十里

硅潭縣南八十五里

丁公潭縣南六十里在官田頭　泄潭縣南六十里在李間村又名雪竇

馬龍潭縣南七十里　潤潭縣南六十五里

黃渡溪之水發源萬年山經黃渡橋出雙溪合門溪而出韓妃溪

自夾溪門溪黃渡溪合流爲澄潭溪經梅渚出田東乃爲剡之了溪矣

梅渚　縣西三十里地多梅旁有聚落名梅渚村萬歷志

附近　竹潭縣西六十里萬歷志　龜巖潭縣西三十里近槐潭有石象龜下有放生池原志

北曰黃澤溪其源有二一自三坑蘇木嶺一自沙溪剡界嶺

黃澤溪　縣北二十里源出四明奉化由沙溪西南入剡轉北

至杜潭別一源出台州甯海由三坑西逕唐家洲紆繞三十六渡北流匯杜潭水出嵊縣浦口嘉泰會稽志　按杜潭在黃澤溪前沙溪之水會於竹岸非至杜潭始會也三坑之水亦會於竹岸未嘗逕唐家洲也

蘇木嶺之水由三坑至溪口中溪自東南注焉

中溪　縣東南八十里源摘星峯北流入溪口

由溪口至莒溪細深坑自東北注焉

細深坑　縣東八十里源黃柏尖南流入莒溪

由莒溪至新庵橋疊石溪自東南注焉

疊石溪　縣東七十里源羅坑山北流入新庵橋

由新庵橋逕求塢李家溪紆繞三十六渡至於竹岸剡界嶺之水

自東北來會之

附近 **岸春潭** 縣東四十里在水簾北有石澗自岬山來滙於潭深不可測兩旁石壁高數丈水流無聲上有椿樹甚怪覆潭上俗傳有龍潛焉 萬歷志

明里人禱雨有應詩

大雨雲霓嘆望多神龍爲我放天河田疇水足枯苗秀從此家家鼓腹歌

剡界嶺之水由沙溪至合溪眞詔龍溪自東北注焉

龍溪 縣東北七十里源蔡嶴逕唐家坪眞詔西流入合溪

附近 **龍溪潭** 縣東北七十里在上徐其深莫測有龍潛焉 萬歷志

三井三潭 縣東北九十里上有三井下有三潭山水奇險禱雨輒應

宋陳著詩

大湖潭　縣東北八十里在大湖山頂天池數畝唐女道士王妙行投龍處也

兩崖削鐵上摮空下有靈潭與井同龍出世時磐石透水無底處洞天通餘波噴作雷霆怒大旱騰爲霖雨功兄弟相攜看奇迹脚跟牢立嶮巇中

由合溪至唐家洲董村龜溪自東北注焉

龜溪　縣東七十里源雪頭逕董村生田西流入唐家洲

由唐家洲逕王家莊至竹岸與蘇木嶺之水合流至曹洲梅溪自東北注焉

梅溪　縣東三十里源陳公嶺逕胡卜西流入曹洲

由曹洲至欽村名廣溪烏石坑自南注焉

烏石坑　縣東北三十里源山背北流入廣溪

附近蟹坑潭　縣東北三十五里在平湖山谷中相傳有龍潛

雪潭　縣東三十里在鼇峯山下上有瀑布高挂巖端可二三丈瀉於潭廣

此近地居民歲旱則祈之　採稿　一畝餘淸澈可愛旱年禱雨頗著靈應　萬歷志

三井潭　縣東三十里羣峯環峙各數十丈下三潭亦名三井潭　萬歷志

由欽村至楓潭名橫溪鷓鴣坑自北注焉

鷓鴣坑　縣北二十五里源箭箬嶺南流入橫溪

由楓潭逕藕岸大明市白峯坑自南注焉

白峯坑　縣北十四里有二源一五峯坑源蔀屋嶺出石橋一萬石坑源香爐岡出獅子山合於白峯坂西流入橫溪

由大明市至茹葫山下爲黃溪逕前粱雙港口與嵊金庭水合北流分二支一向沙地而下一向茅桃樣而下中爲沙磧長四五里名龍舌頭至黃澤橋下復合爲一北流嵊境出浦口入剡溪

附近**孟涇潭** 縣北二十里在黃澤村

鷺鷥潭 縣北二十里在黃澤村下今淤

新山邑也山水盤旋百有餘里山皆原於台水悉會於剡故山自東南而來水向西北而去也統計合邑之山亦中國南幹之分支耳中國分三大幹曰中幹曰北幹曰南幹南幹之山始於崑崙終於日本浙東之山若大盆若華頂皆南幹正支之卓著者也故新邑王會關嶺蘇木嶺亦南幹之正支也則天姥安頂菩提諸山非皆中國南幹之分支乎若水則會於剡溪自由江而入海矣

按地學今已失傳僅有堪輿一家尚知經緯俞君春山平日講求有素此次再四易稿討論精審則云取資於陳挺華石以晋二茂才爲最得力附此著之

水利

新昌在萬山中地勢欹仄故無圩塘陂蕩溝澮之類止溪流三派幹合枝分舊於水勢注處鑿溝分水引以溉田名曰砩渠砩置一長堤領之水利官親董其事農時則督田戶通力修濬灌溉以均民利賴之邇來砩頗圮壞水道多淤而豪强之徒多曲防裝碓以專利焉噫利一己以害萬民彼專利者弗恤矣爲司牧者可不爲之利導耶　萬歷志

古作邑者度其川源相其流泉地利民用兩相濟也而後樂利以興新邑三大溪流三時排注以滋農畝而行桴以運土物利在水也而害因之有宋東堤之修築者接踵可恃以無患行潦時至病涉多有規廣狹而成梁則皆其方之民力爲之雖費弗恤也獨是城旁孝行一砩灌田百十餘頃田侯爲之創始已而就圮後有修者徒費而罔功其可懲噎而廢食哉　原志

堤

東堤　在縣東袤延三里初溪水直通邑聚民常患水宋知縣林安宅始築堤以捍水勢後知縣趙時佺吳均佐趙師同樂經相繼修之明正統間水決虎隊嶺壞民田成化時淹沒縣治毁學

宫門廡爲患尤甚知縣李楫謀修未果宏治間知縣唐夔築大堤起白龍山案舊堤高廣視昔爲倍而邑尚書何鑑時爲御史實持其議未幾復壞於水知縣楊琛累石塞之增築子堤高廣視昔且三倍而尚書何鑑又與方伯雍某相贊成之嘉靖間水復決邑給事俞朝妥署印通判江軾白於上官委推官陳讓知縣吳希孟董其役因舊址增築未竟知縣萬鵬成之後少壞知縣蕭敏道捐俸金三十兩募工修築而邑尚書呂光洵潘晟亦協贊焉

明弘治十年修撰錢福記

新昌縣治之東故有堤焉宋紹興間三山林安宅所築也浙之勝以天台稱而天姥南明諸山麗焉其爲山既高且大則其源發而泉委者迅横奔潰宜不可以力制也祥溪源發天台而天姥南明諸泉委之驟雨洪源爲新邑患不小堤之築凡

以防是患也繼而修之者有趙師同樂經而其不可以久者則勢也乃弘治六年廣西唐希韶夔以名進士來蒞茲邑詢隱剔蠹靡所不至有以堤言者曰其責在我遂達觀之得其所闕而當增者自龍山以接舊堤爲丈凡二百餘得其所有而當修者爲丈凡七十餘請於上官僉曰可於是泰和尹頌以紹興推官來按之議與唐合增修之功遂成而邑藉以無患創始於癸丑十月訖功於甲寅八月民不知勞而不損費而其與有功者則典史石昂縣丞汪琦主簿周聰咸贊襄之邑封君監察御史何君崇美耆民俞振平呂廷賓呂廷厚輩咸德唐之賜懼無以詔後也走書介石徵余記其事余讀匠人稻人溝澮節宣之制而知禹之功施於三代良有以也苟如其制雖洪水無禹亦可後代與地爭利縱不俟洪水禹即存亦末如之何而剏庸庸碌碌者哉若唐者詢而得諸細民不以奉命爲功舉而合乎邦彥不以矯俗爲賢即故而增修之舉得其中不以偏己見爲智巧上下兩利官師罔病豈徒後之官新昌者當師而續之哉舉而措之天下可也唐與余爲同年又同冑監知其非一邑所能獨專厥惠也而試徵之於石遂爲之記

弘治十三年增修東堤祭酒李傑記

紹興之新昌爲浙東壯縣入國朝來屢厄水患至是增修東堤成縣治始獲寧居而民始免墊溺咸謂宜有文以紀其蹟而縣學教諭陳君日淑輩以狀來請按新昌縣治自梁始分台析剡即石牛鎮爲之而其東南接天姥沃洲菩提峯諸大山溪澗衆水奔注百餘里匯爲東溪環於縣東而北折爲剡溪一遇霖雨山水暴至則東溪泛濫洶湧勢不可禦宋紹興間水決覆船山壞民田衝縣治時閩人林安宅知縣事率民築大堤捍之起自小東門踰北門而止又築子堤於外以殺水勢自

是縣不被患者餘三百年正統間水決虎隊嶺復壞民田衝縣治成化丁酉爲患彌甚淹沒縣治毀學宮門廡民居盡壞死者不可勝計弘治癸丑縣令廣西唐君夔築大堤起自龍山接於舊堤計一百六十餘丈高若干丈凡六閱月而成丙辰夏水大漲潰所築堤數十丈民又以爲病縣令宜興楊君琛累石塞之且增築子堤其長視大堤高三分之二廣三分之一蓋皆因林公舊規而益其所未備由是東堤隱然如長城而水患可以永久無虞矣夫是堤爲新昌一邑之保障縣治賴之以固民命賴之以全其所關係甚重初丁酉之水封君樸菴何公寓書於其子今少司寇公世光憫鄉民之不聊生且嘆有司無林安宅者世光時爲監察御史以示同寅關西雍公慨然曰吾按浙當築堤以衛民閱十餘載雍公累官浙江右方伯以其事屬縣治之而大堤成矣丙辰之水少司寇以巡撫南直隸副都御史居憂於家念是堤及樸庵志爰諗諸左方伯隴西閻公乃以其事屬縣治之而子堤成矣是二役也雍閻二方伯實總理經畫之可謂勇於救患者矣唐楊二令尹躬相度督率之庶幾知以成務者歟然而思患預防以倡遠圖周旋從事以畢先志則樸庵父子用心之仁尤可尚已於戲東堤之成諸公有德於新昌之民如此書鑱諸石非徒以示後之被其澤者俾知所自抑亦以告司民社於茲者增修俾勿壞焉可也

隆慶三年重修東堤　參議俞則全記

邑治面山負壑川流斗注潦輒襄阜僯馳虣溢叵測民惟屏長堤自固嘉靖乙卯海堧坌集決堤潰城堤址僅存歷年墻嚙去城不尋丈堋淤瀦掌丙寅全吾蕭侯來視邑符繕垣諗勢甃堤衛城堅廣踰昔去秋水漲台剡城悉隍邑城獨免闤闠

安堵咸頌侯能先事曲防云乃侯則不任受德復圖樹永固於茲邑顧時詘不忍刑民之力先是侯請發儲賑枵議適下遂諭丁壯待哺之衆俾事營築日給官粟若干咸竭蹷趨事仍揀耆民醇謹尚義者十六人監眡規度揵石畚土捂拓障隘日數千指而民無甗石刀圭之費上下延袤數百丈幾百辰而事竣功茂姚遠矣士民相率建祠塑貌圖生祝侯復勒石堤所乞余文之余惟宋王克臣以修撰知鄆州築堤城下時頗駴異及堤成而水大至城不浸者尺許民始繪像事之侯之叔號復齋者知鄆猶賴焉邑乘記宋令林公嘗因舊城築堤止水後入柄大政民思之不置尸祝迄今靡怠惟侯修堤護城與克臣事類而民之戴侯又將不啻前人之祝林公也矧侯惠利於民者甚鉅行將保障四方有不待余言者姑以復諸公之請

按此堤爲縣治故基自改建城後有外高內低之勢工程尤爲緊要宋時在林後者尚有史浚同修幷爲籌歲修經費在明李後唐前者則又有縣令樂經以修築東堤爲惠於民稱幷有張載議修見人物傳中於職官志無考雍公名泰咸甯人通志亦有繼於此舉者

後溪堤　在縣西十里爲洪水所衝膏腴百頃皆成砂磧知縣田琯令典史朱琳督工修築以捍水患萬歷志

五都堤　在縣西二十里五都村高丈餘長五里許增

梅渚堤　在縣西二十五里梅渚村高丈餘長一里許民國年間築增

黄澤堤　在縣北二十里長四里許年修年圮民國三年童知事撥欵補助堤外漲塗自東而西有地數百畝栽種竹柳以固堤防增

黄澤街堋　在縣北二十里黄澤街中由孟涇潭折流而入清康熙四十七年嵊民越界開碶穿田破坂撫憲斷令填還民田永

禁冒佔至今實利賴之

上沙堤　在縣北十七里丁家園后寺竹園邊淸光緒二十五年疊遭水災憲撥賑欵三百元由城紳呂衷謙經理挑築民國三年更由村人潘芝煜等募工接築以捍水患長八十丈闊十丈增

中沙堤　在縣北十七里丁家園興龍橋下由潘鄗出資挑築以保田畝長八十丈闊七丈增

下沙堤　在縣北十七里丁家園中沙堤下由育嬰堂出資挑築民國六年更由進修學校出資接築長八十丈闊八丈增

後沙堤　在縣北十七里丁家園村後民國三年由潘文華經理

挑築長八十丈闊十丈增

獅下堤　在縣北二十五里支淺砩口長五十丈高一丈闊一丈二尺清光緒年間蘭洲麻車兩村共築增

長堤　在縣北二十五里蘭洲村左自戳棒巖起至蘭洲橋下止長約八百丈中建石閘十五衞田百餘畝增

後溪堤　在縣北二十五里麻車村後由村人公築以保田廬增

庵前堤　在縣北二十五里麻車村上長五十餘丈高一丈六尺闊一丈四尺由村人公築以保田廬增

砩

孝行砩　在縣南一里宋知縣林安宅所開自虎隊嶺導流入東

洞門繞南門而西由大佛橋達於三溪砩長十餘里溉田一萬三千餘畝附郭居民皆仰給焉正德嘉靖中水決虎隊嶺砩源長渠或淤或壞知縣涂相宋賢相繼修之後因水利不均民莫肯修築砩就崩頽田維仰賴雨澤萬曆三年知縣田琯諭民協力修濬且爲之均分其利五年復相度砩源溪水比砩爲低因教民採木石築長硑堰溪水入砩又沿砩加土堅築甃以石板於大佛橋洩水之處設巨閘以防旱澇建竇瓴以杜穿漏立均水牌以均灌溉而典史朱琳分督焉萬曆志

明兵部尚書何鑑砩記

禮記春夏之月審端徑術季冬大蜡則登坊與庸始而盡力焉終而報享焉古先王之愼重於溝洫也如是然則後之司民社者其可緩於修治乎邑西封疆直抵剡界無慮數千畝質厚而色正耕者宜焉然雨不時至則抱甕嗟嘆而已迨夫有

宋之季三山林公來蒞茲邑始鑿渠與祥溪通引流於山峽間曲折而西以灌溉之於是旱魃之虐弗能及而西鄙之民賴以生養無憾者幾三百餘載矣厥後懷襄之患屢作每遘霖雨連夕則百川奔放怒氣噴薄聲如萬雷併力西向而有攻城破邑之勢獨五山旁出一枝兀若治鑄崱屴挺立而當之民居渠址賴免蕩析然於渠口受水之處適犯其衝既以激而爲深潭則水與渠違行而林公之澤竭爲自茲以往動踰四紀田下下而賦上上西鄙之民困於租徵棄爲閒田散而之四方者多矣迨夫渠石垠岸決齧殆盡而東南之要道亦於是而阻絶焉予甚憫之謀諸執政者倚山爲堤雖以便行旅亦以障洪流而爲後之治渠者張本乃者西江之雋涂公名相字夢卜以妙年領高第出宰敝邑下車即爲興廢舉墜之圖集父老於庭而謂曰渠之不治令之辱也遂命駕出應台門登山以相其便宜遡流以測其高下而可否之幾昭然於料理間乃於舊渠之内緣山麓外倚堤岸增開三百餘丈以承上流沿堤而上將抵長坂有山嶄然壁立千仞洪水匯澤於其下堤實包之渠道之所必由焉侯以目準之得其可假可達之勢乃稍紆而就之人亦莫能窺其端倪沿堤而下將抵舊堤口有崖嶔然橫突下絶石工停插施畚莫知所爲侯乃教以夾甃巨石縈繞崖旁中實塡土以杜滲漏繼往續來較若畫一堅若天成其智巧過人有如是夫又爲之殺水勢以疏其衝斥作複防以固其根柢用心懃而爲謀遠矣是役也任以老者之事食以壯者之食始於龍見而畢於日至民感其愛而得時故有子來之應焉渠成而農舉趾侯命決去壅土啓閘而通之行其泉而注之澤若建瓴然澤不能受則溢而復注於渠由是源源而來十里之外一瞬可至向之澤閒田復爲沃壤矣西鄙之民秉耒呼忭莫不如志得以

樂樂利利而有恒心者實侯之賜也侯之仁固以均被於四境而惟彼西鄙之民蒙利滋多啣環之私尤拳拳焉乃旄倪相率詣予墾請併書其事勒諸石以垂示萬世予既賞其思源之誠且嘉涂侯克遵先王之法克舉已墜之政謹爲記之

按此碑爲新邑水利所最著其在涂任後者如曹天憲宋賢萬鵬諸賢令志稿皆註明修此碑字樣曹則已爲立水表蕭敏道傳中尤言之詳確茲附著之

均水亭即分水亭在縣西二里爲知縣田琯立大學士呂本撰義獎田記原祠祀志今無考蓋後以祀田即其所自立者原水利藝文志

明兵部郎中邑人呂若愚均水亭記

邑有渠自虎隊嶺分流而下直抵三溪溉田一萬三千餘畝城內民咸仰焉邇年來每濬渠則家家而號之畝畝而歛之鍬鋤畚鍤悉出民力及水進渠桔槔車戽乃民莫與或訟於官有理有不理即理不過出牌一道呼卒持之因緣爲奸利大者售錢布小者售牲畜得則與不得則不與莫敢誰何每歲值旱城內民嗷嗷然少壯宿於田老弱餉於途子婦嗟於室而卒不獲升斗以蘇枯槁噫民憊矣用是渠益廢即呼民濬築民莫聽矣萬歷甲戌竹山田侯莅政之明年值旱禱於神弗

應乃夙夜焦勞貶食徒跣巡歷郊坰見田有渠而無水怪問民民具以狀對侯喟然曰有是哉令之設何爲而忍視民若此哉乃躬舍於東郊率民濬築民之赴命者雲集渠成水進又躬舍於西郊履畝而均放之必霑貫優渥乃止民胥安坐於家計時刻往田無不得水者侯出民爭爲舉輿擁呼前導歡聲溢田野侯亦欣然與民披草萊服疏布揮汗赤日之下弗辭也洎秋大稔民無強弱咸賴焉自是每旱輒出必舍於鼓山之麓大樹下民以爲不便即其處爭負土累石爲亭憩侯而謀序言於予予惟侯善政種種難悉大都厲操冰霜加意民瘼凡有設施不辭勞怨務期底績乃已曩余還自留都謁舊師督撫鳳竹徐公於杭公詢及侯治邑狀余具以實對公喜曰子誠知言哉予亦驟之預矣夫政不難舉也患行政者不能以民爲事耳如田令循行郊野察民疾苦廣溝洫以禦荒躬節儉以變俗非導之而生養遂乎課士務崇實學聽訟必先風化非教之而倫理明乎嚴淫賭之禁息誣訐之風立擒盜之法防册籍遺漏之弊非治之而爭奪息乎使令咸若是吾何慮焉復以此首登侯於薦剡蓋侯之德譽可謂上下交孚矣侯何容心於此惟不操切於急功不矯節以炫俗上不忤勢下不病民誠心直道信諸人人焉耳古稱循良何以加諸予因均水並述所聞以復士民之請庶預卜他日甘棠之思云

厥後均水之法積久而壞莫肯修築砩仍壅塞嘉慶八年知縣李品鎬捐資重濬自虎隊嶺至砩口爲放生池禁捕捉以深其

源又設砩總於秋收時履畝歛穀爲每歲修砩資然南郊挂榜巖下邑南諸山之水匯焉霪雨暴至山沙輒漲旋濬旋聚民苦於費砩仍不通田多仰賴雨澤咸豐二年知縣孫欽若視其故乃捐資鳩工自盛家橋沿城而南開新道以避其沙復於石牛鎮而下爲礬橋以防南明山諸水之衝令舉人呂璋董司其事迄今數十年來負郭之田數百頃復爲沃土志稿

嘉慶八年知縣李品鎬重濬孝行砩舉人陳晃記

孝行砩爲附郭水利之要自三山林公創之於宋涂公相宋公賢暨田公琯修之於明鄉先生具誌其事於石彰彰矣然林公創之而不知後有虎隊嶺之決涂宋二公修之而不知後以水利之不均而廢田公築堰設閘以時蓄洩又立均水牌以平其利至完且密可爲善後計矣而田公去後此事寖廢渠仍淤塞田卒汙萊失時不雨民且狼顧蓋百餘年於茲矣此無他董之無其人守之無其法接踵而更代之者無其經也往年旱乾晦不數莖邑侯李公憫焉乃修渠令下萬口同聲壅者瀹之圯者築之三閱月而事蕆並以虎隊嶺至砩口爲放生池其分畈均水

一如田公故事秋夏之交人待下流晦蒙嘉澍皆侯之賜也雖然林公善政絕續數四今卽渠濬矣而不能令世世濬之何加乎涂宋二公之濬之也水均矣而不能令世世均之何加乎竹山田公之均之也侯之去不可挽侯之來不可期乃請以修碶公田附之隍廟兼立碶總履畝斂穀爲修碶資令六堡司事者以次董之歲一更代不病於煩終而復始雖久不廢侯曰善旣親記其事而去會一峯徐侯至復請憲勸示爲善後計蓋詳且悉矣其修碶均水諸務曁一切歲時報賽章程並登簿正幷勒碑陰如左

咸豐二年知縣孫欽若新開城南孝行碶道記

將爲經久不敝之規則必淸其源疏其流源遠而流以長流通而源不竭凡事皆然而碶水其較著者也考誌載邑內三十碶而附城者孝行碶是也創始於宋紹興二年林公安宅而繼修者則有涂公相宋公賢設閘以防旱潦立牌以均灌漑尤稱田公琯之功不衰其年月具詳縣志我朝嘉慶八年李公品鎬復修焉碶長十有餘里灌田百有餘頃其利溥矣然而旋興旋廢者何也碶導源於縣東虎隊嶺經祥溪入洞門迤邐而西至掛榜巖而城南諸山之水匯焉近日開種者多一逢夏秋雨水盛行流沙噴注其來也泛濫澎湃有以濁欺淸以强併弱之勢碶被害者數矣以故興修後或七八年而廢或五六年而廢或二三年而卽廢咸以爲碶可興而不可久民皆艱於修築謂其勞而無功也己酉之冬邑紳卽選縣令呂君羲士向余而言曰數十年來民之苦旱乾者以碶水之壞也碶利之壞以沙淤之積也曷開新道以避之余曰民事也不可緩而議者又謂由舊則易於樂成開新則難於經始余曰不然自來成大功者不惜小費有遠慮者不爲近圖嘗巡城

外步山椒察其地勢相其流泉而得所以避沙者爰延致仕山西黎城知縣陳君蓉臺並耆紳陳君酉山俞君北屏呂君松巖議之僉曰可而仍推袠士爲監修次年庚戌春鳩工庀料掘地導水余每輕輿視之則見袠士冒風雨戴雲日塗首垢面而督工無倦容兩閱月新碑告竣自盛家橋分而注之向之所爲橫溢充塞者至此而不滯矣雖然猶懼其壅也孝行碑由石牛鎮而下南明諸水截流而過故又爲槩橋以防其衝而後下流順道即來源亦得其歸其經久而不敝者歟辛亥春余交卸北上壬子奉飭回任來至縣而途中父老喜相告曰邑之比歲豐稔者修碑之利居多余曰是袠士之勞也而衆紳之助也而民則曰乃公流澤無窮也傅霖郇黍銘於亭矣余聞之遜謝不遑遂述其巔末以俟後之宰斯土者隨時濬築庶幾有興無廢也並屬袠士載列條規請少尉李君樹門督理之以垂不朽云是爲記

南隄碑 與東堤毗連即孝行碑地亦由田侯所修築評本云城堤爲蕭顯所營嘗禁其侵占亦未詳何官何時任在田公前後否茲幷附著之

明萬曆六年兵部尚書呂光洵南隄亭記

漢循吏惟文翁卲信臣令績最著文翁治蜀以教作士卲信臣治南陽以水利民蜀去長安人遠地僻漢初政教未敷文翁請置學宮取民間雋秀爲學宮弟子身

自課飭數歲皆明經循行與齊魯班矣邵信臣與民興利常行視水泉開溝洫通灌注郡中莫不向化力田孝悌治行常爲天下第一徵拜九卿史稱邵父云夫循政亦多術矣惟水之利廣而教化之功大古今傳志所稱於斯二者蓋班班可考焉吾新昌褊小居越上游介於台寧間地多隆阜苦旱即負郭畝種之田猶鮮源泉仰注南澗南澗循麓坎引祥溪溪漫而澗隘横流易潰乃築堤障而行之澗以堤固田以澗腴民利久矣久而堤漸圮澗漸湮田苦乾旱因循不治民甚病之前年竹山田侯治新昌至即問民利病與之興革而休息之身自爲恭儉示彝憲明軌矱發號施令咸本人情簡約明備然後下之民咸胥悅尤謹庠序之教樸棫甄陶菁莪並育聯儁以樂羣會文而昭業譽髦之士彬彬興於禮讓不啻文翁之教行西蜀矣於是興廢舉墜爲民永圖民以治堤行澗告侯侯曰民事也不可緩乃躬行相閱度其地之高卑校其土之疎密計工量費晝一以令民民咸歡欣赴之不逾月澗浚而深堤隆而固工乃告成又爲均水約束啟閉以時先後有序其於瀦泄灌注之法無遺慮矣即信臣之南陽奚加焉邑之北迤東而南附城爲堤其勢崇聳西臨膴野呀然獨缺民以風氣虧泄告侯將鳩材聚工築於西南兩岸之間民不大勞工不大費卑者隆缺者匝綿亘聯屬屹然鉅防而風氣益完邑居彌固保民裕衆之道莫大於是侯曰可且諏日致工諸生儁彥與邑之耆舊過洵請書石示後以保令續於無疆非以誦侯之德也侯之德在人心不在言辭云於是略叙其始末而系之詩詩曰惟茲巖邑在剡之東山溪委迤形勝斯隆有堤屹焉亘於北墉惟溪潏潏是依是縈析而爲渠於農有功以灌以注百頃咸豐既豐既久弗治弗庸旱乾爲災三農憯憯惟我令公克儉克恭視我民瘼若恫在躬乃相

乃度是經是營令我民庶民咸卽工勿遽勿亟勿怠勿慵乃底厥績澤潤無窮匪曰澤潤風氣攸鍾儲祥毓秀奕奕融融民之居之載安載榮惟千萬祀戴我令公惟千萬祀咏歌雍雍

司訓莫旦石氏風水辨

縣令林公開渠穿井凡所興建皆爲利民計也而說者謂陰壞石家風水吳江莫旦爲之辨曰旦聞諸父老謂石氏盛時城中皆其居址林公謁見編修石斗文之父悅可悅可不見止出雙履戶外林公深銜之然不免再拜而退東門外有山如龜而通衢界其間鋪以鵞卵石若鱗甲然風水家謂龜蛇相交形也林公乃鑿斷龜頭而開硤有石如牛而鼓山列其前激以溪流塡然鼓聲風水家謂擊鼓迎牛形也林公斷去牛頭而殺溪聲又開池山頂則鼓面破矣他若遷學築隄皆使泄秀氣用是石氏同日去官者若干人而其後遂以不振嗚呼且竊以爲斯言也好事者爲之也夫簡賢傲物禍也敬恭桑梓古今通義也悅可雖貴勢惡敢遂慢其邑令乎借使有之以林公德量當付一笑而去肯拜其雙履乎既拜之又陰謀以禍之則林甫之笑中刀也而謂林公爲之乎今所開渠溉田萬餘畝七星井便汲千餘家遷學而踵公卿築隄而除水患皆一邑無窮之利也而曰陰壞風水不亦寃乎且不忍先達以利民而受謗也故爲之辨

邑人呂光化復爲之辨

石氏風水之說莫先生雖以理力折其妄尚未考其事之無有也按林公以紹興甲子宰新昌後孝宗隆興元年癸未石斗文始登第林公已爲侍從作縣時斗文尙未爲諸生悅可安得而慢林公耶紹興甲子後石氏登進士者十餘人若子重

斗文宗昭石氏之最著者咸於紹興甲子之後烏在其爲不振也石氏外若黃呂俞潘家盡在城中紹興後相繼而興使風水既壞何獨不關諸家耶意者開渠鑿井邑人有所不欲因而起謗堪輿家欲神其術從而傳播石鼓不鳴石牛不動之說流聞江左兒童皆能道之迄今在人唇吻間不知其妄也化故爲之廣其說

醴泉砩　縣西北五里從光鼓潭下歸水經白巖前至醴泉灌田三百餘畝

鼓山砩　縣西北五里卽黃龍砩從鼓山後歸水經石演樓頭至上下三溪灌田七百餘畝

新開砩　縣西十里在坳頭村從潛溪歸水至周村山灌田九十餘畝

清泉砩　縣西五里自鑼山下經塔山脚石柱灣至後溪村長八里許　萬歷志

谷陳砩　縣西五六都　萬歷志

侯村砩　縣西十三里　增

改石板砩　縣西十里元嶴村　增

馬鞍石砩　縣西十里元嶴村　增

周村砩　縣西十五里　增

五都砩　縣西二十里　增

洋碾砩　縣西十里元嶴村　增

屋棟巖砩　縣西十里元嶴村　增

青山砩縣東五里青山頭村　萬歷志

水簾砩縣東八里羽林坂灌田四百餘畝

石甘砩縣東十五里王泗洲村　增

蘭沿砩縣東二十二里　增

紅巖砩縣東二十六里前岸村　增

長詔砩縣東二十七里　萬歷志

岟嵔砩縣東二十五里　萬歷志

石佛前砩縣東二十里小石砩村　增

鴨晒坂砩縣東二十二里　增

王家砩縣東二十五里　增

象湖坂砩縣東十六里　增

壺口砩縣東三十里　增

紅巖砩縣東三十里赤土村　增

黃家砩縣東三十二里燕窠村　增

九間廊砩縣東三十五里　增

落馬橋砩縣東四十里斑竹村　增

黃壇砩縣東五十里　增

和家砩縣東六十五里毛洋村　增

下坂田砩縣東七十里道墅嶴村　增

六石砩縣東九十里芹塘村　增

三坵磜縣東六十七里讓里村增

大殿下磜縣東七十里石滋村增

大坂磜縣東三十七里十字路村增

大麥溪磜縣東七十里裏小將村增

塘下坂磜縣東七十五里南洲村增

烏坭坂磜縣東八十里中央塢村增

徐家坂磜縣東八十里鱗角村增

下意磜縣西二十五里萬歷志

澄潭磜縣西三十四里增

左於磜縣西五十里增

滑溪磜縣東七十里石滋村增

青壇磜縣東三十五里增

幹珠坂磜縣東六十八里外小將村增

五石磜縣東七十五里坑裏村增

裏角磜縣東七十五里南洲村增

曹家坂磜縣東八十里鱗角村增

山泊磜縣西三十里增

梅渚磜縣西二十五里萬歷志

龜巖磜縣西四十五里萬歷志

左過磜縣西五十五里增

穿巖碓縣西五十五里增

染口碓縣西七十里增

練使碓縣南七十五里萬歷志

芸溪碓縣南七十里增

靈巖碓縣南五十里增

倉潭碓縣南五十里沙灘村增

亭家坂碓縣南六十五里溪邊村增

楊郎碓縣南六十六里增

坑里碓縣南七十里增

漚潭碓縣南六十里增

津溪碓縣西六十里增

大用碓縣西五十七里萬歷志

鏡澄碓縣南七十五里練使嶺脚增

韓妃碓縣南五十里增

年豐碓縣南七十里下市場村增

砂綠碓縣南七十里下市場村增

瀾坂碓縣南七十里馬家田村增

藤邱碓縣南六十里溪邊村增

前洋碓縣南七十五里增

丹溪碓縣南六十里增

前山坂碶縣南六十里下巖村增

黃渡溪碶縣南五十五里外碾嶺脚增

冷潭碶縣南五十五里黃渡里村增

大方坵碶縣南五十五里黃渡里村增

殿前碶縣南七十里增

宦塘碶縣東五十五里儒嶴村增

毛羊碶縣東六十六里增

平峇碶縣東七十五里雪家坑下增

鴨嶺隡碶縣東七十里增

新成碶縣北二十里黃澤村增

礀潭碶縣南六十五里增

西坂碶縣南五十八里華藏寺外增

吳家碶縣南六十五里馬家村增

大頭碶縣南五十五里黃渡里村增

清甽碶縣南六十里雙溪庵裏增

廿石碶縣東六十七里皇渡橋下增

橋下碶縣東六十七里皇渡橋下增

十六石碶縣東七十里鴨嶺隡前增

三畝碶縣東六十九里裏趙村增

周家碶縣北二十里黃澤村今淤

馬郎砩　縣北二十里黃澤村　萬歷志

庵前砩　縣北二十五里麻車村　增

楊柳砩　縣北二十里長山村　增

茹葫砩　縣北二十里前梁村　萬歷志

大巖砩　縣北二十二里藕岸村　增

石馬庵砩　縣北二十五里石馬山脚

曹洲砩　縣東三十里　增

烏龍砩　縣東三十里查林村　增

石沿坂砩　縣東三十里查林村　增

銀硃砩　縣東三十里竹岸村　增

螺螄砩　縣北二十五里蘭洲村　萬歷志

后塘砩　縣北二十五里麻車村　增

支淺砩　縣北二十五里獅子巖脚　萬歷志

高巨砩　縣北二十里丁家園山頭裏　增

馬郎砩　縣北二十五里楓潭高桂大明市合築　增

竹絲砩　縣北三十里欽村　增

小溪砩　縣東三十里　萬歷志

香林砩　縣東三十里香村寺　萬歷志

牛頭砩　縣東三十五里竹岸村　增

大青砩　縣東四十里嚴家山村　增

石猛磜 縣東四十里嚴家山村 增

沿溪坂磜 縣東六十里裘塢村 增

麻車坂磜 縣東八十里莒溪村 增

冷港磜 縣東八十五里溪口村 增

奇巖磜 縣東八十五里 萬歷志

梅樹板磜 縣東九十里三坑村 增

下坂磜 縣東九十里三坑村 增

旁山磜 縣東七十里開口巖村 增

新澤磜 縣東七十里董村新宅 萬歷志

鴛鴦磜 縣東七十里董村蟠松 增

丹坑磜 縣東四十五里 萬歷志

研下潭磜 縣東七十里疊石村 增

門前坂磜 縣東八十里莒溪村 增

中溪磜 縣東九十里中溪村 萬歷志

大廟磜 縣東九十里三坑村 萬歷志

黃沙磜 縣東九十里三坑村 增

大坂磜 縣東六十五里生田村 增

下村磜 縣東七十里開口巖村 增

門前磜 縣東七十里董村門樓裏 增

大坂磜 縣東七十里董村蟠松 增

前山磜縣東八十里雪溪村　增
沙邱磜縣東八十里雪溪村　增
大磜縣東七十里眞詔村　增

池

泮池縣治南學宮前
郡馬池縣東九十里雪溪村宋董汝爲鑿　增
普濟池縣北二十里前梁永思祠左側

塘

夾溪塘在縣南　嘉泰會稽志
北門塘在縣北　萬歷志

龍王磜縣東八十里雪溪村　增
大磜縣東五十五里唐家洲村　增
螺螄磜縣東七十三里上徐村　增
月弓池縣東六十八里外小將村　增
鳳凰池縣北十里渡王山王氏宗祠前
滌薇池縣北二十里蘭洲竺氏宗祠前
後甽塘在縣北　萬歷志　在縣東北　原志
北鎮關帝廟塘在縣北　原志

半畝塘在廻瀾橋内　原志

泄塘在縣西南七里長廣三十畝　嘉泰會稽志

官塘凡六處雪塘在一二都醴泉塘盧家塘俱在四都上馬塘在五六都坑下塘在八九都北池塘在十四都俱官修濬以備灌溉　萬歷志

胡思塘在縣西二十里　萬歷志

上寺塘縣西二十里南巖寺下大四畝餘　增

面前塘縣西二十五里坂田村大三畝　增

店前塘縣西二十五里山頭村大三畝　增

六圓塘縣西二十五里平水廟村大六畝　增

長塘縣西二十四里鐵牛村大三畝　增

下坂塘縣西十里墈頭村下大五畝　增

新塘在縣東三里　嘉泰會稽志

夾路官塘在西郊橋邊左右各闊二畝　萬歷志

紅巖塘縣西二十里南巖寺口大十餘畝　增

下寺塘縣西二十里南巖寺脚大六畝　增

流兜塘縣西二十五里平水廟村大四畝　增

長塘縣西十五里趙婆嶴村大四畝餘　增

袁大塘縣西白鶴廟後大七畝　增

香圞塘縣西十里墈頭村前大六畝　增

門前塘縣西十里張家莊村大三畝　增

放生塘縣西十里張家莊村　增

上下疊塘縣西二十里五都村大七畝　增

宅前塘縣西二十五里梅渚村大四畝餘　增

回塘縣南六十五里下新宅楊都憲坊內　增

半月塘縣南八十里回山村里人楊杉鑿　增

大宅里塘縣南七十里大宅里村　增

皇嘉塘縣南八十五里黃家堂村　增

陳家塘縣東七十五里董村蟠松陳宅　增

毛裏塘縣北廍車村清乾隆間陳省喬開上塘陳華榮開下塘增

上山井泉塘縣北七里三透屋村　增

王孫塘縣西二十里五都村大十餘畝　增

廟湖塘縣西二十里龍亭山脚大三畝　增

長塘縣南六十五里上宅村　增

大塘縣南七十里黃家市大六畝許　增

宅下丁塘縣南八十里宅下丁村　增

樟花塘縣南七十里樟花村　增

下靈塘縣東五十五里儒嶴村潘蕢築以備災幷資灌溉　增

石家塘縣北二十里黃澤周家碑口　增

新泉塘縣北二十五里蘭洲村　增

周家塘縣北二十里藕岸村　增

橋頭塘縣北二十里萬石村 增

新昌縣志卷三

食貨上

田賦

田額　元官民諸色田二千二百六頃七十一畝二分七釐七毫

明洪武十四年田一千九百四十五頃九十三畝四分三釐

地五百五十五頃八十一畝零

山四百九十七頃八十三畝零以上均原志

洪武二十年分行州縣隨糧定區區設糧長四人量度田畝方圓次以字號悉書主名及田之丈尺編類爲册狀如魚鱗號曰魚鱗册先是編黄册以戶爲主詳載舊管新收開除實在之數爲四柱式而魚鱗册以土田爲準原阪墳衍下濕沃瘠沙鹵之别畢具魚鱗爲經黄册爲緯賦役之法定焉

洪武二十四年官民田地山塘三千六百四十四頃六十五畝零

田一千九百四十六頃三畝零

地五百八十二頃五十七畝零

山五百三十五頃九十五畝零

塘一十一畝零

明史食貨志土田之制凡二等田分官田民田官田皆宋元時入官田地厥後有還官田沒官田斷入官田學田百官職田通謂之官田其餘爲民田

永樂十年官民田地山塘三千六十二頃二十七畝零

田一千九百四十三頃六十七畝零

地五百八十二頃五十二畝零

山五百三十五頃九十五畝零

塘一十一畝零

成化十二年官民田地山塘共三千五十七頃四十九畝六分四釐一毫原志無一毫二字
田一千九百三十八頃八十五畝四分二釐二毫
地五百八十二頃五十六畝四分九釐
山五百三十五頃九十五畝八分二釐
塘一十一畝九分九釐以上成化志
萬歷六年官民田地山塘共三千五十八頃四十九畝六分四釐一毫
官田一百六頃七十六畝五分三釐一毫二絲內學田四畝五分五釐
職田四頃五十畝一分二釐九毫

寺觀田五十七頃八十四畝九分五釐七毫（內學田一頃二畝二分九毫）

民田一千七百六十九頃七十三畝八分四毫（內學田一十三畝二分二釐分）

（天泉坑砩四頃）

天田六百六十九頃二十畝三分（內學田二畝七分四釐四毫）

泉田三百三十頃九十八畝四分七釐

坑塘田五百四頃五十一畝八分三釐五毫（內學田一畝九分）

砩田二百六十五頃三畝一分九釐九毫八絲（內學田八畝五分三釐八毫）

官地二十一頃二十五畝五分二釐五毫

寺地三頃七十二畝二分六釐六毫

民地五百五十七頃五十八畝六分一釐八毫（內學地二畝七分）

官山二十一頃九十九畝二分二釐

民寺山五百一十四頃九十六畝六分

官塘一十一畝九分九釐

萬歷六年全天下府州縣通行丈量三年之內完丈造册繳報從張居正之請也

清順治十八年官民田地山塘共三千九十三頃七十一畝二分三釐六毫

順治十二年頒部鑄步弓尺於天下廣一步縱二百四十步爲畝

官田三十四頃四畝五分七釐內學田四畝五分四釐

職田四頃五十畝一分二釐九毫

寺觀田五十六頃七十九畝三分八釐八毫內學田一頃二畝二分九釐

民田一千八百七十八頃七十二畝九分三釐內學田一十三畝二分二釐

天田八百六十七頃七十二畝九分三釐內學田二畝七分四釐四毫

坑田四百九十四頃六十一畝一分三釐四毫內學田一畝九分三釐八毫

泉田二百六十二頃四十七畝五釐九毫

磯田三百四十九頃三十三畝五分六釐七毫內學田八畝五分三釐八毫

地五百八十二頃五十六畝四分九毫內官地二十一頃二十五畝五分二釐五毫

寺地三頃七十二畝二分六釐六毫

民地五百五十七頃五十八畝六分一釐八毫內學地二畝七分

山五百三十六頃九十五畝八分二釐內官山二十一頃九十九畝二分二釐

民寺山五百一十四頃九十六畝六分

官塘一十一畝九分九釐
儒學戶田官田四畝五分五釐
寺田三畝三分六釐
金庭觀田一頃二畝二分九毫
雍正六年定行順莊編里法
乾隆五十年新陞天田八十三畝五分二釐六毫
嘉慶十七年新陞坑田六頃一十四畝七分七釐六毫
嘉慶十七年新陞地二頃五十一畝九釐二毫
咸豐續修賦役全書田地山塘原額與康熙志相符加前三項新陞而已
賦額　五代吳越畝稅三斗

五代史錢氏兼有兩浙幾百年自鏐世常重歛其民以事奢僭下至雞魚卵鷇必家至而日取每笞一人以責其負則諸案吏各持其簿列於廷凢一簿所負唱其多少量爲笞數已則以次唱而笞之少者猶積數十多者至笞百餘人尤不堪其苦

宋太平興國畝稅一斗

太平興國中錢氏國除朝廷遣王贄均兩浙雜稅贄悉令畝出一斗詔責其擅減稅額贄對畝稅一斗天下通法兩浙既爲王民不當復仍僞國之法上從之萩園雜記

嘉泰元年夏戸人身丁錢一萬四百七十三貫二百五十一文　紬二百六十一疋三丈二尺九寸　絹二千二百五十二疋三丈三尺八寸七分　綿一萬三千九百六十二兩四錢二分三釐　秋苗米六千六百五十九石五斗一升七合五勺　和買絹六千六百九十九疋三丈四尺四寸按寶慶府志太宗時馬元

方爲三司判官建言方春民用乏絕預貸官錢至夏秋輸絹於官曰和買然止一時權宜及熙寧新法乃行之天下而浙東紹興爲尤重後錢既乏支而所買之絹不除建炎間累詔寬減淳熙十六年又特減舊額用紓民力役錢一萬一千九百八十八貫九百八十文　水陸茶錢二百三十一貫文　小綾一百五十疋折錢九百二十五貫三百五十文　折帛錢一萬八千七百八十六貫八百九十八文　折綢綿一千一百五十六兩　折稅捐麥九十七石七斗八升五合　折苗糯米二百五十四石　課利都稅務遞年趁到九百五十八貫四十四文　茶住買四百五十斤　酒遞年趁到二千七百三貫八百三十九文

元制取於內都者曰丁稅地曰地稅仿唐租庸調也取於江南者曰夏稅曰秋糧仿兩稅也又按萬歷府志據泰定籍有夏稅鈔秋糧米租鈔酒醋課鈔稅課

鈔茶課鈔歷日鈔店地鈔係合府總則非各縣分載故從闕如

明洪武籍夏麥秋糧兩稅缺府志

萬歷籍農之賦四曰夏稅麥一千六十石九斗一升五合六勺徵於田及地曰秋糧米七千九十一石四升二合六勺徵於田曰夏稅鈔一百九十五錠八文徵於山曰秋租鈔一百二錠三貫四百七十三文亦徵於山

傳之賦二曰馬價一百五十兩四錢六分二釐曰驛夫今類入均徭

兵之賦一曰兵餉一千一百九十七兩八錢九分二釐一毫

戶之賦二曰蕩價新昌無曰諸鈔有商稅課鈔黃絡麻鈔茶株鈔油榨麻碓鈔窰竈鈔門攤契鈔茶引

油契本工墨鈔樹株果價鈔酒醋鈔漁課鈔每貫折銀二釐共二十二兩七錢五釐五毫口之賦二曰鹽糧米曰鹽鈔新昌不徵米連鹽鈔共折銀二一百五十四兩二錢三分五釐八毫二項俱責辦於鄉都成丁之人鹽糧米他邑每丁出米若干惟新昌不分鄉市每丁折銀一分二釐九毫鹽鈔每丁二釐五毫里之賦三今謂之三辦曰額辦銀有桐油銀白硝麂皮狐狸皮銀弓箭弦條銀胖襖銀藥材銀農桑絲絹銀俱解京九十二兩九錢九分八釐八毫曰坐辦銀有水牛等皮料銀歷日紙銀軍器料銀淺船料銀段疋銀漆木料銀四司工料銀果品銀牲口銀蠟茶銀荣筍銀俱解京三百五十兩一錢四分五釐六毫曰雜辦銀有科舉禮幣進士舉人牌坊銀預備上司各衙門書手工食銀軍器路費銀上司各衙門新官到任隨衙下道家伙祭祀猪羊品物等項銀修理各衛所城垣民七料銀武舉銀戰船民六料銀文廟啟聖祠名宦鄉賢祠社稷山川壇厲祭銀各祠廟祭銀鄉飲酒禮銀孤老布花米柴銀表箋綾函紙箚工食銀表箋委官齎棒盤費銀拜進香燭銀拜賀萬歲冬至正旦令節習儀香燭銀迎春芒神土牛春花春鞭三牲酒席銀門

神桃符銀三察院按臨門廚米菜銀三察院考試生員試卷果餅花紅紙劄筆墨府學銀恤刑按臨心紅紙劄油燭柴炭門皂廚役工食米菜銀各上司及查盤委官心紅紙劄油燭柴炭幷門皂工食米菜銀上司按臨幷本府朔望行香講書紙劄筆墨銀府送使客下程銀縣送油燭柴炭銀兵巡道駐劄上夫交際下程酒席銀水利道坊夫工食銀提學道按臨考試生員試卷果餅花紅紙劄筆墨銀季考生員試卷果餅花紅紙劄府學銀歲貢生員正陪路費花紅旗匾酒禮銀起送科舉生員路費花紅酒席銀迎宴新舉人旗匾花紅彩緞酒席銀起送會試舉人路費卷資酒席銀賀新進士旗匾彩緞酒禮銀兵巡道新任祭門猪羊三牲香燭銀府縣新官到任祭門猪羊酒果香燭銀府縣新官到任修理衙宇銀府縣應朝起程復任酒席銀府縣陞遷給由酒席銀修理各察院分司公館銀修理府縣廳堂公廨監房教場及養濟院等處工料銀城垣畫圖紙劄顔料銀優恤節婦養贍米布銀上司幷府縣卷箱架扛鎖索棕罩銀察院分司公館置備家伙銀府縣心紅紙劄等項銀府縣皂隷工食銀府縣官船水手銀短遞夫工食銀經過使客皂隷工食銀馬匹草料幷馬夫工食銀大小河船價幷稍水工食銀預備雜用銀俱留府縣庫

一千九百九十兩五錢六分九釐三毫

力之賦二曰銀差曰力差嘉靖四十三年一概徵銀雇募有各驛舘夫各倉斗級巡鹽應捕鋪兵解戸獄卒弓兵傘夫皂隷分守溫處甲首看守各館門子各學庫子祠夫閘夫各場工脚巡欄南京直堂皂隷柴薪三院座

船水手布政司廣濟庫庫子縣耳房庫子各學庫子布政司首領都司運司府縣衛首領柴薪府縣馬夫各學齋夫各學膳夫會同館長夫府縣及儒學公堂家夫包陪富戶各渡稍夫民壯捕兵健步預備織造坊夫短送夫惟巡鹽應捕一項先議免僉役徵銀抵課止用民壯弓兵巡緝巡鹽察院批再議紹興府議仍照額名數選募勤實之人充役分布行鹽地方巡獲鹽船人犯不許縱放　共輸銀二千三百四十五兩二錢六分四釐五毫

萬歷九年行一條鞭法賦額大率二項曰本色米二百九十石曰條折銀一萬一百三十四兩八錢二分四釐七毫瘠田每畝米一合四勺七秒銀三分七釐一毫五絲腴田米一合四勺七秒銀四分三釐三毫五絲地銀一分一釐六毫山銀三釐一毫塘銀一毫二絲人田丁共銀一錢七分四釐八毫此外不入條鞭者惟鹽糧米鹽鈔銀數皆具前油榨鈔一兩一錢二分三釐四毫水碓磨抵辦門攤鈔一兩一錢二分三釐四毫一條鞭者總括一州縣之賦役量地計丁丁糧畢輸於官一歲之役官爲僉募力差則計其工食之費量爲增減銀差則計其交納之費加以增耗凡額辦京庫歲需與存留供億諸費以及土貢方物悉併爲一條皆計畝徵銀折辦於官其自嘉靖時巡按龐尚鵬隆慶元年餘姚知縣鄧材喬已議行至是年朝廷始

頒爲定則

清

順治六年頒行易知由單

康熙六年令蠲免年分流抵一項將完戸今年應蠲之分數與抵免之銀數塡入次年由單之首每戸各報一單得於次年正賦中算除給事中姚文然奏請也

十一年令浙江所屬食鹽鈔銀攤入地丁徵收

二十八年行三聯印票法頒行賦役全書

賦役全書序

朕惟帝王臨御天下必以國計民生爲首務故禹貢則壤定賦周官體國經野法至備也當明之初取民有制休養生息至萬歷年間海内殷富家給人足及乎天啟崇禎之世因兵增餉加派繁興貪吏緣以爲奸民不堪命國祚隨之良足深鑒朕荷上天付託之重爲民生主一夫不獲亦疾朕懷凡服御膳羞深自約損然而上帝祖宗百神之祀軍旅燕饗犒賜之繁以及百官庶役餼廩之給俱各取之民間誠恐有司加派豪蠹侵漁中飽民生先困國計何資茲特命戸部右侍郎王宏祚將各直省每年額定徵收起存總撒實數編撰成帙詳稽往牘參酌時宜凡參差遺漏悉行駁正錢糧則例俱照萬歷年間其天啓崇禎時加增盡行蠲免地丁則開原額若干除荒若干原額以萬歷刊書爲準除荒以覆奉諭旨爲憑地丁清核次開實徵又次開起存起運者部寺倉口種種分晰

存留者款項細數事事條明至若九釐銀舊書未載者今已增入宗祿銀昔爲存留者今爲起運漕白二糧確依舊額運丁行月必令均平胖襖盔甲昔解本色今俱改折南糧本折昔留南用今抵軍需官員經費定有新規會議裁冗改歸正項本色絹布顏料銀硃銅錫茶蠟等項已收折者照督撫題定價值開列解本色者照刊書價值造入每年督撫確察時值題明塡入易知單內照數辦解更有昔未解而今宜增者有昔太冗而今宜裁者俱細加清核一條貫井然後有續增地畝錢糧督撫彚題造册報部以憑稽核綱舉目張勒成一編名曰賦役全書頒布天下庶使小民遵茲令式便於輸將官吏奉此章程罔敢苛歛爲一代之良法垂萬世之成規雖然此其大略也若夫催科之中寓以撫字廣招徠之法杜欺隱之奸則守令之責也正己率屬承流宣化覈出納之數愼那移之防則布政司之責也舉廉懲貪興利除害課殿最於荒墾昭激揚於完欠恪遵成法以無負朕足國裕民之意則督撫之責有特重焉其敬承之毋忽

三十六年以浙江匠班銀派入地丁徵收

三十九年令設立徵糧滾單

康熙籍原額天田數具田額類每畝徵銀四分九釐五毫該銀四千二百九十四兩八錢四分五釐有奇每徵銀米一合三勺該

米一百一十二石七斗九升三合有奇坑田每畝徵銀六分二釐八毫該銀三千一百六兩一錢五分九釐二毫有奇每畝徵米一合二勺九秒該米六十三石八斗四合八勺有奇泉田每畝徵銀六分七徵該銀一千七百五十八兩五錢九分九釐八毫有奇每畝徵米一合三勺該米三十四石一斗二升二合有奇礴田每畝徵銀七分四毫該銀二千四百五十九兩三錢二分三釐一毫有奇每畝徵米一合三勺該米四十五石四斗一升三合有奇嘉慶十七年新陞天田每畝徵銀四分九釐五毫該銀三十兩四錢三分一釐四毫有奇每畝徵米一合三勺該米七斗九升九合二勺有奇乾隆五

十年新陞坑田每畝徵銀六分二釐八毫該銀五兩二錢四分五釐四毫有奇原額地每畝徵銀一分七釐二毫該銀一千二兩一分二毫有奇嘉慶十七年新陞地二次五十一畝九釐二毫每畝徵銀一分七釐二毫該銀四兩三錢一分八釐七毫有奇原額山每畝徵銀四釐二絲該銀二百一十五兩八錢五分七釐一毫有奇原額塘每畝徵銀二毫該銀二釐三毫有奇

乾隆二十九年續纂賦役全書　咸豐復續修賦役全書乾隆三十一年諭銀庫司所奏月摺內地丁項下開寫絲毫忽微等細數此等細數極爲纖悉而秤兑時並不能將此數分析彈收徒屬有名無實嗣後各省徵收錢糧以釐爲斷不必仍開細數

原額人丁一萬二千二百三十九丁口內丁九千每丁徵銀

一錢九分三釐該銀一千七百三十兩口三千二百三十九每口徵銀一分一釐該銀三十五兩六兩二分九釐每田二十一畝九分三釐派人丁一丁每田六十畝九分五釐派人口一口

雍正四年令浙江丁銀攤入地畝徵收每賦一兩徵丁銀一錢四釐五毫不等

外賦入地丁科徵稅課局課鈔銀五兩均係編徵抵裁冗兵餉係隨糧帶徵即在地丁編徵之內

外賦不入地丁科徵銀八兩四錢四分六釐八毫有奇內本縣課銀一兩一錢五釐四絲門攤鋪行出辦歸經費用稅課局課鈔銀七兩三錢四分一釐八毫市鈔鋪行出辦歸經費用

統共額徵田地山塘人丁外賦等銀一萬四千九百四十五

兩四錢七分一釐九毫有奇每兩隨徵耗羨銀五分該銀七百四十七兩二錢七分三釐有奇其耗羨項下應支本縣養廉道光五年起照數赴藩庫請領

統共額徵米二百五十六石九斗三升三合有奇除積餘米四石一斗三升四合有奇除孤貧口糧二百一十六石　實徵米三十六石七斗九升九合有奇支囚糧米三十六石覈銷

一戶部項下地丁銀一萬三千九十八兩八錢九分八釐遇閏加銀一百九十兩九錢九分九釐內除坐支文昌帝君祭祀銀六十兩關聖帝君祭祀銀六十兩厲壇祭品米折銀六兩鹽捕不敷經費銀二兩四錢驛站經費銀三百五十五兩按日一兩平年閏年及大小建均以日數計算上數係照清光緒三十四年縣案

實該解司地丁銀一萬二千六百一十五兩四錢九分八釐

抵課水手銀四錢一分一釐遇閏加銀三分四釐本色顏料併墊費銀一十五兩三錢一分七釐加增時價銀七兩九錢六分六釐改折顏料并墊費銀一十六兩九錢一分五釐加增時價銀三十三兩四錢五分本色蠟茶銀五兩五錢

三分二釐加增時價銀七錢九分四釐本色黃蠟并路費銀一十七兩九錢六分六釐加增時價銀三錢六分九釐折色茶葉并路費銀二兩六錢八分七釐加增時價并路費銀三兩七錢五分三釐

一禮部項下本折藥并路費銀一兩五分九釐加增時價銀一兩一錢一分八釐

一工部項下本折桐油并墊費銀一十九兩三錢八分二釐

一司存留項下戰船民六科戶役銀二十八兩四分九釐

一府縣存留項下共銀二千一百六十六兩一錢五分鄉飲酒禮銀八兩歲貢旗匾銀三兩七錢五分公署門子銀一十兩八錢遇閏加銀七錢祭祀餘賸銀一十三兩二錢六分馬械銀八十六兩四錢遇閏加銀七兩二錢縣俸攤荒銀八兩三分九釐知縣俸銀三十六兩九錢六分一釐典史俸銀三十一兩五錢二分紹同知民壯工食銀一百三十二兩遇閏加銀一十一兩紹同知鹽捕工食銀一十四兩四錢遇閏加銀一兩二錢拜賀習禮銀四錢八分文廟香燭銀一兩六錢芒神土牛銀二兩各壇廟祭祀銀二百五十六兩七錢

四分縣門子工食銀一十二兩遇閏加銀一兩皂隸工食銀九十六兩遇閏加銀八兩馬快工食銀四十八兩遇閏加銀四兩民壯工食銀七十八兩遇閏加銀六兩五錢仵作工食銀二十四兩遇閏加銀二兩禁卒工食銀二十四兩遇閏加銀二兩轎傘夫工食銀四十二兩遇遇加銀三兩五錢庫子工食銀二十四兩遇閏加銀二兩斗級工食銀二十四兩遇閏加銀二兩舖司工食銀三百一十兩八錢遇閏加銀二十五兩九錢驛站經費銀三百五十五兩遇閏按日一兩計算孤貧口糧銀二百五十二兩遇閏加銀二十兩二錢八分縣儒學教諭俸銀四十兩縣儒學訓導俸銀四十兩廩糧銀六十四兩門斗工食銀一十四兩四錢遇閏加銀一兩二錢齋夫工食銀三十六兩遇閏加銀三兩膳夫工食銀四十兩遇閏加銀三兩三錢三分三釐縣典史門子工食銀六兩遇閏加銀五錢皂隸工食銀二十四兩遇閏加銀二兩馬夫工食銀六錢遇閏加銀五錢

以上均原志

按萬歷書志本縣原有解運南糧本色若干阻山越水歷時傾費民甚病之時邑人尙書何鑑主議援台州例令耆民石茂玉奏准改本色爲折銀民稱便焉又本縣額派常豐四倉糧米原運本折中半民以不通舟楫擔負艱辛至輸納時爲官攢所刁難費用不貲而狼籍屑越且勿恤焉知縣蕭敏道軫念民艱引例力請於上官准改糧爲全折而邑人尙書呂光洵寓書院道實默贊之民至今稱便　本縣各色倉糧例點下役里長領解名曰運頭以其實領銀也而本縣預備倉及儒學倉糧係本縣給散錢糧原無領解亦照例僉點運頭使領空批赴司府掛號銷繳或遇掛銷刁難而查盤批回不解至則運頭有以侵欺坐軍

徒者矣知縣田琯以爲無實而虛累也具申察院吳允議革去止於徵完日取具各領狀申各衙門知會仍塡報文簿按季差吏齎比頗便公私然卒以言忤上意而寢其事惜哉　正德初編派有本府泰積庫庫子一名最爲繁重應此役者往往蕩業邑尚書何鑑奏除之嘉靖初原有本府如砥大有二倉斗級各一名民苦賠費知縣蕭敏道同邑尚書呂光洵議申請革之自倉庫二役既去而民免於苦差使三十里之小邑略可支持者皆諸公之力也　本縣於正德初爲山陰民周克仁奏派蓬萊驛站船一隻水夫十名正德七年邑尚書何鑑主議令老人石茂玉奏稱新昌地偏路小當台溫等處衝要山嶺崎嶇不通舟楫往來供億甚爲繁重乞恩改正復舊以蘇民困等因事下巡按御史王案驗轉行分守道黃會同分巡道汪查勘議得新昌地方止有二十九里非若山會等縣里分之多況地接台溫山嶺艱險又非若會稽餘姚等縣水路通行之便查得餘姚上虞二縣原派水夫頗少合將原派新昌者五名幷站船派於餘姚縣又將五名幷舖陳派於上虞縣各應出辦而新昌之民頗息一肩焉

按原志新昌田賦天坑泉碓四則之不同夏稅秋糧多寡之不一外有官田學糧義莊抄沒職田寺觀等田之不等積久弊生里書朋比爲奸莫可稽核康熙三年奉旨清丈而頭緒猶未清楚至八年知縣劉作樑逐一詳細磨對以舊魚鱗册爲準合以新丈弓步務得的確畝分眞實字號排如列眉一毫不漏而新邑賦役自是均平矣　由志稿節

全邑田地山字號以千字文爲次特載於後

二都天大悲嶺泗洲堂下起至白鶴廟地黃沙嶴路邊起至雪塘天嶽廟元雪塘裏起至路裏坂黃南門外蒼嶴起至荷花塘

宇楊坑朱家嶴宙丁村平峯巖洪下衣山峧頭荒椰柯日上任月青嶺盈秦巖昃下洋至西嶴辰八里

宿石橋頭列南門外石溪張石溪寒爛坭巒來南門觀音堂至平川橋暑觀音堂前起至禹王廟前山往掛簾山

城區

秋止水廟起至城外橋頭庵收俞家祠堂前起至潘家橋長墻衕嶴橋裏冬縣前起至西南兩門藏醴泉閏武廟起幷湖頭橋至鐘樓下

餘西鎮廟後下莊坂成鼓山起至三溪舖前歲大佛寺起至大悲嶺律埂外起至七星坂呂張家莊

四都

調石演陽白巖前至甭馬廟雲巖裏至下醴泉騰醴泉嶺等致塔山脚至五龍嶴蟠龍雨店堂坂至后董止

露后董至盧家嶺結光鼓潭起至馬大王太公廟馬家坑東王坂爲新東門橋頭起至青山頭及覆船山霜嚴嶴起至王姆店及西嶴止

五六都

金石柱巒起至後溪生後溪大路裏至栗園山麗喻家山脚至黃泥橋水五都玉五都至西山

出西山崑西山至廟前地侯村岡磡頭至下山溪劍後溪村前何家到角頭號西山溪邊巨張家莊起至磕嶺脚闕侯村至潛溪橋下

珠潛溪巖頭洞至葫蘆嶴九峯寺稱溪西至楊梅山夜元嶴至山頂平光馬家莊果馬家莊至元壇廟前珍鐵牛

至山嘴頭李山頭至下田奈后山根以上至花湖橋

七都

菜蘇秦重山泊芥夏畬村前薑夏畬海梅渚溪邊鹹梅渚至廟外河梅渚村邊淡梅渚村等鱗棗園潛芝田

八九都

羽翔龍師澄潭火西前横山帝坑下鳥社圃上湖官蘇家田人張家店皇上賚始莒溪制產芝文裏王至天燭嶺字王家嶺乃亭山定坂服後金山衣左于裳後岱山推左于位雙溪口

十都

讓興善寺國洩下有虞下宅棠川陶棠川棠東唐東王弔瓦屋基民靈山下伐裏丁罪同上周上王山發商細坑湯安溪坐燕窠朝下張問細坑外道樓基

十二都

垂黃婆灘拱鏡嶺平溪西章同上愛甘山育黎竹潭首下潘臣同上伏西山頭戎雲渡羌染坑

十三都

遐練使嶺邇瓦窰彎壹西丁體官塘率回山賓歸下里王前丁鳴杜河鳳長壽

十四都

在宅下丁竹柘前白殿前駒下湖橋食石界場溪邊化彎頭被嶺頭周草下宅木宅前

十五都

賴嶺頭俞及巖泉萬方韓妃蓋石家此雙柏樹身後謝髮白巖四後岱山大王店

十六都

五大宅常王渡口恭白毛坑惟下巖鞠大宅里

養南用豈上塘敢南用毀許家硃傷張家　十七都　女東山頭慕浪下貞外山烈裏嶴男南山
效王渡里才王渡里對山良知過南山　十八九都　必油交鋪改舊宅王渡口得同上能
黃坭垅莫鰲坑忘讓里罔魚子坑談彼讓里短東山至天姥寺靡恃己長儒嶴橫板橋至會墅嶺信
斑竹使可下張復器裏任欲陳家橋　二十都　難朱家山量小余墨姚翁悲梨木絲平湖染
柘溪鋪詩甘棠讚王婆羔大羊山羊小石佛景落馬橋行九間廊維燕窠賢赤土克埧嶴念
王泗洲作后岸聖棣山德三透屋泉窩建望江山名羽林山脚立形羽林至拔茅端表拔茅正演下
空分水降僉判嶺谷蘭演傳前岸聲長照　二十四都　虛下東嶺溪東堂溪西習地頭郎坑聽桑園
禍細茅洋因靑壇惡十字路下坂積七坑口福緣板卜平至寨嶺善銅坑慶裡竹大坑尺同上璧朱部
箬塢非下坑寶嶺頭等息坑寸靈柘陰王壇是南坂田競平頂　二十五都　資白竹父埠頭事
裏小將君橋頭王曰外小將坑裏嚴埠頭與芹塘敬道士嶴孝毛洋當鰲坑　二十六都　竭

南洲力逐步羊染至天台大同寺忠羊染則南洲盡大嶺下命坑裡對山臨細深坑深裏小將後門履莒根薄
中溪口　二十七都　夙中溪興上王溫凊唐家坪似下三坑蘭溪口斯墩頭馨溪口如松
上三坑　二十八都　之高橋崗瀛山下盛川洩頭流桐坑不尖坑息平山舊塢淵同上澄疊石取
洩下至上海映洩下　二十九都　容生田止開口巖若董村思盆松言大雷辭王坑安蔡嶴竹家坑甘
坑定同上篤初下蔡嶴　三十都　誠上蔡嶴叉路美沙溪慎張家車終孫家田宜外沙溪
令眞詔上徐榮上徐業眞詔所唐家洲王家巖基唐家洲　三十三都　藉梁家田甚胡卜盆山寺前無
叉寺下竟小溪學竹家山優龍王堂登上莊坂仕竹岸張家塢攝王家莊觀音山職東莊上竹從上竹政
小溪胡卜存查林曹洲以香林寺甘張村棠丹坑去炙竹山而竹岸膨頂山益大坑詠水簾樂梁家田
殊上求貴下求賤後梁禮別大市聚尊管家嶺卑後梁上下梁和花井欄　三十八九都
下中井睦中井夫下宅倡坑西婦栗樹墩隨胡卜橋外曹洲嶺脚受曹洲嶺傅西山訓烏石坑入

奉五峯坑母平頂山下王儀五峯坑大園墩諸大明市坑頭黃姑鐵頂山伯大明市叔楓家潭猶鷺鷀子欽村比兒孔懷藕岸兄懶蛇嶺弟鷺鷀同懶蛇嶺後氣普門寺連枝前王交懶蛇嶺邊友蘭洲投蘭洲分坑塍下王家西嵊邑界切麻車磨丁家園隔水箴后徐規丁家園仁慈山頭裏至搗白礱惻石門青至長山隱大寥底造雲居寺次度王山邊勿蓮花庵後離節爛田頭義馬咬礱廉王宅退前梁顛王家莊沛白坭墈匪飛鳳山虧王宅性靜度王山東塢情度王山後逸董家塘至施家坑心花樹礱動孟家塘陞科沙塗字號侯五六都侯村神七都梅渚

丈量時規定畝分以長六寸闊五寸爲一忽十忽曰絲十絲曰毫十毫曰釐十釐曰分十分曰畝十畝曰頃每步長五尺闊五尺每畝長六十步闊五十步立方表一千立方寸爲一立方尺一百二十五立方尺爲一立方步八立方步爲一立方丈

按原志天田每畝實徵幷九釐等銀四分九釐五毫坑田六分二釐八毫泉田六分七釐磞田七分四毫地一分七釐二

毫山四釐二絲塘二釐三毫九絲八忽男每丁徵銀一錢九分三釐女每口徵銀一分一釐遇閏每兩加徵銀二分四釐三絲三忽則九釐加增已在額銀之內前清徵糧於原額外平年加銀九釐而無塘銀及丁口銀想係分加田畝蓋起於康熙時也若遇閏則每加銀四分二釐六毫

徵收向係每銀一兩徵錢制二千二百文外加串費串無一定聽民兩次完納大約上忙六成下忙四成或全行完納亦可雍正年間由督憲李請旨通飭立碑串票每張取工食錢一文道咸間則取三文以至五文銀價仍劃一徵收至同治年間新昌錢糧向歸戶書包徵包解是時銀價大漲戶書賠補破產知縣石玉麒始定爲官徵官解城徵仍收錢二千二百文鄉收增至二千三百四百不等串

費城收增至每張十二文鄉收每張增至四十五十不等光緒季年經紳耆控告府院定爲糧價一律串費革除而仍不能實行也

乾隆五十七年知縣任爲詳免采買倉穀勒碑永禁事閏四月二十五日抄奉本府正堂李憲牌據該縣呈詳十三四五六都生監梁尚儉楊士銓等呈稱蒙憲恩免叩請勒禁垂遠事查十三四五六都地方僻處深山界連東台二邑離城窵遠山多田少產穀無多不通溪流商販鮮至峻嶺崎嶇搬運維艱每遇采買辦理竭蹶與各都情形迥異該都士民屢往上控各憲批飭免買在案邇年以來並無采買該生等惟恐積久弊生難垂永遠環叩勒碑永禁等情遂經據情詳申府憲奉本府正堂李批如詳准其勒碑以示永禁取其碑摹送查仍候轉詳藩憲批示立案此繳又蒙府憲據情申詳藩憲本司歸批既經該府具詳准其勒碑永禁毋庸轉申撫督二憲此繳等因奉此合亟查照來文憲批示理即便遵照將十三四五六都離城窵遠采買未便之處勒碑永禁嗣後采買倉穀務就遠公平收買毋許仍前往該都等處派買有干咎戾仍具碑摹送府核轉等因奉此合行勒碑永禁爲此牌示本縣十三四五六都士民人等知悉一體遵照毋違須至牌者

宣統元年知縣劉抄奉永禁浮勒碑記案奉藩憲顏批發新昌縣紳士楊爔潘

士模趙賑潘作舟王堂梁憲章陳舜韶陳家鰲等稟控庫書潘佩萱等浮勒錢糧等情詞奉批此案據前署府孫守斷詳該縣徵糧價值每兩准收錢二千五百文外加票費不准意外浮收由府給示永禁並將潘佩萱發押嚴辦當經批飭劉守核案議詳現稟府縣不示不辦致潘佩萱仍在該縣充當庫書如果所稟不虛亦復成何事體仰新任紹興府蕭守遵照前次批檄調核全案務於文到半月內擬議通詳一面先行照斷給示飭縣勒石永禁魏仁恩等控案亦卽集訊報均無狥延切切粘抄存等因奉此查此案前經孫府提集兩造質訊斷詳在案茲奉前因除詳覆藩憲暨札飭新昌縣遵辦並委提革書潘佩萱到案訊明議詳外合行給示勒石永禁爲此示仰新昌糧戶人等一體知悉自示之後所有糧戶投櫃完糧每兩完錢二千二百文加糧捐錢三百文串票每張納錢十四文以六文充作城鄉各學堂經費八文歸給收書辛工紙張等需洋水按照當市革書潘佩萱等不准更名復充其單頭抽豐各項陋規永遠革除此後紳民一律完納不准絲毫蒂欠其各凛遵毋違切切特示

民國改稅則分國家稅糧捐特捐三項其徵收皆以洋圓計算藉免抑勒洋價之弊國家稅每兩徵洋一元五角糧捐爲庚子賠款之用每兩徵洋三角特捐卽地方稅所以撥充地方

公益費用也每兩徵洋七角合計每兩二元五角不取串費

亦無閏月加增之名惟每兩加徵收費洋一角六分二釐

民國元二年分額徵地丁銀一萬五千零五十七兩三錢六分四

釐內地方稅分十成派一成準備金三成自治費三成警察費三成小學費

三四五年分額徵地丁銀一萬五千一百一十八兩二錢九分五

釐內地方稅分十成派一成準備金二成公益費三成警察費四成小學費

六七年分額徵地丁銀一萬五千一百一十八兩三錢一分二釐

地方稅分派同前

戶口

宋

大中祥符籍戶二萬三千丁四萬七千七百六十七嘉泰會稽志

嘉定籍戶二萬八千八百二十丁三萬六千三百八十二不成丁一萬一千七百五十二

元

至元籍戶二萬五千六十口七萬七千五百七十二原志

明

明史食貨志太祖籍天下戶口置戶帖戶籍具書名歲居地籍上戶部帖給之民有司歲計其登耗以聞及郊祀中書省以戶籍陳壇下薦之天祭畢而藏之洪武十四年詔天下編賦役黃冊以一百十戶爲一里推丁糧多者十戶爲長餘百戶爲十甲甲凡十人歲役里長一人甲首一人董一里一甲之事先後以丁糧多寡爲序凡十年一周曰排年在城曰坊近城曰廂鄉都曰里里編爲冊冊首總爲一圖鰥寡孤獨不任役者附十甲後爲畸零僧道給度牒有田者編冊如一民科無田者亦爲畸零每十年有司更定其冊以丁糧增減而升降之凡四一上戶部其三則布政司府縣各存一焉上戶部者冊面黃紙故謂之黃

册其後黄册祇具文有司徵税編徭則自爲一册曰白册

洪武籍戸七千三百六十三口二萬五千六百六十二萬歷府志

永樂藉戸七千八百六十三口二萬五千六百六十二萬歷府志

成化籍戸四千八百一口一萬六千三百舊志

萬歷籍戸七千三百四十五口二萬三千三百一十六萬歷府志

清

順治籍戸六千五百五十二口一萬二千三十九原志

康熙籍戸如前新增人口二百丁原志

康熙四年詔天下編審人丁十三年復定五年編審人丁一次十五年復定編審人民册於次年八月到部五十一年頒滋生人丁永不加賦之令

乾隆籍戸二萬一千七百三十一口男婦大小十二萬七千五

百六乾隆府志

自康熙五十一年停編審黃册雍正攤丁入地後戶口無攷

民國六年籍戶五萬七千二百八十二口男一十六萬一千五百三十六女一十二萬五千八百七十五

雜稅

宋

嘉泰元年夏戶人身丁錢一萬四百七十三貫二百五十一文

綢二百六十一疋三丈二尺九寸

絹二千二百五十二疋三丈三尺八寸七分

綿一萬三千九百六十二兩四錢二分三釐

秋苗米六千六百五十九石五斗一升七合五勺

和買絹六千七百九十九疋三丈四尺四寸

按寶慶續志太宗時司馬元方爲三司判官建言方春民用乏絶預貸官錢至夏秋令輸絹於官曰和買然止一時權宜及熙甯新法乃行之天下而浙東紹興爲尤重後來錢既乏支而所買之額不除建炎間累詔寬減淳熙十六年又特減舊額用紓民力

役錢一萬一千九百八十八貫九百八十文

水陸茶錢二百三十一貫文

小綾折錢一百五十疋折錢九百二十五貫三百五十文

折帛錢一萬八千七百八十六貫八百九十八文

折綢綿一千一百五十六兩

折稅絹麥九十七石七斗八升五合

折苗糯米二百五十四石

課利都稅務遞年趁到九百五十八貫四十四文

茶住買四百五十觔

酒遞年趁到二千七十三貫八百三十九文以上嘉泰會稽志

清

起運折色

京庫折麥銀共銀一百七十一兩七錢三分五釐滴珠路費銀四兩六錢三分六釐八毫四絲五忽

農桑折絹銀共銀一十五兩七錢九釐五毫路費銀一錢五分一釐七毫九絲五忽

京庫折米銀共銀三百八十三兩一錢三分七釐五毫滴珠路費銀一十兩三錢四分四釐七毫一絲二忽五微

折色蠟銀共銀六十六兩九錢二分七釐路費銀六錢六分九釐二毫七忽

富戶銀六兩路費銀六分

昌平州銀四兩路費銀四分

芽茶銀一兩四錢五分六釐八毫三絲七忽五微路費銀一分四釐五毫六絲八忽三微七塵五渺

茶葉銀九錢三分二毫五絲路費銀九釐三毫二忽五微

黃蠟價銀一十九兩三錢二分七釐一毫三絲路費銀一錢九分三釐二毫七絲一忽三微

原解江南藥價銀九分三釐六毫津貼路費銀三錢六分九釐

南部柴薪皂隸銀三十六兩九錢路費銀三錢六分九釐

顏料改折價墊攅解路費等銀二百四十四兩六錢二分二釐二毫六絲三忽二微一塵二渺五漠內有銀硃膩硃烏梅黑鉛五棓子生漆嚴漆攺派生漆嚴漆黃蠟黃熟銅桐油水牛角等項

鹽鈔額鈔六百四錠四貫折銀三兩四錢五分六釐四毫三絲二忽折色銅錢六千四十八文該銀八兩六錢四分共銀一錢四分五釐一毫五絲

七忽一微八塵四渺

九釐銀二千八百四十二兩九錢八毫三絲路費銀一十九兩九錢三毫五忽八微一塵

以上折色共銀三千八百五兩三錢一分四絲二忽七微一塵二渺五漠路費銀共三十八兩九錢九分九釐二毫七忽三微一渺二埃五纖遇閏加銀四兩八釐三絲六忽路費銀四分二釐九絲六忽四微三塵二渺

起運本色

顏料本色銀硃二十三觔八兩每觔銀四錢六分鋪墊銀一錢一分

膩硃七觔八錢每觔銀一錢五分鋪墊銀一錢一分

烏梅一十五觔每觔銀二分鋪墊銀一分一釐

黑鉛二十一觔每觔銀三分五釐鋪墊銀一分一釐

五棓子二觔一兩五錢八分七釐五毫每觔三分五釐鋪墊一分一釐

生漆一十觔九兩五錢二分五釐每觔銀一錢鋪墊一分五釐

嚴漆改派生漆六觔九兩一錢五分每觔銀一錢鋪墊一分六釐

嚴漆九觔一十三兩三錢二分五釐每觔銀一錢一分鋪墊一分一釐

黃蠟十觔二兩三錢八分七釐五毫每觔銀一錢六分鋪墊一分六釐

黃熟銅二十二觔八兩每觔銀一錢一分三釐鋪墊一分六釐

桐油一百三十六觔八兩每觔銀三分鋪墊八釐

以上顏料通共正價銀二十三兩六錢七分四釐三忽九微六渺二漠五埃鋪墊銀五兩七錢一分五釐九毫七絲八忽

九微六渺二漠五埃共損解路費銀八兩八錢四分八毫八絲五微六塵八渺七漠五埃

黄蠟銀二兩九錢六分六釐七毫九絲七忽五微

芽茶銀二十一觔七兩二錢五分五釐每觔銀六分

以上本色共銀二十七兩九錢二分八釐七忽六微五塵六渺二漠五埃鋪墊損解路費銀八兩五錢五分六釐八毫五絲九忽三微七塵五渺每年二月間督撫確估時價題明造入易知由單徵銀辦解

起運折色

藥材折色銀二兩四錢三分八釐二毫六絲三忽津貼路費銀一兩二錢一分九釐一毫三絲一忽五微內扣解包裹紅黃紙價銀二

錢九分三釐六絲二忽五微

光祿寺篆筍銀七兩八分九釐二毫路費銀七釐八分九絲二忽

以上折色共銀三兩二錢二分七釐四毫六絲三忽路費共銀一兩二錢二分七釐二絲三忽五微

起運本色

紫石英辦八分九釐六毫

南星辦二觔七兩八錢一分

黃藥子辦一十一兩九錢四分一釐九毫

半夏辦二觔七兩八錢一分

牡丹皮辦三兩九錢八分一釐

白芍藥辦七觔七兩四錢一分九釐

吳茱萸辦三兩九錢八分一釐

茯苓辦三觔一十一兩七錢九釐五毫

猪牙皂角辦一兩九錢九分五毫

天門冬辦三兩九錢八分一釐

以上本色藥材料價銀七錢六釐二毫六絲七忽津貼路費銀三錢五分三釐一毫三絲三忽五微

起運折色

白硝麂皮銀六錢

雕填匠役銀八兩七分六釐一毫路費銀八釐七毫六絲六忽

桐油銀二兩七釐五毫一絲五忽鋪墊銀七兩四錢三分五釐八毫四絲路費銀九分六釐四毫三絲五微五塵

漆木料銀一錢八分二釐七毫

弓改牛角銀三百兩路費銀三兩

箭銀九十兩九錢

弦銀四十九兩七錢

胖襖褲鞋銀二十七兩四錢一分四釐四毫七絲七忽

四司工料銀一百五十兩

歲造叚疋銀一十八兩五錢一分九釐八毫二項解司織造叚疋支用

軍器路費銀一兩九錢三分二毫

以上折色共銀六百五十兩一錢二分六釐六毫三絲五忽

鋪墊銀三兩一錢五釐一毫九絲四忽五微五塵

起運本色

桐油九十二觔一十五兩一錢六分六釐該銀二兩二錢七釐五毫一絲五忽鋪墊銀七兩四錢三分五釐八毫四絲

以上本色銀二兩二錢七釐五毫一絲五忽墊費銀七兩四錢三分五釐八毫四絲解司辦料轉解

以上起運各部寺銀四千四百八十九兩五錢五釐九毫二絲七忽三微六塵八渺七漠五埃路費銀五十九兩六錢七分七釐二毫五絲八忽三微三塵六渺一漠二埃五纖

舊編存留項内裁改解部充餉

府縣捕盗銀五十兩四錢

鹽捕抵課役并滴珠銀一十八兩一錢八分

民國三年開辦烟酒牌照税計全年税額洋六百四十六元

民國四年七月開辦屠宰税至年底止税洋五百四十六元三角現已陸續增至二千一百七十九元

蠲恤

原志無此門特增之以明歷朝寬大之政並錄優恤老民恩例如左

唐

廣德二年免越州今歲田租之半前志

元和四年正月免浙東今歲稅憲宗本紀

長慶三年浙東西旱遣使宣撫理繫囚察官吏穆宗本紀

開成五年六月浙東蝗疫除其徭文宗本紀

乾符三年五月免浙東一歲稅僖宗本傳

宋

太平興國三年五月兩浙給復一年如漳泉七年十二月蠲兩浙諸州六年以前補租

雍熙三年九月蠲江浙諸州民逋租

湻化元年二月除兩浙諸州漁禁四年二月江浙饑遣使巡撫

五年七月除兩浙諸州民錢假日逋負以上俱太宗本紀

咸平二年三月江浙發廩賑饑閏月詔江浙諸民入城池漁採

勿禁

景德二年正月罷江浙增榷貼錢是歲夏兩浙饑遣使分賑

大中祥符四年七月除閩浙歲丁錢五年五月兩浙旱給占城

稻種教民種之七年八月除兩浙被災民租

天禧三年江浙饑賑之四年二月遣使安撫江浙饑五年十月

蠲淮浙被災民租以上俱眞宗本紀

明道元年三月除婺秀丁身錢

皇祐二年三月詔兩浙流民聽人收養三年八月遣使安撫兩浙饑民

嘉祐六年七月詔兩浙水災差官體量蠲税以上俱仁宗本紀

熙甯八年八月詔發運司體實兩浙米價州縣所存上供米減直予民斗錢勿過八十神宗本紀

元祐六年七月賑兩浙水災

紹聖四年兩浙旱饑詔行荒政移粟賑貸以上俱哲宗本紀

崇甯五年四月停免兩浙水災州郡夏税徽宗本紀

紹興元年蠲兩浙夏税六年正月賑浙東饑民十四年二月蠲

江浙諸路逋欠錢帛六月蠲江浙州縣酒税坊場綱運倉庫積年逋負賑兩浙被水民十七年减江浙諸州折帛錢十二月賑明越秀婺諸州民借給被災農民春耕費蠲被災下戶積欠租税二十一年三月蠲江浙等路中戶以下積年逋負二十九年九月蠲兩浙蝗潦州縣租三十一年八月蠲江浙等路上供米高宗本紀

隆興元年兩浙水旱蝗悉蠲其租二年二月賑兩浙饑四年十二月减兩浙明年夏税和市之半五年四月賑恤衢婺州流民

湻熙三年紹興府台婺州水並賑之九年正月詔江浙旱傷州

縣貸民稻種三月遣使按視江浙賑濟以上俱孝宗本紀十六年八月
減兩浙月樁等錢
紹熙四年六月賑兩浙被水貧民十二月賑江浙流民以上俱光宗本紀
五年十月減兩浙路和市折帛錢蠲丁鹽丁身錢一年是歲
兩浙水旱賑之仍蠲其賦
慶元元年正月詔兩浙收養遺棄小兒四年正月詔有司寬恤
兩浙流民六年嚴衢婺水賑之
開禧六年八月蠲兩浙闕兩州縣贓賞錢十二月詔永除兩浙
身丁錢是歲江浙諸州旱賑之十二月蠲兩浙路身丁綢綿
嘉定元年四月蠲兩浙闕兩州縣貧民逋賦六年兩浙諸州水

賑之七年六月蠲兩浙路諸州贓賞錢十月命浙東監司發常平倉米賑災飭州縣八年六月詔兩浙路諭民種雜粟麥麻豆有司無收其賦田主毋責其租九年九月詔兩浙監司覈州縣被水最甚者蠲其租十年十一月詔浙東提舉司發米十萬石賑給貧民十四年浙東旱賑之以上俱甯宗本紀

淳祐十二年前志作十年嚴衢婺台處水遣使分行賑恤存問除今年田租

開慶元年五月婺州水發義倉米賑之以上俱理宗本紀

元

至元十三年詔浙東西府州軍縣官吏凡故宋繁冗科差聖節

上供經總制錢等百有餘件悉除免之十八年二月浙東饑發粟賑之二十七年二月浙東諸郡饑給糧九十日二十八年八月婺州水免田租世祖本紀三十一年十月詔蠲今歲田租十三分之三佃民輸租田主亦如之

元貞二年七月江浙水賑饑民四年十二月賑浙東饑民糧六年六月湖嘉杭婺慶元紹興等路饑以糧賑之以上俱成宗本紀

大德十一年江浙水民饑詔賑糧三月酒醋門攤課悉免一年武宗本紀

元統元年十一月江浙旱賑之二年五月江浙饑賑之

至元三年三月賑江浙等處饑民開所在山場河泊之禁聽民

樵採以上俱順帝本紀

明

洪武三年免浙東田租吾學編 四年四月免兩浙今年夏稅秋糧杭州府志 九年三月免浙江今年夏稅秋糧明實錄 十五年免浙江田租吾學編 十九年詔民年八十以上者賜爵里士九十以上者賜爵社士前志 詔今年夏稅秋糧浙江蠲免一半明實錄

永樂十三年十二月免浙江府州縣糧芻十四年八月衢州金華水遣人賑恤明實錄

景泰元年十一月蠲浙江徭稅吾學編

天順元年四月免杭州等十府屬縣去年無徵糧明實錄 四年免

江南浙江糧三十三萬餘石史槩八年正月詔民年九十以上賜以冠帶前志

宏治十七年閏四月蠲浙江夏稅史概

正德七年十月以水旱免紹興甯波嘉興金華嚴台溫等府所屬縣稅糧明實錄

嘉靖元年蠲浙江舊逋仍免元年田租之半續文獻通考五年十月以旱免杭州嘉興湖州紹興金華衢州甯波台州嚴州稅糧有差十八年前志作十二年閏七月以水免杭嚴紹金衢處等府所屬縣稅糧有差二十三年前志爲十三年九月免杭嘉湖紹金衢台嚴等府稅糧有差明實錄三十二年前志作二十八年十月災傷免浙東

秋糧三十六年十二月浙東水災免稅史概三十八年十月免杭嘉湖金等府糧稅有差

萬歷十三年五月詔改折浙江漕糧十之三幷免行糧十五年九月浙江民屯錢糧停免改折十七年六月賑浙江饑以上俱明實錄

清

順治二年蠲免浙江人丁地畝錢糧自順治二年六月初一日起俱照前朝會計錄徵解凡加派永行四年二月二十二日詔浙東八府通照前朝萬歷四十八年則例徵收天啟崇禎加派盡行蠲免新定地方徵收各項錢糧自順治四年正月初一日起以前拖欠在民者悉行蠲免兵民年七十以上者許一丁侍養免其差役八十以上者給絹一疋綿一觔米一石肉十觔九十以上者倍之五年優免恤老民如前七年免四年民欠稅八年正月十二日詔各省萬歷年間加派地畝錢糧准免三分之一二月十一日免五

年以前民欠題派各價統免三分之一十年戶部覆准浙江各屬旱災照災分輕重豁免十二年免順治六七兩年民欠十三年免順治八九兩年民欠十五年免順治十十一兩年民欠十七年免順治十六年以前民欠十八年優免恤老民如前

康熙四年三月初五日免順治十六十七十八三年民欠八年十一月二十五日康熙元二三年各省地丁正項拖欠在民不能容納者該督撫察明奏請豁免九年五月初六日優免恤老民如前十年十一月初九日康熙四五六三年各省地丁正項拖欠在民不能完納者該督撫察明奏請豁免二十年十月二十日免康熙十七年以前民欠二十六年五月初三日詔康熙十三年以後加增各項雜稅銀兩該部查明俱盡豁免二十七年免康熙二十八年應徵地丁各項錢糧優免恤老民如前三十四年奉詔康熙三十三年以前歷年積欠及帶徵未完銀米俱着豁免三十八年九月戶部覆准浙省龍游蘭溪二縣被災田畝免銀六千二百二十兩四十年正月戶部覆准浙省金華等五縣上年被災田畝免三萬五千六百三十九兩零仍動支存倉穀賑濟四十

二年三月十八日免恤老民如前百歲者題明給與建坊銀兩四十三年免康熙四十四年應徵地丁銀米四十五年免康熙四十三年以前未完地丁銀米四十六年康熙四十七年浙江通省人丁銀悉與蠲免四十七年康熙四十八年通省地丁銀全行蠲免四十九年明年康熙五十年除漕項錢糧外浙江應徵地畝人丁銀兩俱察明蠲免並歷年舊欠亦俱免徵五十二年詔嗣後增益人丁永不加賦豁免康熙五十三年山地租幷優恤老民給建如前五十六年諭今年帶徵地丁銀兩概免徵收六十一年詔豁免民欠優恤老民如前

雍正元年詔婦女年七十以上者給與布一疋米五斗八十以上者絹一疋米一石九十以上者倍之百歲者題明給與建坊銀兩七年二月二十六日諭本年額徵地丁蠲免十分之二十三年九月初三日詔民欠錢糧係十年以上者皆豁免優恤老民如前又二十三日諭其餘未完民欠一併寬免又十一月二十一日詔婦女年七十以上者給與布一疋米五斗八十以上者絹一疋米一石九十以上者倍之百歲者題明給與建坊銀兩

乾隆十年諭普免錢糧定於十二年輪免凡輪免之年漕項錢糧不在免例十三年詔婦女年七十以上者給與絹一疋米一石九

十以上者倍之

二十七年 詔軍民年七十以上者許一丁侍養免雜差八十以上者給與絹一疋綿一觔米一石肉十觔九十以上者倍之

三十五年 上諭普免錢糧定於三十七年輪免

三十七年 詔優恤老民如前

四十二年 上諭普免錢糧定於四十四年輪免

四十六年 詔優恤老民如前

五十年 詔優恤老民如前

五十五年 上諭普免錢糧定於五十七年輪免軍民年七十以上者給與米五斗肉五觔絹一疋八十九十者如前五代同堂者賞給銀緞匾額

六十年 上諭普免錢糧定於嘉慶二年輪免

嘉慶元年 詔軍民年七十以上者一丁侍養免差八十九十者賞給如前五代同堂者賞給銀緞匾額又奉詔老民年七十以上給九品頂帶八十以上給八品頂帶九十以上給七品頂帶

二十四年 豁免嘉慶二十二年以前民欠又詔優免老民如前百歲者題名旌表

二十五年 詔豁免被旱歉收緩徵銀兩

道光二年 詔各省老婦有孤貧殘疾無人養贍者加意撫恤毋令失所直省坍沒田地其虛糧相沿進納者查請豁免從前借給好種口糧牛具等力不能完者豁免各處養濟院鰥寡孤獨殘疾無告之人有司留心養贍之

按道光三四年起至同治元年其中國家大慶及旱潦不常所有民欠地丁糧

米奉旨蠲免各項案卷經燹被燬無考

同治四年豁免咸豐十一年同治元二三年分錢糧及民間積欠十二年豁免同治四五六年民欠地丁錢糧

光緒元年詔軍民年七十以上者許一丁侍養免其雜派差役八十以上者給與九品頂戴九十以上者給與八品頂戴百歲以上者給與七品頂戴百二十歲以上者給與六品頂戴百歲至百二十歲以上者仍題明給與建坊銀兩五月初七日蠲免同治七八九十年民欠地丁錢糧

鹽法

明

分銷嵊縣引鹽五百道

額徵功績等銀一十二兩八錢九分一釐一毫

額徵稅銀三兩滴珠銀三分

清

康熙三十九年商人戴恒襄汪日新稟奉各憲行縣設店住賣邑人原任翰林院編修陳捷原任兵科掌印給事中呂爚等呈請通詳奉准停止

雍正十年商人戴隆等稟奉各憲行縣設店住買邑舉人潘祖誨等呈請通詳奉准停止

道光二年遵飭查議設舖分銷邑人呂儒等呈請通詳禁止由原縣據情詳請呂儒等復前後具呈府院奉准永遠停止四年呂儒等呈請將原案刊印成書蓋用縣印永遠遵守奉准照辦本書原文列後

署紹興府新昌縣畢爲遵批檄飭查議詳奪事竊卑職於道光元年十二月初三日奉鈞牌開載緝私疏引等因遵行在案伏查商引肩票均爲民食起見其私鹽充斥正額缺銷皆由小民貪賤所致欲清其源先正其本自非妥立章程悉心經理無以上裕國課中紓商力下杜私梟查卑縣管領爲鄉八都三十九西界嵊縣南界東陽東界天台北界奉化所有食鹽均係嵊商憑販銷賣其毘連東陽天台各鄉鎮與嵊縣相距二三百里不等卑職查得嵊縣年銷票引五千五百引奉化年銷票引六千一百引東陽年銷正引及計丁加引共一千七百五十八引天台年銷正引一千二百十三引各縣行銷帑照均無定額又台邑地當交界不無私梟盤踞卑縣東隅居民樂於食私不向百十里外嵊縣興販其東陽奉化肩販越界侵銷所在皆有在嵊縣既鞭長莫及而卑縣衙門向無巡鹽之責並無鹽書鹽捕諸色人等以至東陽奉化天台之私販出沒無從盤詰查拿即嵊縣之溢銷缺銷亦不能按籍稽考伏思卑縣食鹽既由嵊縣分銷相應請照東陽永康武義簍鹽過山之例設立山票到卑縣投驗行販每季終移歸嵊縣彙總報司或令嵊商於卑縣地方設棧住賣仍赴卑縣衙門投引自嵊赴新俾載可通水腳甚賤與肩販往來較爲妥便俾卑職確有可憑則責令捕役人等嚴拿私梟務令聞風斂跡使官引暢銷而裕課便商絕私皆歸實效矣卑職愚昧之見是否有當伏乞察覈訓示

道光二年三月二十九日奉本府憲憑牌開本年二月二十九日奉鹽運使司方牌開道光二年二月初二日奉撫鹽部院帥批新昌縣具稟奉飭緝私疏引查卑縣食鹽均係嵊商憑販銷賣其毗連東陽天台奉化各鄉鎮與嵊縣相距

二三百里不等地當交界不無私梟盤踞東奉肩販越銷在嵊縣既鞭長莫及而皐縣衙門向無巡鹽之責並無鹽書鹽捕以致私鹽出沒無從盤詰即嵊縣之溢銷缺銷亦不能按籍稽考相應請照東永武龔鹽過山之例設立山票到皐縣投驗行販季終移歸嵊縣彙總報司或令嵊商於皐縣地方設棧住賣自嵊赴新篺載可通水脚甚賤與肩販往來較爲妥便稟乞示遵等緣由奉批該縣食鹽向由嵊縣分銷據請設立山票投驗或令嵊商設棧住賣是否可行仰鹽運司查議詳奪繳稟抄發奉此查新昌縣居民食鹽向由嵊縣住賣商民完領運銷其作何撥赴該縣銷售並據請設立山票仰令該商在於該縣設棧住賣之處合亟抄稟飭議等因並粘抄稟到府奉此除行嵊邑併諭商查議外合行飭知爲此仰縣官吏文到卽便知照仍俟嵊邑暨該商等覆議到日另行查議轉詳飭知毋違須牌

道光二年閏三月初七日具呈職舉貢生監呂儒等爲繳案備核闔叩轉詳事新邑彈丸山縣不通舟楫鹽額五百引附嵊兼銷肩挑販賣此本朝一百七十餘年以來之定制也康熙三十九年嵊商戴恒襄等呈請開張鹽舖經鄉先達陳捷呂爚等請禁停止有案雕版存庫以便稽查以杜後患刻本繳電雍正十一年間奸商戴隆冒禁設棧以致闔邑惶擾釀成巨案仍得照舊停止直至去臘奉撫憲牌行緝私杜梟蒙父臺稟請設立山票及附議篺運棧賣等因伏查篺運設棧於地方情形殊多未便新邑溪流峻狹僅通竹篺且溢涸不常水溢則有冲沒之憂水涸則有淺擱之慮接濟不及民憂淡食況肩販挑往各鄉沿門零拆居民咸得就地買食若設棧一處則遠鄉越嶺跨山必致拋工棄業若

四處分設耗費愈重舖面店夥一切算入鹽觔必致高抬鹽價更可患者新邑近水砩田二萬數千畝各隨溪流高下堰水入渠滋蔭田禾一遇需水之時官鹽下上拆堰通簰必致水涸禾焦妨農誤課是以只可肩挑從無簰運實因地制宜商民兩便者也然聽民自行肩販則官私無從盤詰即商引之缺滋亦無可稽查故憲定舊章有給籌配引循環稽比之法夫給籌以杜私梟稽比以清引目與設立山票之法一例周備現奉大憲飭嵊查議但閤邑係治下子民疾痛疴癢惟呼父母應請循例轉詳各憲併移會嵊邑俾得永遠遵守庶引目清而國課裕商力紓而民情亦順矣爲此呈繳刊案閤詞公叩俯察輿情轉詳各憲閤邑感戴上呈署縣主畢批候核案轉詳刊案附

署縣主畢復通詳鹽運府三憲請照舊章原詳内開卑職遵查是案已奉憲飭嵊查議其詳應俟嵊縣議詳憲示遵辦惟是事關鹺政必使商民兩便方稱妥協卑邑既附銷嵊鹽五百引民販赴嵊領銷有無缺滋向來作何辦理之處徹底根查後據該紳士呂儒暨在城生監等呈稱爲繳案備核閤叩轉詳事等詞錄前併附呈康熙年間刊案前來卑職詳加細核蒙各前憲議定之案鹽不設棧係屬便民之意比照給籌配引設立循環印簿核算稽查之誠爲疏引良法無如歷今年久肩販食戶雖仍舊挑銷而給籌領賣設簿稽查之法已廢以致吏無專司舊卷散失從來又未專設巡役是以卑邑附銷之引目有無缺滋與台奉之鹽越境私銷均屬無從稽考卑職前次禀陳設立山票因奉飭酌議緝私疏引起見其附議設棧之處既據該紳士等呈請申詳併繳康熙年間舊案以新邑向賴砩水灌田拆堰通簰恐妨農事卑職復加詳核又正值鄉徵之際卽

親歷各鄉留心周訪均與該紳士等所陳無異似應無庸設棧於商民洵屬兩便但查卑邑食鹽若任聽肩販食戶自行赴嵊領銷不為設法稽查無以疏正引而杜私越應請彷照康熙年間定案暨卑職稟請設立山票之式城鄉各立牙販卑職設置木籌每販給予一枝該商憑籌給賣卑縣與嵊縣再設會印循環二簿將肩販姓名填入印簿一存卑縣一發嵊商又另立印票一聯回照一聯存根飭發該商如某販買鹽若干觔即行登填印簿併填聯票將回照給販繳赴卑縣註簿於月終該商將聯票存根繳嵊核數循去環來如有惰銷不及之牙販押令買完足額如是則引不滯銷至卑縣地方界連台奉恐有私梟越境之弊應請添設鹽捕五名於兩界私鹽出沒要隘實力巡查務使私鹽淨盡所有鹽捕工食向無經制應由卑縣籌欵捐給如有得規縱放當嚴行懲辦若斯則私梟歛跡官引暢銷商民均有裨益而卑職亦得稽查督責矣是否有當理合備文詳候憲臺察核查議示遵等情於本年四月二十四日詳奉本府正堂憑批既據徑詳仰候鹽運二憲批示繳鹽運使司蔡批查此案現奉鹽憲批司議詳併發該紳士呂儒等批示刋案到司仰候檄飭紹興府一併確查議覆轉詳憲示飭遵繳撫鹽部院帥仰鹽運司查照前批迅即一併妥議詳奪毋違繳

道光二年四月初八日闔邑職舉貢生監呂儒等呈請府詞為繳案備核籲憲轉詳事竊新邑鹽非出產水不通舟食鹽五百引附嵊兼銷肩挑零賣本朝定例昭然查康熙三十九年商人戴恒襄等呈請開張鹽舖經鄉先達陳捷呂熻等請禁停止案板貯庫雍正十一年奸商戴隆到地設棧闔邑驚擾釀成鉅案

刊刻摘抄兩案繳電今接奉憲臺牌開署畢主稟請設立山票及簰運棧賣等因鹽運二憲批送查核在卷但新邑溪流峻狹鹽包身重雨憂湍急晴患灘乾接濟必多不及且沿溪碓田計二萬六千五百餘畝全賴堰水灌禾若民方築閘商欲疏流則誤課害農莫此爲甚兼之複嶺重岡村居星散東南一帶動逾百數十里惟賴肩販到門零賣一經設棧就買艱難若四處分設則鋪面店夥算入鹽觔勢必增添鹽價取償於民種種不便悉數難終故憲定不准設棧住賣實因地制宜之良法然聽商民自買自賣則官私無從盤詰商引無可稽查是以舊定章程有給籌配引循環稽比之法夫給籌以杜私梟稽比以清引目較之山票其法尤爲周備況給票之處前憲久經駁斥似亦未便更張轉滋多累遣抱繳叩核議轉詳俾得永遵循環舊例輿情感戴上呈等情蒙本府正堂馮批候查案另示

道光二年四月二十三日閫邑職舉貢生監呂儒等呈請院詞爲繳案備核籲憲循例便民事竊新昌山邑水不通舟鹽額五百引附嵊兼銷此本朝之定例實因地制宜也康熙三十九年商人戴恆襄等呈請到地開張鹽店經鄉先達陳捷呂爚等呈請停止刊案貯庫雍正十一年奸商戴隆復來設棧以致閫邑驚擾醵成巨案雖商人之店仍停而下邑之累已甚刊本節抄兩案繳電今署主畢甫經下車稟請設立山票及簰運棧賣等因蒙憲天批飭運司查議轉發嵊縣職等伏讀憲牌有是否可行之諭仰見體恤周詳當於閏三月初七日將不便情形呈明邑主一面分呈嵊主邑主於今初八日批准轉詳嵊主亦批議詳復飭商議但商人惟利是圖未必從公稟覆即地方情形有非聲不明者

蓋新邑溪流峻狹，雨則湍急，晴復灘乾，鹽包身重，難上接濟，必多不及。且沿溪硃田二萬六千五百餘畝，各隨溪流高下，堰水入渠，以資灌溉，一遇需水之時，官鹽下上，拆堰通簰，必致水涸禾焦，妨農誤課。兼之複嶺重岡，村居星散，遠鄉動逾百數十里，惟便肩販沿門零拆。若設棧一處，則就買艱難；若四處分開，則脚擔、舖面、店夥，算入鹽價，取償於民，種種不便，難以悉數。且舊案內有給籌配引、循環稽比之法。夫給籌以杜私梟，稽比以清引目，循環印簿以核實數，通商便民，法至周備。但商人利於帶私，憚於查數，自壞其法。今值憲天明周利弊，法重更張。爲此抄錄全卷，併刊抄舊案，繳叩恩飭兩縣，仍照舊例奉行，則民不食私，商無漏稅，而下邑亦得杜害於無窮矣。戴德上呈撫鹽部院帥批：仰鹽運司確查妥議，詳奪。粘抄刊案並發等因。

道光二年五月初三日，闔邑職舉貢生監呂儒等呈請司詞，爲叩循舊章核轉便民事。竊新昌山縣，水不通舟，鹽額五百引，附嵊肩銷，此本朝之定例，實因地以制宜也。康熙三十九年，商人戴恒襄等呈請到地設棧，鄉先達陳捷等以地方不便，呈請停止，刊案，呈嵊附詳。雍正十一年，嵊商戴隆復來設棧，以致闔邑驚擾，釀成巨案。今署主畢稟請設立山票及簰運棧賣等因，院憲批送大憲查議，轉發嵊縣在案。職等當將不便情形呈明邑主，又暨嵊縣府憲外，復於前月二十三日呈明院憲，各批註式。伏思大憲總理鹽政，既蒙送核，理合申明。蓋新邑溪流峻狹，雨漲晴乾，鹽包身重，接濟每憂難上。且沿溪硃田二萬數千餘畝，各需堰水入渠，以資灌溉，若官鹽下上，拆堰通簰，必致妨農誤課。況村居星散，惟便肩販沿門零拆，若設棧一處，則就買艱難；若四處分開，則費用愈大，勢必增添鹽價取償於民種種不便難以悉數故舊案有給籌配引循環稽比之法夫給籌以杜私梟稽比以清引目循環印簿又所以核實數通商便民法至周備但商人利於帶私憚於查數官吏復奉行不力自壞其法憲天明周利弊惠在黎元爲此抄錄全案繳叩憲天恩照所發刊案舊章核議轉詳則上得裕課下以便民而下邑亦無纂更之擾矣上呈鹽運使司蔡批仰紹興府詳查成案迅速悉心妥議詳奪切勿遲延致滋懸宕等因

道光二年七月二十七日蒙紹興府正堂馮議詳運憲新邑毋庸開設鹽店仍照舊章原詳內開該紹興府知府馮核看得新昌縣食鹽年額五百引例係附嵊兼銷向不設店住賣蓋緣新邑僻處山陬不通舟楫因地制宜故也前據該署縣畢令稟請設立山票或設棧住賣亦因疏引緝私起見嗣又詳稱以新邑向賴砩水灌田如運鹽到新必須拆堰通簰恐妨農事此亦該署令訪察地勢興情之所由詳也復又詳查奉發所刊康熙年間撫運二憲詳定成案置籌給販挑鹽二縣自設循環印簿嵊縣將新昌各集牙販分列於上給發商人逐日登塡牙販買銷鹽飭月終核算送縣倒換某集鹽販銷不及分該縣即移新昌查比新昌之簿給發各集牙人逐日登塡某販買鹽若干到新月終送縣倒換以稽勤惰該縣仍互相關會時加查察以杜私梟等因誠爲疏引杜私商民兩便良法無何日久年湮該二縣並不遵循辦理以致新邑附銷嵊引有無缺溢與天台奉化有無越境私銷均無稽考該署令既請仿照康熙年間定案城鄉仍設牙販由該縣置籌給販每販給予一枝該商憑籌給賣新嵊再設會印循環二簿將肩販姓名塡入印簿一存新邑一發嵊商又另立印票一聯回照

一聯存根飭發該商如某販買鹽若干觔卽行登塡印簿併塡聯票將回照給販繳赴新邑註簿於月終將聯稟存根繳嵊核數循去環來如有惰銷不及之牙販押令買完足數至該縣地連台奉恐有私梟越境之弊應請添設鹽捕五名於兩界私鹽出沒要隘實力巡查務使私鹽淨盡鹽捕工食向無經制應由該縣籌款捐給如有得規縱放情弊立卽嚴拘懲儆如此則私梟自然歛跡官引亦必暢銷商民均有裨益較與該縣前詳嵊商赴新設棧有妨農事之處更爲妥協而與稽引緝私之法亦洵屬詳愼應如該縣所詳遵循成案實心經理庶國課裕而商民便俾新嵊二邑均有稽查之責矣緣奉飭議是否有當理合將核議緣由備文具詳仰祈憲臺察核轉請批示飭遵實爲公便等因蒙鹽運使司蔡批仰候據情轉詳憲示飭遵仍將前發刋案一本卽日呈繳以憑申送院憲備查毋遲此繳府憲轉奉運憲檄行詳奉撫憲新邑食鹽仍照章程毋庸開設鹽店等因

道光二年八月初四日蒙本府正堂馮爲遵批轉飭查辦事本年七月初九日奉鹽運使司蔡牌開道光二年六月二十九日奉撫鹽部院帥批本司詳覆新昌縣民食鹽觔請仿康熙年間城鄉各立牙販給予木籌赴嵊挑銷設票稽查新嵊兩縣會立循環印簿塡列核數併由新邑添設鹽捕五名實力巡查所有巡役工食由縣捐給毋庸另議更張詳候示遵等緣由奉批如詳飭遵繳奉此合行抄詳飭遵等因並蒙批詳到府奉此查此案前奉運憲批示經本府核議具詳併抄詳飭知在案茲奉前因合再粘抄飭遵爲此仰縣官吏文到遵照憲檄來文併抄詳事理立將該縣附嵊肩銷引鹽仍照該縣原詳請仿康熙年間

定案辦理至該縣地連台奉恐有私梟越境應添設鹽捕五名實力巡查鹽捕工食仍由該縣籌欵捐給獲過私鹽起數按月摺報備查其選充捕役五名即行召募無過農民造具年貌花名住址清册按着令賞抱赴府聽候驗點詳充一面將遵辦緣由先行稟覆均毋違延干咎速速須牌

運憲轉詳院憲原詳內開爲遵批飭議核詳憲示事道光二年五月初三日奉憲臺批新昌縣詳覆嵊商赴境設棧住賣拆堰通簰有妨農事請仿康熙年間刊案城鄉各立牙販給發木籌會設循環印簿添設鹽捕稽查督責詳候示遵等緣由奉批仰鹽運司查照前批迅即一併速議詳奪毋遲繳同日又奉憲臺批發新昌縣候選縣丞呂儒等呈稱爲繳案備核籲憲循例便民事等詞錄前奉批仰鹽運司確查妥議詳奪粘抄刊案並發各等因奉經飭行紹興府查例議詳去後今據紹興府詳稱新昌食鹽年額五百引例係附嵊兼銷向不設店住賣蓋緣新邑僻處山陬不通舟楫因地制宜故也前據該縣畢令稟請設立山票或設棧住賣亦因疏引緝私起見嗣又詳稱以新邑向賴碑水灌田如運鹽到新必須拆堰通簰恐妨農事此係該署令訪察地勢輿情之所由詳也復又詳查奉刊康熙年間藩運二司詳定成案置籌給販挑鹽俾二縣自設循環印簿嵊縣將新昌各集牙販分列於上給發商人逐日登填牙販買銷鹽觔月終核算送縣倒換某集鹽販銷不及分該縣即移新昌查比新昌之簿給發各集牙人逐日登填某販買鹽若干到新月終送縣倒換以稽勤惰該縣仍互相關會時加查察以杜私梟等因誠是疏引杜私商民兩便良法無何日久年湮該二縣並不遵循辦理以致新邑附銷嵊引有無缺溢與台奉有無越境

私銷均無稽考今該署令既請仿康熙年間定案城鄉仍設牙販由該縣置籌給販每販給予一枝該商憑籌給賣新嵊再設會印循環二簿將肩販姓名塡入印簿一存新邑一發嵊商又另立印票一聯回照一聯存根飭發該商如某販買鹽若干觔卽行登塡聯票將回照給販繳赴新邑註簿於月終將聯票存根繳嵊核數循去環來如有情銷不及押令買完足數至該縣地連台奉恐有私梟越境之弊應卽添設鹽捕五名於兩界私鹽出沒要隘實力巡查務使私鹽淨盡鹽捕工食向無經制應由該縣籌欵捐給如有得規縱放情弊立卽嚴拘懲儆如此則私梟自然歛跡官鹽亦必暢銷商民均有裨益較與該縣前詳嵊商赴新設棧有妨農事之處更爲妥協而與稽引緝私之法亦洵屬詳愼應如該縣所請遵循成案實心經理庶國課裕而商民便新嵊二縣均有稽查之責詳祈轉請示遵等情到司據此該本司查得此案先於道光二年二月初二日奉憲臺批新昌縣具稟奉飭緝私疏引云云等情緣由奉批該縣食鹽向由嵊縣分銷據請設立山票投驗或令嵊商設棧住賣是否可行仰鹽運司查議詳奪繳稟抄發奉經前司遵批檄行紹興府查議去後嗣據新昌縣及該縣紳士呂儒等詳呈設棧住賣拆堰通牌有妨農事繳呈刋案請仍舊章撥販挑銷給籌配引循環稽比等情奉憲臺批司查議轉飭據紹興府議覆前情備查新昌縣民食鹽觔旣係附嵊兼銷刋案開載雍正年間前商議請設棧旋卽停止有案今該縣初稟設棧自係未悉舊例嗣據該紳士等籲呈新邑溪流淺狹拆堰通牌必致水涸禾焦妨農誤課呈叩仍舊撥販挑銷並據該縣覆詳請仿康熙年間定案城鄉各立牙販設置木籌每販給予一枝該商憑籌給賣新邑與

嵊邑再設會印循環二簿將肩販姓名填入一存新邑一發嵊商又另立印票一聯回照一聯存根飭發該商將販買鹽觔登填印簿聯票將照給販繳縣註簿月終該商將聯票存根繳嵊核數循去環來如有惰銷不及之牙販押令買足如是則引不滯銷並請添設鹽捕五名實力巡查所有工食由該縣捐給等情飭據紹興府議覆較與該縣前詳嵊商赴新設棧有妨農事之處更爲妥協洵屬詳愼應如所請轉詳示遵等情前來自應俯如所議飭令仍照舊章新邑鹽觔仍行撥販赴嵊挑售以資民食毋庸另議更張致啓索擾煩費之弊緣奉批飭理合據議核轉伏候憲臺察核批示以便分飭遵照等因

附雍正十年抄存舊案浙江紹興府正堂顧爲籲憲給照等事雍正十年七月二十七日蒙鹽驛道紀錄七次王憲牌內開本年七月初六日奉署理總督鹽漕部院李批本道議詳嵊邑商人戴隆等稟稱認請照運往新邑行銷緣由奉批據詳新邑設店運賣甚爲妥協速取戴隆等認銷各結呈送備案移行營縣場員一體遵查仍即備照送掛繳等因到道奉此合行飭知仰府查照憲批事理即便一體遵照毋違等因蒙此合行飭爲此仰縣官吏查照憲批事理即便一體遵照毋違速速總理兩浙江南等處都轉鹽運使司兼管浙江清軍驛傳水利事務鹽驛道副使加三級又加五級紀錄十三次王爲叩恩循例等事本年十一月二十七日奉總督部院兼理兩浙鹽務李批本道呈詳新昌一邑向係分銷嵊引五百道祇緣台奉臬販侵入比戶食私官商裹足久未設店住賣雖有分銷之名究無分銷之實今據商人戴隆等請運嵊邑引鹽在於新昌城鎮開張住賣即以分銷五百引爲倡俟有成效再行請改別縣票引行銷洵屬

疏引裕課之計應請先飭商人戴隆等速往新昌住賣以觀後效仍請嚴飭該縣印捕防汛各官加意緝私併祈頒給憲示曉諭新邑士民恪遵鹺法共食官鹽以彰聖朝一道同風之化等由奉批設店住賣乃係疏引裕課之要務今據戴隆等所請仰速嚴飭各商迅往新邑城鎮多設店舖運鹽住賣以濟民食一面嚴飭營縣實力緝私併示諭士民人等買食商鹽疎銷官引可也此繳等因奉此除經飭商撥運引鹽設店開賣併出示曉諭外合行飭知爲此仰縣官吏照牌理事凡遇商人戴隆等運鹽到地設店住賣必須加意撫恤如有奸頑借端生事阻撓立卽嚴拏解究卽將發來告示照式大書遍貼曉諭務令居民盡赴商店買食官鹽毋許通梟食私一面多撥兵捕在於要隘處所實力巡查遇有私販往來立卽嚴拿詳解以憑按律究辦愼毋徇私庇縱仍卽移行汛防官弁一體實力奉行凜速愼速須至牌者雍正十年十二月初四日給

具呈舉貢監生員潘祖誨等爲請循附銷額引之舊例懇賜通詳以便民食以裕國課事竊惟新昌僻處山陬不通舟楫居民食鹽因整引包鹽難運向不設立商人鹽店每歲附嵊帶銷額引五百道嵊商運引到嵊水次新邑肩販食戶赴嵊向商轉買票照鹽觔到縣城鄉貿易牙戶則據嵊商之票稽查彙算清完引目上不誤課下實便民自設縣至今向來舊例此山城勢所不得不然者也案查康熙四十一年五月內闔邑士民原任翰林院編修陳捷原任兵科掌印給事中呂爚里民俞一生等有籲賜查案通詳等事緣三十九年三月間商人戴恒襄汪日新等以叩憲嚴飭疏銷等事具呈前道憲李稱嵊邑私鹽充塞欲設舖面於新地詳奉前鹽院綽批准仍飭查議到縣隨據紳士里民公籲備陳

創設鹽舖商民兩有未便等情又遵議得本邑額引五百道每引帶耗計二百五十觔共計額鹽一十二萬五千觔分作十分在城牙販分銷五分各鄉大小市鎮五處牙販共分銷五分嵊新二邑設立循環印簿簿內註定各市銷鹽分數倘鹽引遲誤即將該市牙販解比足額鹽無匱乏引無壅滯蒙縣府通詳司道會詳督撫三院鹽憲均批如詳行數十年遵行無誤在案茲於本月初四日奉總理鹽驛道憲王憲牌內開奉總督部院兼理兩浙鹽務李批本道呈詳新昌一邑向係分銷嵊引五百道祇緣台臬販侵入比戶食私官商裹足久未設店住賣雖有分銷之名究無分銷之實今據商人戴隆等請運嵊邑引鹽在於新昌城鎮開張等因飭行到縣職等切思疏引裕課此經國之大計上憲廉明無遠弗照似無庸多爲置啄第職等生長新邑念食鹽一項居民日用急需倘一缺乏民情必致徬徨蓋緣新邑蕞爾山區已附銷引五百道按月計銷一萬餘觔非食私之邑可比引課從無遺誤又與有名無實者有別實爲商民兩便且地多山嶺溪流峻絕舟楫固所絕影即竹簰亦不能常通引包亦不能運至縣城何况四鄉所以歷來引鹽只便肩挑即販戶到嵊拆買據稟核數以完引目舊例實可永循今若一設鹽店偶遇溪流乾涸引鹽難運在商勢必僱覓肩挑多費脚價若攤入鹽觔則鹽價騰貴人慮淡食如仍照平價則鹽本先虧是民固受困商亦失利矣遇督院暨各憲大老爺廉明慈惠無刻不以民瘼爲念必爲新民久長之計職等稔知利弊用敢冒陳輿情伏乞仁天俯察新邑褊小向來成例附銷引五百道賜詳各憲懇照舊例停開鹽店倘額引遲延仍照四十一年通詳舊案督責牙販照額補銷則國課如期如有台奉私梟現在兵役

嚴拿自然屏跡商民永便合邑頂戴無涯矣激切連名上呈

十一年四月十四日閤舉貢監生員潘祖誨等府呈爲公懇憲恩據情賜詳以循附銷引額之舊例裕課便民事切惟新昌僻處山陬地多山嶺溪流峻絕舟楫難通上而東北遠鄉巖壑層層跋涉更難居民食鹽引包難運向不設立商人鹽店每歲附嵊帶銷額引五百道新邑肩販食戶赴嵊向商人轉買票照鹽觔到縣城鄉貿易牙戶則據嵊商之票稽查彙銷清完引目上不誤課下實便民此設縣至今向來舊例亦地方形勢不得不然者也案查康熙四十一年五月內閤邑紳士有籲賜查案通詳等事緣三十九年三月間商人戴恒裏等以叩憲嚴飭疏銷等事欲設舖面於新邑奉前鹽院綽批查隨據紳民公籲創設鹽店商民兩有未便等情當蒙司道准詳奉前督撫鹽三院憲如詳停止數十年無誤今於雍正十年七月初六日前鹽驛道江憲牌爲籲憲給照事內開奉前署理總督鹽漕部院李批准前道議詳嵊商戴隆等稟認請照運往新昌設店行銷緣由到縣新民以附銷日久業經詳奉憲批定案課食無誤今商人戴隆又欲壟斷設店民情以開設鹽店溪流險狹旱乾固難艔運水大尤難逆撑且僻處四鄉離城百數十里多屬高山峻嶺商人即神輸鬼運亦必不能挨村而設至僱人肩挑則多費水脚計算工本勢必攤入鹽觔鹽價必致騰貴人憂淡食矣此閤邑愚民所以欲循舊例也且伏讀前道憲原議以新昌爲嵊邑門戶諸義浦藩籬以非商人運賣就民難免私梟侵礙內地等議伏查新邑實處嵊邑上流並非嵊邑門戶上通天台奉化與諸義浦地方風馬不及若蒙恩賜轉詳仍照舊例附銷則私梟亦可永絕今蒙仁臺駕臨傳飭欲爲新民久長之

計遵將原案呈電伏乞太宗師大老爺俯察新邑褊小山僻貧民查案賜詳各憲恩照舊例附銷永停鹽店商民胥便闔邑項戴無涯矣爲此連名公籲上呈批仰新昌縣查議速報五月初七日府憲牌浙江紹興府正堂顧爲籲憲給照事五月初五日蒙鹽驛道憲票本年四月二十八日奉總督鹽漕部院程批新昌縣呈詳商人戴隆等到縣搆基建屋城鄉居民以新邑肩販花戶挑運嵊縣轉售開設鹽店不便於民擾攘罷市擁繞縣署籲請停止等由奉批奸民鼓衆擺市鬨鬧公堂已飭行按察司飭拿爲首之人究擬解勘併取該縣溺職之名詳參矣其鹽店應否開設之處仰鹽驛道作速查議詳奪仍候督撫部院衙門批示繳又爲前事本月二十九日奉總督部院程批該縣詳同前由奉批刁民聚衆罷市鬨鬧公堂已檄行按察司飭拿首犯究擬併取該縣職名詳參矣其鹽店應否開設之處仰鹽驛道遵照鹽部院衙門查明妥議詳奪仍候撫部院衙門批示繳各等因到道奉此爲查是案先據該縣具詳已經批行該府查拿議詳在案今奉院批前因合再飭行仰府即立將鼓衆奸民拿解臬司勘究仍明本道外其新邑應否開設鹽店之處速查議妥確即日詳覆本道以憑核報詳院奪毋得徇延等因蒙此合亟飛飭爲此仰縣官吏查照原行事理即將原提鼓衆罷市爲首各犯批差解府以憑審議招解一面將新邑地方應否開設鹽店之處作速妥議出具切看詳府以憑轉詳憲示四月二十七日批詳籲憲給照事此案現奉憲檄取該縣溺職之名仰候查明具覆仍即遵照本府批發潘祖誨等呈詞妥議另報併候先行據轉候各憲批示繳府批縣詳候各犯解到審擬日一並聲請遵行繳司道詳文爲縣令柔懦廢職懇賜詳憲題斥以肅

官方事據紹興府顧濟美詳稱竊照縣令爲牧民之官務必精明强幹整飭地方始副厥職茲署新昌縣試用知縣徐志定才既疎庸性復柔軟緣該邑僻處山陬民間食鹽向係附嵊縣銷引肩販小民赴支賣上年商人戴隆呈請設店新邑住銷隨經分司議詳前署督憲批准飭行在案本年四月間該商到新置買基地建造店屋開鋪發賣突於四月初八日地棍俞天如等覘知開鋪號召朋黨口稱買賣不便到店鬨鬧拆毀甫立樑柱一時觀看紛紛羣集俞天如等倚藉人衆擁入縣堂挾制該令勒其具詳停止環繞喧嘩毀壞公堂該令一味姑息勸諭始散並不即時嚴拿詳究以致人衆嘈雜連鬨五日卑府因公在省隨即飛詣該縣查拿爲首之俞天如及附和之王子老石計老石鳴鳳陳錢惠吳榮祖王松老等立即收禁併諭居民安業先經具禀在案似此地方重情該令既不能詳明禁戢於先又不克拿獲於後一味埸閙委靡實屬有乖職守爲此特揭詳參轉詳請題飭革究庶官方得以振肅奸民不致漏法等情據此該布政司王按察司劉鹽驛道張分巡甯紹道王會看得署新昌縣試用知縣徐志定才具疎庸玩縱廢職有鹽商戴隆呈明設店新邑住銷置買基地建造房屋發賣四月初八日被地棍俞天如等號召朋黨口稱買賣不便到店鬨鬧拆毀甫立樑柱恁聽倚藉人衆擁入縣堂喧嘩毀壞公案執事並不嚴拿詳究連鬨五日該府因公在省聞知隨經赴縣查拿爲首之人俞天如及附和之王子老石計老石鳴鳳陳錢惠王松老等收禁並據禀明已諭居民安業等情隨飭確查後今據顧守以該令一味埸閙有乖職守詳揭前來與本司道等訪察無異相應列揭憲臺飛參革究

六月十一日闔邑舉貢監生員潘祖誨等呈新任張主爲瀝陳鹽案巔末公籲俯恤輿情事竊惟新邑地處剡東向來士則閉戶潛修民皆力田安業事簡俗淳號稱易治此上憲所稔知巡方至此屢蒙奬慰不意今歲突有商人到地創設鹽店鄉民因此屬不便一時驚鬧隨致官掛彈章民罹法網使俗美風惇之邑幾爲無禮無義之鄉職等生長茲土沐先賢之教澤蒙各憲之鈞陶清夜自思何以至此茲者老父師臺廉明愷悌聲聞久著浙中今蒞斯土行見一邑士民盡沐甄陶愛育不啻父杜母也下車伊始望澤情殷鹽案巔末不得不縷呈以備詳察者緣新邑僻處山陬不通舟楫溪流一帶雖間通竹簰裝運不多且稍雨則勢若建瓴稍晴即絕流斷岸併竹簰亦難行是以居民食鹽一項本邑不設鹽店向在嵊邑附銷五百引肩販貧民赴嵊挑買到新銷賣上不誤課下則便民自設縣後至本朝又經九十餘年定制由來舊矣貧民不論自己辛力工夫到嵊買挑回城鄉銷賣以百觔計之數日可趂錢百文爲餬口計若新邑一設鹽店不惟貧民生計斷絕若商人多費水脚勢必加入鹽價得不貴倘遇旱乾水溢引鹽且不能到縣何況崎嶇遠鄉居民盡憂食淡矣是以康熙三十九年間有商人戴恒襄汪日新等呈請設店鄭父師以民情不便飭諭停止乃貪心不滅至四十一年又思來新住賣而父師隨據紳士公呈詳請各憲永行停止蒙准在案又於五十九年間有山陰光棍李惟吉揑詞呈府批縣蒙粘父師查詳銷案有刋刻歷案可電又於雍正六年戴隆等復請開設亦奉檄行時葛父師賫案赴省面稟各憲又諭該商以有累無利之說隨亦停止不意上年七月間又赴前司設棧住賣前分司不行縣查議即行據詳稱新昌爲

嵊縣門戶且爲諸義浦藩籬開店即可杜私販等語致前署督憲李批准行縣但通邑士民並不知有是憲檄也且新邑居嵊上游並非門戶東與諸義浦風馬不及豈是藩籬迨至今年三月盡商人到新謁縣買基造屋人始聞知前任徐以民情未協疊爲嚴切示禁有抗違詳究之諭職等遵守禮法無從呈禀懇詳而鄉民則以附銷定例已久且活計攸關於四月初八日拈香環籲求詳一時人衆嘈雜上情不洽於下下情不陳於上以致閧鬧遂成大案日者府憲按臨詣隍廟面諭職等將鹽事不便之處具呈轉詳職等遵諭呈明荷蒙禀明督憲奉着妥議後又確議呈明前任轉詳在案又經現奉督撫鹽三院憲暨司道府各憲批詳均極體恤民情飭行妥議愷切具詳茲遇老父師臺福星照臨正萬姓更生之日爲此備情始末伏叩鴻慈垂察查案備詳念舊日之淳風祝已罹之湯網闔邑永戴高厚於無涯矣爲此連名上呈

六月二十八日浙江紹興府正堂加一級紀錄六次任守在制顧爲籲憲給照事卷查新昌縣徐參令議詳民間食鹽仍照舊附銷到府該縣再行禀公確議去後迄今日久未據詳報第查食鹽一項係民間日用必需不容少緩目下既不議仍行開張又不請照舊挑銷兩相懸宕引課從何出辦現在民間作何買食合亟飛檄查催爲此仰縣官吏查明來文及前批詳事理即日查明議詳本府核轉仍將現在民間作何買食是否無誤引課緣由飛報察奪事關國課民食毋再怠延致干差提未便速速

驗文七月十三日申新昌縣爲籲憲給照等事本年七月初五日蒙府正堂顧憲牌卷查新昌縣徐參令議詳民間食鹽仍照舊附銷一案到府隨批該縣再

行秉公確議去後迄今日久未據詳報第查食鹽一項係民間日用必需不容少緩目下既不議仍行開張又不請照舊挑銷兩相懸宕引課從何出辦現在民間作何買食合亟飛檄查催爲此仰縣官吏查照來文及前批詳事理即日查明議詳本府將轉仍將現在民間作何買食是否無誤引課緣由飛報察奪等因蒙此該卑職遵查新邑地方僻處山陬鹽不出產水不通舟新民日用鹽觔向例肩販嵊邑引鹽額引五百道附歸嵊縣兼銷今現在民間食鹽仍行照舊赴嵊肩買至奉批卑縣再行秉公議詳卑職凛遵憲行細加參酌容俟另文秉公確議詳奪外合將現在民間作何買食情由凛即先行具文申明憲臺察核爲此備由具申伏乞照驗施行須至申者

八月初二日紹興府正堂顧爲嚴飭事本年六月初八日蒙按察司憲票本年五月二十七日奉總督部院程憲牌照得新昌縣刁民俞天如等阻開鹽店閧鬧縣堂毀壞公案執事該縣徐令並不拿究已經題參併飭將俞天如等嚴審究擬在案除案內有名之俞天如王子老石計老石鳴鳳陳錢惠吳榮祖王松老等均應嚴加監禁審擬外其餘有無夥黨應再飭查確實一併拿究毋得濫拘枉抑亦不得疎縱倖漏毋遲等因奉此查是案爲首之俞天如號召羽黨打拆罷市必非僅止數名今奉前因合併飭拿仰府速飭該縣除將已獲之俞天如等均應嚴禁其餘夥黨嚴查確訪一併拿究律擬招解事干違禁鼓衆拆打罷市奚容輕縱以長刁風亦毋得枉抑倖漏仍將俞天如等先行錄供通報火速等因蒙此爲查是案爲首之俞天如等前經徐令批解通詳到府本府因署篆寧府將各犯暫發會邑收禁已經飭令移解該署縣查禁外今奉前因合併

飭知爲此仰縣官吏文到即將會邑移回犯人俞天如等嚴禁其餘夥黨嚴查確訪一併拿究律擬招解事干違禁皷衆拆打罷市奚容輕縱以長刁風亦毋得枉抑倖漏仍將俞天如等先行錄供通報火速飛速須至牌者

紹興府正堂顧爲特參庸懦等事七月二十九日蒙布政司抄案雍正十一年七月二十日奉總督部院管巡撫事程案驗雍正十一年七月十五日准吏部咨開考功清吏司案呈查得浙江總督程疏稱署新昌縣知縣徐志定才既昏庸性復柔懦緣該縣民間食鹽向係附銷嵊縣引目有商人戴隆呈請設店新邑行銷該商到新買地建屋開店發賣突有刁民俞天如等聲稱買賣不便到店閧鬧將新立柱樑拆壞一時觀者羣集俞天如等倚藉人衆擁入縣堂環繞喧嘩毀壞公堂執事具詳停止該縣一味姑息並不嚴拿詳究任聽刁民嘈雜不休該縣地方設店行鹽如果輿情未洽何不於上年批定之日赴縣呈明且倘未發賣何以即知不便於民輒行閧鬧該縣身任民牧既不查詳於前又不戢禁於後闒茸委靡莫此爲甚相應特疏題參等因於雍正十一年五月十九日奉題六月十二日奉旨這所參徐志定着革職該部知道欽此抄出到部相應移咨前去欽遵施行等因到部院准此合就轉行備案行司遵照准咨奉旨事理即將新昌縣知縣徐志定革職緣由轉行欽遵毋違等因奉此合就行知到府蒙此合就行知爲此仰縣官吏文到查照部文內奉旨事理即將新昌縣知縣徐志定革職緣由知照毋違須至帖者

具呈職舉貢生監呂儒等爲憲案已定公請付梓以垂久遠事竊新邑不通舟楫鮮運維艱向例食鹽附嵊兼銷五百引康熙三十九四十一等年嵊商戴恒

裏創開鹽店經鄉先達原任翰林院編修陳捷兵科掌印給事中呂爚等具呈前任通詳各憲永遠停止旋即請將原案發刊版存縣庫以備查覈刊本繳案可稽迨雍正年間戴恒裏後嗣戴隆違禁復設邑民惶惑釀成巨案蒙現在專祀前任張賢侯詳請照舊附嵊兼銷定案至今稱便道光二年畢前臺甫經到任未詳舊例被嵊商賄托用事者轉相朦庇乘撫憲行查緝私杜梟之檄遽請設棧住賣致蒙憲飭議詳職等亟繳定案刊本公請詳免始得查案復詳蒙府憲議詳各憲仍照舊例附嵊兼銷等因均沐批准在卷是新邑不設鹽棧鹽店鐵案已定但商人惟利是圖自康熙三十九年以來至今被擾已經四次又查雍正年間及今兩次擾害若無康熙年間刊案爲據奸商一時未必折服即各大憲亦無由備考追溯從前令侯准予發刊之遠慮誠新邑之神明父母第查康熙年存庫原版業已散漫無存茲職等議將康熙年間刊本暨雍正年間摘抄原卷及今各大憲批定案由統彙一集共付剞劂將原版繳貯廉庫存檔交移一面刷印分貯公所俾永遠得有稽攷庶奸商不致再起釁端而世世新民戴廉臺之德於不朽矣用是闔詞公請父師大人俯准飭承將原案發錄付梓容俟告成後職等不再將刊本繳存並刷本請印備查望光上呈

正堂陳批查新邑不通舟楫民間食鹽向附嵊邑兼銷額引自康熙雍正及道光二年業經詳明各憲批准永遠停止在案今據該職員等請將康熙年間刊本暨雍正年間摘抄原卷及各憲批定案由統彙一集共付剞劂以杜奸商久遠擾害之端事甚可行准飭房將原案發錄付梓仍俟告竣將刊本同原卷版片繳庫備查道光四年三月二十七日具

新昌縣志卷四

食貨下

物產

凡爲省府志所同他邑所習見者概從略

植物類

穀之屬

稻 其種不一秔者曰早白一名馱犂歸夏末熟刈之可種糯謂之翻稻曰早占城一名六十日又名大頭黃曰東陽早曰永康早曰龍游早曰鐵馬鞭曰毛早青有二種一名一粒蒙一名野猪粳曰烏殼花秋曰白殼花秋曰細粒花秋曰葉裡藏曰毛紅其米純紅糯者曰竹絲糯曰烏啄糯曰紅葉糯曰紅殼糯俗名臭蟲糯曰黃碧金曰柏子白曰冷水白曰黃殼晚曰白殼晚曰烏啄晚曰山稻陸地種之一名旱稻亦占城之種也於新邑山地尤宜 按蘿園雜記新昌嵊縣有冷田不宜早禾夏至前後始插秧成科更不用水烈日暴之不恤也至月初得雨則土蘇爛而禾茂長此時無雨然後汲水灌之若暴未久而得水則稻科冷疫多不叢生

蘆穄 原志稷蘆穄也

苞蘆 一名御粟土人呼爲六穀本草綱目謂之玉蜀黍

粟 其種曰黃粟曰紅粟曰尾粟一名狗尾粟形如狗尾草色黃米白也曰鷄爪粟

麥 其種曰大麥曰小麥曰娜麥穗如大麥而米則小麥也曰蕎麥三稜而赤七月種九月熟然畏霜得霜則枯曰

米**豆**其種曰白豆穀譜浙東一種白豆味更勝曰烏豆曰綠豆曰紅細豆曰豇
麥　豆曰茶豆連莢蒸食曰藊豆有赤白二種曰毛豆曰羅漢豆曰豌豆一名
蠶豆百穀中最先登者　**油麻**一名胡麻人取以
嫩時青色老則斑麻　醡油爲素食之珍

蔬之屬油菜萬歷府志其子可打油二三　**芥**方言蘇芥草也有紫白青數種
月食其心最美俗謂之菜蕻　生四月者名春不老俗名春菜
萊菔一作　**萵苣**續博物志萵菜出咼　**胡荽**本草綱目說文作葰云薑屬可
蘿蔔　國有毒百蟲不敢近　以香口也其莖柔葉細而根多
鬚綏綏然也張騫使西　**莧**有紅白紫三種紅　**韭**嘉泰會稽志韭者久也一種
域始得種歸故名胡荽　莧一名馬齒莧　永生說文曰一種而久者故
謂之　**薤**爾雅釋草注薤　**茄**本草一名落蘇五代貽子錄　**薑**御濕之　**葱**本
韭　似韭之菜也　作酪酥蓋以其味如酪酥也　菜也　草
葱從悤外直中空有悤通之象也　**菘**一名　**黃芽菜**似菘　**芹**爾雅疏水芹一
嘉泰志其小而美者名太官葱　白菜　而矮　名水英𤬪雅芹
潔白而有節其氣芬芳味不如蓴之美故列子以　**芋**說文大葉實根駭吁人也
爲客有獻芹者鄉豪取而嘗之蜇於口慘於腹也　故謂之芋索隱注芋蹲鴟
也　**茭筍**一名茭白嘉泰志今謂之茭首蓋茭心生臺至秋如小兒臂其白如藕
而軟美異常每年移根洗灌極潔種之則無黑脉經年不種則黑脉生
矣本草名菰首江南呼　**苦藚**嘉泰志即苦藚字書云苦藚江東人呼爲苦藚野
爲茭草卽菰蔣菜也　生今市中所賣乃園蔬肥嫩不澁與萵苣不遠然

野苦蕒擷五六過味益甘滑反勝種者

菠稜 劉禹錫嘉話錄菠稜種自西國有僧將其子來云是頗陵國之種語訛爲菠稜耳

雪裏蕻 康熙字典四明有菜名雪裏蕻雪深諸菜凍死此菜獨青

九英菘 俗名九心菜

山藥 即薯蕷本草綱目寇宗奭曰藷蕷因唐代宗名預改爲藷藥又因宋英宗諱署改爲山藥

番茄 本草綱目作甘藷所在山谷人皆種之以作飯食

薹菜 康熙字典玉篇狼尾草也所在山谷多有之簇小白花或曰即苜蓿

櫸粉 擇樹子如榛栗而長可麪可腐

烏櫧粉 櫧樹子如櫸子而稍圓亦可粉可腐

葛粉 爾雅翼越葛花藤皆醒酒明一統志各縣出葛粉

蕨粉 萬歷府志形似蔞蒿其根爲粉可當麪食嘉泰志東坡詩慚愧春山筍蕨甜剡東多以爲粉

薇 本草綱目即今野豌豆蔓生莖葉氣味皆似豌豆其藿可蔬入羹皆宜

辣茄 本高一二尺叢生白花秋深結子如禿筆頭倒垂初綠後紅其味最辣人多採用研極細冬月取以代胡椒

葧 即葧苧

薺 人多採作菹羹味亦佳

菌 本草綱目孟詵曰菌子有數般槐樹上者良野田中者有毒殺人陳藏器曰菌冬春無毒夏秋有毒有蛇蟲從下過也夜中有光者欲爛無蟲者煮之不熟煮訖照人無影者上有毛下無紋者仰卷赤色者並有毒殺人中其毒者地漿及糞汁解之汪穎曰凡煮菌投以薑屑飯粒若色黑者殺人否則無毒

果之屬

梅 嘉泰志江湘二浙四五月之間梅欲黃落則水潤土溽礎壁皆汗蒸鬱成雨其霏如霧謂之梅雨沾衣服皆敗黦故自江以南三月雨謂之迎

梅五月雨謂之送梅轉匯而北則否萬歷府志古梅八邑皆有之 **棗** 埤雅大曰棗小曰棘舊志明求琰解組歸樹棗千株曰吾以木奴千頭貽子孫足矣今西鄉最多生啖糖煮蜜煮俱佳 **蜜棗** 今用棗雕花以蜜煑之宋某僧詩佳製先陳蜜棗茶其來已久 **橘** 禹貢注小曰橘大曰柚有朱橘蜜橘等種 **橙** 埤雅柚屬柚皮極苦不可向口皮甘者乃橙爾嘉泰志葉有兩刻缺者是也 **柚** 說文與櫞同條也釋木注似橙而酢列子曰吳越之間有木焉曰櫞碧實而冬生實丹而味酸爾雅音義曰柚作櫞 **香圓** 一作枸櫞埤雅果名似橘南方草木狀枸櫞子肉甚厚白如蘆菔女工競雕鏤花草漬以蜂蜜亦名香櫞學圃餘疏香櫞花酷烈甚于山礬結實大而香 **石榴** 博物志張騫使西域所得博雅若榴石榴也丹實垂垂若贅瘤也萬歷府志越人呼爲金櫻蓋避錢鏐諱云 **木瓜** 萬歷府志最療轉筋患時但呼其名及書患處作木瓜字皆愈殆不可解 **榛** 栗之小者 **菱** 有大菱刺菱

銀杏 俗名白果 **山查** 乾隆府志北方謂之山裏紅嵊志卽櫨也亦作柤又名雉查俗名山裏果有紅白二種 **黃精** 原志出天姥山博物志太陽之草名黃精餌之可以長生有鉤吻似黃精食之殺人

蓏之屬

西瓜 嵊志學圃雜疏云金主征西域得之洪皓自燕中攜歸故名 **南瓜** 萬歷府志南瓜種自吳來易繁大如東瓜而圓

木之屬

檀 淳熙雜志郊祀五輅車材以剡中檀木爲之 **桐** 嵊志其類有四青桐枝葉俱青無子梧桐皮白葉青有子而木高大白桐有花有子

三月間開花白黃紫色子可醡油崗桐似白桐無子宜作琴瑟有一種剌桐材中宮室器用然易蟲

柘 寶慶續志柘越中多有之非但葉可供蠶其木文理縝密而黃色可愛堪爲器具

桕 原志一名槿可取油作燭

相思木 平泉草木記云得之剡溪今未知何樹 增

楮 說文楮穀也嵊志穀一名楮皮可爲紙有液畫家用以施金

欆櫚 山海經注欆一皮一節

櫧 萬歷府志越中在在有之土人多用以作器嵊志櫧實俗呼烏櫧可麪可腐亦可炒食之

椿 葉香者嫩時可取爲菹

天上樹 全唐詩李紳新昌宅前有藥樹一株長慶中移植因以名之語詳軼聞今亦未知爲何樹

柞 風土記始甯剡界柞木越人爲之櫪

竹之屬

毛竹 原志大可作簰萬歷府志一作茅竹一作貓竹幹大而厚異衆竹

雷竹 雷時生筍者爲雷竹

紫竹 萬歷府志可爲管籥九節者佳

苦竹 萬歷府志筍味苦不堪食有黃苦青苦白苦紫苦幹細而直可以爲筆圖經越出筆管是也

慈竹 宏治府志慈竹即桃枝竹又名四季竹萬歷府志慈竹冬月筍生竹外旋繞其母故名孝竹又名王祥竹原志四季生筍高不過三尺

斑竹 乾隆府志述異記越中有顧家斑竹用以作床椅及他器具甚清雅

鳳尾竹 亦慈竹別種

燕竹 萬歷府志越人有之燕來時出筍甚美因以爲名

筋竹 府志越中處處有之

天竹 竹不甚高冬月結子粒圓而紅

刼竹 有二種一種狗刼可作紙居民作箕篩以此爲業羅頎扎記越有苦竹城封范蠡之

子則越自昔產此竹矣　**簶簩竹** 吳越春秋袁公即杖簶簩竹　**竹箭** 爾雅東南之美者有會稽之竹箭紹興府志越產竹箭擅名今有二種大葉者名簪箭細葉者名笄箭墨客揮麈竹爲竹箭爲箭蓋二物也　**筍** 有毛筍團筍燕筍雷筍鞭筍清明時出土者爲毛筍冬月取毛筍萌土中者爲團筍雷始動時作筍者爲雷筍燕來時作筍者爲燕筍於竹根竹鞭時取嫩者謂之鞭筍　**苦筍** 寶慶續志苦筍以黃苞推第一謂之黃鶯筍　**乾筍** 筍譜會稽煎筍乾法將小筍蒸熟以鹽酢焙乾凡筍蒸之則味愈佳

花之屬

牡丹 原志有粉紫各種　**芍藥** 原志有紅白二種　**罌粟** 萬歷府志又名米囊有千葉單葉嵊志今人多種以代鴉片煙者　**石竹** 嵊志有白紫有五色者　**梔子** 嘉泰志諸花少六出者惟梔子花六出陶貞白言梔子翦花六出刻房七道芬香特甚相傳即西域薝蔔也有二種山梔生山谷中花瘦長香尤奇絕水梔生水涯花肥大倍於山梔而香差減近歲有千葉梔六月初始盛韓退之云芭蕉葉大梔子肥蓋謂水梔也藥亦用之然必用山梔或謂薝蔔金色花小而香梔子花白　**萱草** 萬歷府志越人謂之鹿葱花毛詩作藼草嵊志黃色可蔬名金針菜　**蘭** 山谷俱有其品甚多瓣圓而白者爲上　**蕙** 嵊志耐園異名考一幹一花而香清者爲蘭正月開一幹五七花而香濃者爲蕙三月開又有一種自福建來名建蘭一幹六七花亦蕙屬也　**桂** 萬歷府志木犀有黃白紅三種今人謂之桂案藥中所用桂心桂枝與此似稍不同本草陶隱居云人呼丹桂爲皮赤然則非

以花紅也**紅桂**程顥剡桂詩序李德裕嘗言洛龍門敬善寺有紅桂樹獨秀伊川嘗于江南諸山訪之莫致陳侍御知余所好因訪剡溪樵客偶得數株移植郊園衆芳色阻乃知敬善所有是蜀道芮草徒得其名按會稽續志亦云木之奇者稽山之海棠剡溪之丹桂是得名已久增**桂漿**沈遼桂漿詩越人遠寄桂花漿敝屋欣聞破鼻香**杜鵑花**嘉泰志以二三月杜鵑鳴時開一名映山花一名紅躑躅有二種其一先敷葉後着花者色丹如血其一先着花後敷葉者色差淡近時又謂先敷葉後着花者爲石巖以別之**鳳仙花**嵊志俗名染指頭莖亦可食萬歷府志有五色**山茶**西陽雜俎葉如茶樹高丈餘花大盈寸色如緋剡錄越山固多**海棠**嵊志西府紫錦爲上垂絲貼梗木瓜次之秋間開者曰秋海棠即西府種剡錄今山間多野海棠**木蘭**嵊志一名望春狀類木筆而白**白丁香**山谷間俱有**滿天星**嵊志菊之小者黃白二種白者入藥**荼蘼**嵊志有紅白黃三種黃者尤可愛**木筆**嵊志一名辛夷**雁來紅**嵊志如莧而赤即後庭花一名老少年**長春花**萬歷府志即月月紅**玉蝴蝶**嵊志有紫白二種又有金絲蝴蝶亦名金絲海棠**姊妹花**俗名七姊妹花一叢七八蕊**落湯紅**俗名湯泡花**夜嬌嬌**夜鮮而日萎**洛陽花**萬歷府志有五色甚媚

藥之屬

厚朴平泉草木記厚朴得之剡溪**益母草**嵊志子名茺蔚主婦科**金銀花**嵊志籬落短垣間蔓生小白花

芳馨可愛

覆盆子 嵊志一名蘆蒂蔆所在山谷多有之樹高丈餘實大如楊梅熟則甘多酸少小兒採之盈筐日售於市

山莓 嵊志實如覆盆而空心味較甘蔓生山谷間入藥勝於覆盆

女貞子 嵊志即冬青樹子十一月採

劉寄奴 嘉泰志治金瘡其詳見宋武帝紀此其得名之始也蜀本草烏藤菜今出越州蒿之類也即劉寄奴嵊志生山谷間甚多開小白花子亦白五六月間望之如雪土人名六月霜

牽牛子 嵊志黑牽牛一名黑丑性甚烈早開小青花見日則萎

椒 嵊志俗名花椒其樹根葉亦甚芳烈

虎杖 乾隆府志越中處處有之如竹筍狀上有赤斑點爾雅云蒤虎杖郭璞注似葒草可以染赤

木鼈 乾隆府志本草釋名即木鼈子今杭越皆有之藤生葉有五椏狀如山藥

禹餘糧 新產最多

草之屬

恒春草 萬歷府志鄉人呼爲千年潤嵊志一名萬年青

石昌蒲 生石上節殊密不止一寸九節人多以拳石或沙中種之爲几案之玩即楚辭所謂荃也

水昌蒲 生潤溪側形似石昌蒲而葉無脊能辟蚤蝨不堪服食此物種之易茂但須歲一移種則根大不然漸小

莞草 嵊志有二種一種爲蓆草一種爲燈心草

茝 嘉泰志即白芷

荇 嘉泰志會稽謂之荇菜叢生水中莖如釵股葉在莖端隨水淺深陸璣云接余上靑下白

艾蒿 嵊志似艾而細芳馨襲人束之成把可辟蚊

芸 嘉泰志今七里香辟蠹殊驗

大蓼 嘉泰志一名馬蓼莖

大而赤生水澤中高丈餘詩曰隰有遊龍故一名遊龍

虞蓼 嵊志蓼之小者水澤間所在多有陸地亦生之土人謂之辣蓼詩予又集於蓼吳越春秋越王臥則攻之以蓼是也今人用爲麯藥

黃荆 人多取以醫醬

蘋 嘉泰志韓詩曰沈者曰蘋浮者曰藻似槐葉生道旁淺水中與萍雜生至秋則紫今會稽謂之馬薸亦呼紫薸

萍 嘉泰志無根而浮常與水平故曰萍會稽謂之薸言無定性漂流隨風而已舊說善滋生一夜七子或曰一夕生九子故謂之九子萍

藻 嘉泰志水草之有文者生乎水下而不能出乎水上藻稅亦以禳火今屋上覆橑謂之藻井與此同義

動物類

禽之屬

鶴 嵊志春至巢高木上哺子秋去海上

鷺 泰嘉志一名舂鋤步於淺水好自低昂故曰舂鋤色雪色頂上有絲毿毿然長尺餘欲取魚則弭之人家畜之皆馴不去惟白露一日必籠之不然飛去

鵲 萬歷府志鵲之作巢冬至架之至春乃成俗傳鵲巢有梁見鵲上梁者貴一曰乾鵲俗呼喜鵲

烏 嘉泰志說文曰孝鳥也象形廣雅云純黑而反哺者謂之烏小而腹下白不反哺者謂之雅烏白項而羣飛者謂之燕烏白烏脰也雅烏鸒也

鶯 萬歷府志即倉庚一名黃鸝詩人謂之黃鳥

黃雀 剡錄白露來霜降去

脊令 嘉泰志釋鳥曰鶺鴒雝渠蓋雀之屬飛則鳴行則搖大如鷃長脚尾腹下白項下黑如連錢故杜陽人謂之連錢會稽人呼爲雪姑其色蒼白似雪鳴則天當大雪極驗

畫眉 蟲天志此鳥各占一山其侶過之必苦鬬無共

棲者萬歷府志越所在有之其眉如畫音宛如人語可聽 鳧 尸子家鴨爲鶩野鴨爲鳧嘉泰志野鴨頭中有石云是石首魚所化 雉 爾雅鷸山雉尾長 鸕鷀 剡錄異物志曰不生卵而孕雛於池澤間以環掛其項入水捕魚日得數百 杜鵑 嘉泰志一名子規一名怨鳥夜鳴達旦血漬草木凡始鳴皆北嚮啼苦則倒懸於樹說文所謂蜀王望帝化爲子巂今謂之子規是也至今寄巢生子百鳥爲哺其雛尚如君臣云爾雅曰巂周即此鳥也越人謂之謝豹 鷓鴣 嘉泰志自呼其名常向日飛飛數隨月蓋若正月一飛而止畏霜露早晚稀出有時夜飛飛則以木葉自覆其背臆前有白圓點文多對啼志常南嚮不思北徂本草曰鷓鴣形似母雞鳴云鈎輈格磔 鴨 嘉泰志鶩也志曰雞鶩伏卵忌磨若聞磨礱之聲則不生矣雄雞能鳴雌不能鳴雌鶩能鳴雄不能鳴 鴿 俗呼鵓鴿 黃頭 亦善鸝者 竹雞 乾隆府志劉基活水源記狀如雞而小有文采善鳴北夢瑣言曰竹雞食半夏 啄木 嘉泰志釋鳥云鴷啄木郭璞曰口如錐長數寸常啄木食蟲因名 鵞 爾雅舒雁鵞 蝙蝠 爾雅釋鳥蝙蝠服翼

獸之屬

兔 嘉泰志兔口有缺吐而生子故謂之兔兔吐也舊說兔者明月之精視月而孕故楚辭曰顧兔在腹言顧兔居月之腹而天下之兔望焉於是感氣禮曰兔曰明視其以此歟說文無兔字以免爲兔兔生自口出宜有留難吐而後免故字又通免 獺 嘉泰志似狐而小青黑色如伏翼水居食魚自祭其先記曰獺祭魚然後漁人入澤梁是也獺取鯉於水裔四方陳之進而弗食世謂之祭魚 鹿 嵊志在山爲鹿在澤爲麋鹿性陽麋性陰 麂 爾雅

麂大鹿旄毛狗足嵊志捕之必於雪中

麖 剡錄謝靈運自注山居賦曰麖音京能跳躍字書曰麖大鹿也一角似犀牛

竹狗 其皮與狐相似人多取以爲裘

熊 有馬熊狗熊近時山谷間多爲人害也

貑猪 嵊志其毛可簪山海經有獸焉其狀如豚而白毛大如笄而黑端名曰貑彘注狟豬也夾髀有麄毫長數尺能以脊上毫取物食之吳楚呼爲鸞猪亦此類也

貍 萬歷府志牛尾貍玉面貍新昌山中有之雪中取者味最隹元時以充土貢又以其食柿葉謂之柿貍又有九節貍

蟲之屬

蜂 嘉泰志蜂有兩衙應潮其王之所在衆蜂爲之旋繞如衞誅罰徵令絕嚴有君臣之義一名蠟蜂蠟生於蜜而天下之味莫甘於蜜莫淡於蠟

蝶 嘉泰志蛺蝶粉翅有鬚一名蝴蝶列子曰烏足之根爲蠐螬其葉爲蝴蝶蝴蝶胥也嘗見園蔬有葉爲蝶者三分二已蝶矣其一尚葉也萬歷府志又有黃翅帶黑點者亦有紫色者

蟋蟀 嵊志一名蛩亦名寒蛩亦呼促織

絡緯 俗呼紡績娘

蝦蟆 嘉泰志背有黑點身小能跳接百蟲善鳴與蟾蜍不類

蛙 嘉泰志似蝦蟇而長踦瞋目如怒謂之鼃越王揖怒鼃而武士歸之是也周禮蟈氏注蟈今御所食蛙也嵊志亦作鼃一名坐魚土人謂之田雞亦呼水雞

蛤蚧 嘉泰志亦蛙之屬也本草云生嶺南山谷及城墻或大樹間長四五寸尾與身等形如守宮一雄一雌常自呼其名曰蛤蚧最護惜其尾或見人欲取之多自齧斷其尾首如蝦蟇背有細鱗如蠶子土黃色

蜥蜴 嵊志一名守宮俗呼蝘蜓蛇

鱗之屬鯉越中在在有之　鯉花越人謂鯉之小者爲鯉花鱸之小者爲鱸鮁鯽之小者爲鯽核鱧之小者鱧臏鮎之小者爲鮎鯷皆莫詳其義嘉泰志　鯽嘉泰志一名鮒小魚也越人謂鯽喜聚遊鯽言相即鮒言相附　鱧嵊志黑色諸魚中惟鱧魚肥甘可食有舌鱗細有文與蛇通氣其首戴星　白鰷形狹而長即莊子謂鯈魚也　黃顙魚宏治府志名獱猵魚嵊志山陰西北有獱猵湖產此魚今剡中有無鱗魚色黃有刺名黃顙魚即獱猵之類

介之屬蝦字書云長鬚蟲也　蛤會稽三賦注蛤有文故謂之文蛤　鯪鯉原志即穿山甲　螺出稻田者爲田螺小而出溪澗中者爲螺絲嵊志小者爲螺絲

新發明各種　白蕃茄光緒初年由象山輸入俗名六十日邑東北區與嵊接壤漸傳行焉其質大於土種謂之象山種　洋棉花民國四年由省頒下美國棉種稱其良好其後花皆仰天向上經雨即爛此種本爲吾地故有農人以不堪過雨於其苗時鋤去之而今反以爲尤物故一二年後仍淘汰　洋花生自前清光緒年間漸入本區然莢大而香遜於中國本種故近年來種亦減少

舊出產各屬　苧布萬歷府志八邑皆有　綿紬萬歷府志綿紬古謂繭布八邑皆有　絲紬萬歷府志絲紬緝絲爲紬

光亮有彩色　**苧沙木綿**萬歷府志苧經綿緯山叟之隹服　**冰紙**草木疏江南以楮搗紙剡溪作冰紙亦取此　**麥䴷紙**談薈浙東有麥䴷紙　**稻稈紙**談薈浙東有稻稈紙　**月面松紋紙**談薈白樂天墨蹟有印文曰剡溪月面松紋紙　**竹紙**今東鄉有南屏花尖元書皮紙火紙諸名　**桕油**宏治府志烏桕之實可以作油今新昌山中人家植之以爲業　**燭**萬歷府志多以桕油作之甚堅耐燒

礦

弗石十都西坑山裏看牛𡾰白龍潭五脚爿考溪塢產有弗石其色多藍綠十二都大坂山上裏坑塢箬篤山溪上朝北山棠卜山等處均產有弗石其色亦多藍綠

含水石十都胡公廟山八九都宅下坑等處產有含水石其色多白

煤十二都溪西門前山大坂白巖下產有煤石惟煤苗不旺

瑩石一坐仁智嶺脚尖刀崸一坐大巖下橫山𡾰

碧石 出西坑碧色堅潤可作碑

按今日試驗日有進步邇因歐戰方亟銷路既滯礦師亦少故未發達備識之以爲他日基礎詳今新昌農事調查中

烟 特產之一

原採稱以西鄉楊梅山產芝裡王等處出產爲最佳價亦昂貴天馬山煙色亦潤而有光其附近若毛楊坪山坑諸處爲勝茲就邑人陳基陶君農會中種煙法撮要登之

風土 風土者兼氣候與土質而言之氣候以溫暖高燥爲宜日光強而久雨量少而適則質厚而香醲時雨不如雷雨之益溫度增高風以微少爲貴強烈則葉片易破碎而根莖易傾折土質以帶砂冷黃泥格爲上而砂泥紅如硃砂所謂紅硃砂泥者尤善次之爲白砂質土下之爲黑砂產烟色紅黑氣味稍遜然長大甚爲迅速最下者爲細密輕鬆之土卽俗所謂無格之香灰泥乃極不宜要有排水便利之效斯爲得耳

輪作 本地煙戶日連作易病瘟疫蟲害如蝕葉之烟蟲嚙根之地蠶吮液之蚱蜢等亦特甚焉輪作則無是弊於本年春移植後至六七月（陰歷下同）

採收拔去根株十月種豌豆翌年五月收亦有以粟或蕎麥爲烟後豆前之間作物者六七月種九十月收其時僅除草一次足矣地有前作之殘肥雖不再施肥料亦得良好之結果必七八年後始能再種

品種　一大幹榔幹葉俱大葉距甚密摘心摘芽皆宜稍早花色紅如桃花深於他種實少而粒大枝葉不繁惟青煙絕無黑色二小幹榔與前相似惟枝幹葉片較小三枇杷種葉形尖長如枇杷葉故名四細幹梧以幹細葉小似梧故名五東路種爲細幹梧之一種出自新昌西區之東路葉距甚疏幹易發長上下大小形狀幾同

採種　擇煙草之莖葉發達姿勢整齊而强壯無病且不失爲品種之特徵者留爲採種之用卽將其下部葉片盡摘去之止留上截使自根所吸收之養分全行上運致結實之豐美然及採種時現病徵者亦仍去而不用其良者至蒴果老熟呈黑褐色則折取上截結實之枝條懸諸軒下使營後熟之作用以備育苗焉

苗床　先擇休閑之生田作成長方形之畦淺墾可二寸細碎表土混以焦泥灰耙平整理上用板鎭壓之且作畦緣高出一寸以防肥液之外流厥后施以焦灰（本地所謂焦灰與焦泥灰微有不同卽燒時混泥與否之別）又鎭平之旋用人糞尿勻澆其面此必精愼周到始不至激成凹凸

育苗 臘月中旬取以前懸諸軒下之結實枝條揉出子實因其粒細必混和泥砂或草木灰始得勻布於已設備之苗床上而用砂混布則更易均勻焉又其上莫如用腐熟雞糞覆之通常則蓋以篩過之塵砂要皆以薄布爲宜否則種粒太小恐害其發芽之力初萌芽時防霜雪雨雹之患可取新鮮之杉梢或竹枝覆蓋之翌年春正月芽葉叢茁拔去其間之雜草若相生過密則刪除其弱劣以後施以薄糞

移植 三四月間苗已長成時乘雨日或陰天拔取苗田之煙苗少附宿土去其葉有斑點者擕至前所造成之本圃内按穴栽植稍偏於孔口務避油餅之接觸致直貼根株蒙過烈之害用手互壓其旁使其根土鬆實得宜爲妙管理之注意天若過旱務須點水漸長則於其行間鋤一次時當捕獲烟虫虫之色酷肖烟葉爲幼虫形態烟虫係毛脚大蠅所產老則黄死不能再變蛾蝶是虫恆匿於烟莖之中專在葉片上穿花刺繡又附近若有豌豆而多虫者亦能移禍於烟故除之均不容緩惟有用手抹殺之而已

採乾 自五月下旬乘天氣晴採取下部次之爲二批烟約採一二斤中盤亦採一二斤長大者所謂頂腦盤後即將附有葉片之烟梢并折取之其乾燥法通用日曝爲聯乾法即以烟簾二張夾持就地面攤晒烟簾以四道竹篾橫編狹薄竹片十二條直長六尺橫寬二尺餘其竹片相離各二寸弱每烟簾一副計二張附有竹鎗三支細薄而稍長於烟簾之横寬烟鎗分三段橫貫聯成一副利用山面或溪灘之廢地排晒之就地設草廠預備天雨夜間之放置當

日將顯肋之正面向上就晒第二日亦然至第三四兩日翻晒反面若遇陽燥晒四日已足以連日曝乾無間爲最妙有散布乾草以速其乾燥者色澤尤佳爲近來所發明考其理不外乎空疎通散隔絕地面濕氣之上昇促烟葉水分之蒸發第陽光過强則有變成焦紅之虞亦須注意既乾然後抽去烟鎗揭開上簾以烟片同面收疊各作小束裝成大綑遂可出售晒後收疊烟片易碎必經二三小時俟其稍軟行之

地點 穿巖山（在新昌西區）所產之烟名穿巖烟者最爲上等冠於新昌捲摺如紙而不碎裂厥後烟商收買再選疊之摘去烟柄俗稱烟浪頭者是價格不能定大抵腦烟最高而腦烟尤以金黃鮮明質地堅緻者爲最平均其值每百斤可二十元左右

調查 吾邑最適於烟亦當推爲特色管理上之摘心摘芽乾燥法之聯乾處理何一不可爲農家之則傚新昌烟葉之著名蓋有由焉獨惜連年加稅故商情因此屢滯捲烟乘此而勃進兼之地價日昂肥值歲增肩負重而獲利微近聞滬上捲烟廠有採用本烟之說則銷路上或可別開生面以上見浙農會詳今新昌農事調查中

按此草本名淡巴菰始引於在園雜志王漁洋分甘餘話又姚旅露書其始產呂宋關外人相傳本於高麗國其妃死國

王哭之慟夜夢妃告以塚生一草名曰烟草細言其狀采之焙乾以火燃之而吸其烟則可止悲王如言采得遂傳其種嵊志所謂相思草義本此其在外國者名髮絲在閩者名建烟最佳者名蓋露各因地得名如石馬奈塘浦城濟甯乾絲油絲有以香拌入者名香烟以蘭花子拌入者名蘭花烟至各州本地無名者甚多其始間有吸之者今則遍天下矣張含广宗楠在乾嘉時已言之如此同時厲樊榭鶚集有天香詞一闋其序亦謂出自明季由呂宋移植中土又名金絲薰食之法細而如縷灼以管而吸之令人如醉袪寒破寂今日偉男髫女無人不嗜始猶管吸之一法計氏南畧作蔫所謂損精神斷陽道

當有爲而言繼且用銅製管注水於內以火灼之又未知始自何時其利爲閩廣所獨擅贛產次之今則來自外洋者紺黑捲稍大始名爲呂宋烟少而白紙捲者自雅片禁後光緒年間名爲紙烟歲出稅額已相抵迄今則舶來品日盛一日雖三家之村五里之店亦復傳染耗費詎能數計未知何法可以抵制是所望於新人士

朮特產之一

地 朮之性質最怕潮濕宜擇高燥不留積水之鬆土帶有砂質者爲最宜或田或地或山不據也永未種朮之生地尤妙否則必間隔五六年查其前次未犯瘟爛霉黑等病者方可再種

時 秋花收割後深耕一次以期冰凍拆裂而成泥粉故隆冬愈冷愈好或有整塊用人力猛擊之擊之而再耕之耕之而復擊之必使悉成細粉而後已將下種

之先劃成一稜名曰朮稜中凸而邊低如牛背式磡脚塍邊深掘以坑坑面積愈大則坑分縱橫愈深愈多

選種 朮種名曰朮栽必揀其產於高山而帶有砂質形長而尻如水雞者最佳肩挑販客往往於前一夜浸之以水再隔一夜不種則尾鬚花霉切不可用吾鄉之老農夫必於立冬小雪前後親赴天台萬年山以購採之

下種 自冬至起至清明爲下種期間而以驚蟄前後爲最宜每稜分八行或六行相隔三四寸下朮栽一株撮之以灰沃之以肥料上面略蓋泥土用鋤輕輕劃平即畢乃事

防蟲 虫之名目不一有曰蟣誘有蟣誘則葉與幹立時枯萎有曰白時虫專咬根株故必於秋後深耕翻鋤其土虫豸即翻上土面隆冬時即能凍死凍愈甚則虫愈少種後而再有虫發生舍用桐油照株點滴外並無別法如種時沃以缸沙則虫不生故朮之肥料以缸沙爲第一

去草 用鋤去草植物皆然而朮則否否以行排太狹用鋤必於朮有傷不得不用手以拔之然必勤勤勞勞有一株拔一株不可姑待其繁且大而後拔之也

肥料 人糞猪糞油餅泥灰草灰種類不一而以缸沙爲最即糞缸中多年留積之砂土每打頭一次則用肥料一次

採法　朮苗長一尺許約近大暑前後天晴時必將幹上嫩梢頭剪而去之名曰剪朮節嫩梢頭不剪則節能結之而朮必不大

留種　朮之嫩梢頭不剪而去之至老時必結成如果米粒大之子連幹採之剪去其朮懸於簷下風燥至次年立夏前散種於山覆之以草亦劃成爲棱但棱勢甚平不如烟棱之中凸而邊低也立冬前後採歸剪其幹葉即藏於大甏中覆以青松毛地上則覆以砂性之土壤切忌蓋以溫暖之物

製法　朮之收期在霜降前後收歸後烘乾曰燥子烘朮之器曰朮銃必擇有經驗之烘工烘焙方能得法

種類　用火烘乾曰燥子烘工揀選之分別等第曰豐貢曰鼎貢曰淨筋豐貢價最高鼎貢淨貢淨筋價亦遞減用日晒乾曰生晒清光緒初燥子漿以黃泥然後出售現已久不通行

銷路　運甬江銷售乾慶間江西之商年年來山採辦其稅項大簍洋二角小簍洋一角鼎三公所每簍洋五分以上　採稿

按爾雅言朮山薊也則產自北方本草言越產朮自生者佳原志所稱出彩烟山者更勝剡錄亦云剡山有朮亦指自生一種而言其種法未知始自何時浙產以於潛出者著名新

則較潛爲多今四鄉皆種之間每年稅額不下於烟茶二項皆由運銷處自行稅捐無從會覈

茶 特產之一

選種 收老茶子下秧分種者發生驟且耐久鋤野茶秧臨時栽種者敗落易且難茂

培壅 牛糞爲上豬糞次之焦灰又次之其土喜培壅不喜敞開與桑相反

地質 光緒以前王家山度王山三透屋附近地面出茶亦富雖清香少遜而味厚質濃運銷亦廣自蠶利發達肥腴之地改種桑木茶葉一項遂有一落千丈之勢其僅有存者土瘠不毛之地而已

改良 山背茶叢每叢間斷或七八尺丈餘不等有如星羅棋布倘或縱或橫分行不分叢則培壅較易採摘較便種作較好曠地較省出貨較多換一法而數利隨之種茶者有何樂乎守舊

銷路 六十年前祇有烘靑與紅茶兩樣出銷杭嘉湖海禁開後半改爲圓茶由甯紹各棧運銷於外地近因各棧貨益求良工費殊繁有改爲烘淸而出

自滬上以銷營口者以上採稿

按古無茶字至唐始著茗荈等名皆其類也剏錄承宋後即有細坑茶焙坑茶諸名目發於浙東最早新自蠶利未興以前必以此稱首今已漸不昔若其稅額亦類由銷地自行徵收無從覈計

桑

特產之一

原採稿未詳備茲由石明經條陳撮要以錄

種

草桑皮青白葉肥大而厚生子不多此種最佳三四月間子黑落地拾起用灰拌勻摩散之豫燒焦灰每畝田燒灰五堆法於二月間用燥草鮮柴各二百斤堆燥於地鮮覆其上別取土泥八百斤蓋之將土熏透名曰焦泥灰須一晝夜方成初成性烈至一月餘則性柔用以種子發苗最盛夏間於種秧田掘土一尺五寸深捶土令細分橫直行橫相去尺五寸直相去一尺每一尺一孔孔內焦泥灰一層厚四五寸將桑子五六粒疏糝孔內再用灰薄糝子上約四五分

厚四月間苗長三寸拔之使疏每孔留兩株用人溺三成淡水七成相和灌一次五月苗長尺餘用鑱將土刨鬆灌一次六月用純糞溺灌一次苗長四尺即將梢頭摘斷使不再長以大其身七月灌一次八月灌一次法同六月每次所灌糞以一斤爲度冬季桑秧統長四尺零幹大者圓徑三寸一畝田約可栽秧萬株每株約錢七文所入得錢七十千之多工本之貲十餘千而足一年培成之秧名單春易於發生若一年秧不盛大再灌一年而始用之則名雙春其生不茂種桑者不取　按此即西學說所言一年三次第一次春期發芽前第二次春期摘葉後第三次秋季落葉後肥料多以人糞尿蠶渣油餅草木灰以及堆厩等肥料

土

黃白紅紫四色每多黏泥桑根難以舒展若土性鬆散掘之二尺深不結板者種亦不妨最宜之土須香灰黑色土亦好桑土不論田地先於冬季用鋤掘二尺深隨手捶細仍燒焦灰每畝五堆之數至春分節將桑土分橫直行橫相去六尺直相去四尺孔深二尺孔底圓徑以四尺爲度豫將細根翦淨大根長留二寸餘皆翦棄蓋桑根從株頭幹旁發出者力厚老根未易暢發也臨種時將秧放在孔中扶直用灰五六升周圍糝轉秧即能自立次以糞溺五成淡水五成和勻約一斤灌泥灰內隨即將土覆好築至微堅留桑秧出土面寸許餘皆翦斷插在孔邊以便認識免致踐踏半月餘土面一寸之秧抽芽有二芽者摘去其一月餘則長五六寸灌法如前此時或牛羊豬狗糞菜麻餅粉或爛過殘桑葉及蠶沙或爛過嫩草葉皆可不必再灌無此料者六七月必須再灌二次

十月長丈餘大者幹圓徑六七寸按此與西人學說所言無論何種土壤均可植桑最宜爲砂質壤土砂土埴土次之地質學相合

接

春分節桑將抽芽選上湖桑用桑翦將枝翦下翦去兩頭留中節置室中通風處一二日其中節枝以實心者爲貴每節長三寸五分留芽或一或二俗名桑劍乃至桑田用耜將草桑株脚掘開四五寸深孔圓徑二尺零留株頭與土面相齊用齒刀截斷豫帶純鋼方頭刀一長六寸厚三分闊一寸五分復豫帶鍊成如餻之泥一團用方頭將桑劍之末斜削一寸餘即將草桑株頭用方頭刀開其皮成三角立形速將桑劍反插皮裏深一寸五分隨用練泥將刀鋒糊轉使桑漿不流復用捶輭稻草二三枝束縛使桑劍皮與草桑皮緊貼再用土泥將株頭蓋好祇留桑劍出土

湖桑劍插過半月劍上抽芽或一或二有二芽者輕去其一凡桑劍抽芽一二月內最忌震動一月後草桑株頭亦有芽旁出隨時摘棄使力并在劍上

灌

三月四月灌法與灌草桑同惟五月純糞灌後約四尺長摘去湖桑梢頭使分五枝每枝長一尺再摘去梢頭使分十五枝分枝時宜用牛羊豬狗糞或菜麻油餅粉及山間嫩草葉埋在孔邊以厚其力使分枝日茂六七月再灌一次十月間幹圓徑七八寸所分十五枝皆長七八尺明年採葉即有六七斤此首年灌法若第二年第三年每年祇灌二次已足春分前用耜將土削鬆一尺深孔圓徑四尺用厚糞油餅灌之蠶務畢再灌一次統計一畝之田以六尺四尺爲度每畝可種桑四百株首二年桑田除稻與大麥外餘者皆堪種植則工本價不患無所取償至第二三年一株可採葉十五斤統四百株計之可採葉六

千斤蠶食葉六千斤可出繭二百五十斤照新昌累年繭價每斤四角二分算是田一畝每年獲利一百元有零 按此與西人學說所言一年四次第一次春期發芽前第二次春蠶採葉後第三次夏蠶竣事後第四次落葉之前後其方法有三一爲天地反覆法先以鋤削前部雜草次掘表土又次掘底土一鋤之地而行三掘使上下均易位置二法爲兩傍剝取法即從樹之兩側削掘使畦變溝或溝變畦三爲向前直進法此法不用鍬鋤惟用齒扒將土塊墾鬆平均土面此三法第一法則行於未種前第二三法則行於既種後惟有伐條一法言桑之養成多形拳式處理草桑有春伐夏伐兩法春伐每年於發芽前從枝條尺餘處切去夏伐從枝條基部切去家桑則行夏伐此尚未及

種

浙省蠶地以縣爲最高種最好近年洋商收繭鮮繭佳者每斤四角二分十六兩稱他處不及繭種每斤以五角爲則以中水團頭小圓種兩項繭爲最厚最佳作種之繭養飼貴速二十三四日能上山者其蠶必健自無伯撇蠹病先於山上編明記號惟中度一齊上山者用之上山一二日窗戶宜緊閉第三日大開戶牖以通其氣使蠶溺蠶沙乾否則用殼內蠶受溺沙熏蒸氣生子多病第八日則繭可下山到期將繭輕輕拾起平放在箔內切忌震動於是擇其形之圓質之厚色之清白者用之第十日用細針細線將繭橫放指頭針向繭腰上面外層穿過穿時宜子細不可將針鋒損內每串以三斤爲度即將兩頭線結好挂竹竿上第十六七日蛾生蛾出之期恒在子正辰正午正申正四時因時各置不可混雜蛾有雌雄暫立繭衣上然後拾下放在箔中取其雌雄相遠者爲

對有拳翅秃眉焦尾赤肚無毛者概勿用須四五時之久然後拆開將雄蛾拾起零置一箔俗名拆對其時雌蛾必須一出溺溺盡隨將蠶子紙攤平頃刻間即生子取其不生子者零置一紙生子在一時之久必住一時後雌雄再對亦能再生俗名二度子不宜出種子既生齊將先生後生者編明記號即將蠶子紙挂淨室竹竿之上經過夏秋勿使侵受一切不正之氣至九月霜降後用清淨陳鹹滷一瓶浸五日鹹滷多少以蓋過其子爲度五日浸過即將蠶子紙置諸米篩內攤平復將米篩置大罇中用新汲水淘淡後仍掛淨室竹竿上大開戶牖以收溼氣再掛一月之久然後包好存箱此舊法若再用顯微鏡查視殭蛾考其有無病點則盡善

育

節交清明蠶子紙包好裹以新緜使血氣壯旺者不分男女晝則懷在胸間夜則放在被內用所穿淨衣服蓋之清晨起仍置懷中苟天時過熱則胸間不可久置總以暖氣和平爲妙置胸三日即便生蟻初出數十蟻用鷄翎掃下棄勿用蟻出至二三成宜用燈草長四五寸者數十莖勻鋪紙上架空依舊摺疊鬆包仍懷胸間先出者餓一日無妨將淨筐攤緜鋪紙以便收蠶明日拆看出至五六成用鵝翎收下勻放筐內紙上即翦細絲葉糝之明日再收如收兩日而尚有不出者其子即屬無用收畢淨手剪葉如絲糝蠶筐須置在幃中以避風寒晝夜須飼葉六七次不可間斷須逐日用尖頭竹箸撥開間日起底底即食餘之殘葉及筋葉大約飼六七日蠶頭微白蠶身微黃嘴上微有尖角仰而不食謂之頭眠一日之久方能眠齊有不眠者用竹箸箝出零飼數次則亦

眠矣每眠一次必褪衣一次眠一晝夜身有黃暈嘴微闊蠶將起矣用礱糠灰糝之所以爽滑其褪衣并收濕氣是時蠶口嫩最忌亂動又忌冷風須以帳避稍緩片刻然後飼葉二眠則節交夏令氣漸熱蠶漸大食葉漸多每日必須去底筐宜有眼鋪之以紙使濕氣下面透出晝夜須飼七八次大約飼四五日身上又發黃暈嘴上顯有尖角仰而不食是謂二眠減葉斷葉箱出零飼避風如初眠法大約飼三四日又發黃暈不食謂之三眠蠶漸多筐亦漸多依舊起底減葉斷葉糝灰避風內有未眠者用粗絲葉密鋪俟蠶上葉用手捲起零飼其起既齊然後飼葉三眠後蠶大口硬飼兩日即眠是謂四眠四眠分置大筐撐起蠶厨計格十二筐每日起底恆苦其難近有蠶網起底法先用疏眼網罩蠶身上即用原瓣葉密鋪網內待蠶緣網食葉即可將網起昇置空筐而底自盡起是時蠶日大食葉亦日多飼三四日食葉更速旺食一二日漸漸減少蠶身漸漸收歛是謂蠶老宜預將蠶山編好其色黃其輭如棉通身明亮仍以整葉鋪之未老者食葉如常老者游行葉上可於葉上捉之隨置蠶山謂之上山葉盡再鋪隨鋪隨捉至於捉之捉不及捉而蠶盡上山矣又附列七宜

天時

春夏之時冷暖無常暖之之法多在於火然用火不可太過以和爲貴暖則氣熱氣熱則悶是宜開戶牖引清風以暢之至於霾霧之天開戶不宜

東北之風褪衣最忌

地利

蠶地宜高宜燥宜清潔若夫市廛腥穢之區溝澮汙下之所其溼氣濁氣皆足以致瘟雖精於育蠶者亦無從設法

人工 育蠶不勤則眠起必至於失時養飼必至於失節及一切筐植之不淸醫治之不速皆足召蠶病

蠶病 每眠時衆蠶皆眠有一二靑頭食葉不眠者俗名梟娘宜揀出零飼初二眠之梟飼之尙能作繭若三四之梟食葉不能作繭可卽棄之又腹結頭大尾尖食葉反倍他蠶不能上山作繭亦宜去之又蠶色靑亮內若有油蠶嘴偏蠕在筐游走以及蠶脚有漬白水欲流蠶身獨短其節高綳者皆屬病蠶宜急去之至於蠶吐綠水須用糠灰蠶受俗氣宜噴火酒醫治之法不一而足

食葉 桑葉以肥厚而有油水者爲佳若桑樹已老或因虫食葉燥無油食之無益又有五忌一忌濕生瀉病故雨中采葉必俟乾可用二忌熱食之則頭大腹結諸病百出故日中采葉或遠地挑來之葉必須涼透三忌霑泥霑沙食之病脹必洗淨候乾而始可四忌霑穢霑油之葉食之必死五忌大麥鴉片田之葉必瘟而死

采期 初二眠食葉甚少可隨飼隨采三眠後食葉漸多必須預先儲積晝間所食之葉於淸晨采之夜間明晨所食之葉於晚間采之若四眠既起必須預備一日一夜之葉

造山 高田晚稻草淸白而乾燥者以鐵梳梳盡草殼截去草梢長約二尺每蠶十斤需用草百斤每一把約五寸圓徑中腰束住兩頭展開密排架上山

架必須高燥屋內可搭兩層不拘木板竹簾鋪以蘆席上列蠶山彼此交錯謂蠶山把又新昌縣蠶山不若是之費草法先用草鋪簾板上草腰二寸圓徑將草腰旋轉分開三枝插在所鋪草上彼此交錯而有橫直行計蠶十斤用草三四十斤已足餘法同以上邑人石明經麟條陳

按此爲光緒二十三年丁酉杭守林啓倡辦蠶學館時所上載入山陰胡道南本邑人童亦韓所倡立經世報中與浙文編欄內故先列學堂章程六條茲不錄謂於近日蠶書淺而易知簡而能該者莫如朱祖榮所編蠶桑答問康發達所著蠶務條陳然此於本地種桑選種諸法又分爲七宜較他說尤爲簡覈茲畧以西人學說分疏之當時新地初行試驗所言土宜已如此迄今二十年當更可知惟於西人治病法仍未譯明考驗其責誠在後起內有用燒酒石炭二法尤與西

藉學說相抵牾然不可謂非篳路藍縷也故亟登之詳今新昌農事調查中

繭稅表

年份	比較額
以設局後五年為始是時稅額約每百斤十元價值未知	
光緒十五年	二六四〇
十六年	
十七年	
下十年中價值每百斤五十五六元查廿八廿九兩年每百斤七八十元	此十年中稅額每百斤十元滬捐一元
光緒廿五年	五三七九
廿六年	四二六〇
廿七年	四三六六
此十年中價值每百斤加至六十元左右惟元二年五十元	此十年中稅額每百斤十元附加一元滬捐一元
宣統元年	七四八五
二年	六二六一
三年	四二六〇

十八年		廿八年	五八三二	民國元年	五一二七
十九年	以上均失考	廿九年	五一六〇	二年	一八二七六
二十年	三六七七	三十年	五二九七	三年	二五三四〇
廿一年	二八二四	三十一年	五七六四	四年	二四九三七
廿二年	三一六八	三十二年	七一二八	五年	二三一〇六
廿三年	一九八四	三十三年	六一九三	六年	二六四一二
廿四年	四六七一	三十四年	五四八五	七年	二六八三四

備考

按新之設灶收繭當時僅合嵊邑統捐至光緒十年始設專局以後年盛一年捐數雖增而出額時或減少其附近嵊邑由嵊局報捐者不列焉今就可考者統列各年各數如前於盛衰消長之中俾觀者知警焉

新昌城鎮商業一覽表

邑中二十年前有賤商之俗故城鎮鄉市之貿易者悉來自外縣近來風氣漸開業商者日衆商業亦日漸發達茲就城區與東鄉之大市聚西鄉之澄

潭北鄉之黃澤分別行業列表於後此外如東鄉之儒嶴小將胡卜南鄉之上市場下市場新市場前洋市西鄉之梅渚黃婆灘金嶺脚北鄉之大明寺等舖戶不多僅於互市之日由各處遠來商販故不列表

業別＼區別	城區	大市聚	澄潭	黃澤	共計
典當	二		一	一	四
油車	二	一	二	二	七
錢莊	三	二		一	六
衣莊	五	一		三	九
書莊	二			一	三
鑊廠				一	一
鑊舖	五		一		六
糧食行	二九	一四	三	五七	一〇三
山貨行	一五	四〇	二	一九	七六

酒坊	五七	三	一三	二三	九六
磨坊	一一	四	五	五	二五
染坊	五	一	二	三	一一
糖坊			一		一
銀樓	一三	一	一	四	一九
洋貨舖	三				三
雜貨舖	七	一〇	六	九	三二
南貨舖	二〇		五	一〇	三五
銅器舖	五		一	三	九
錫器舖	二	一		一	四
鐵器舖	一	六	一	八	二五
木器舖	二五	二	九	一五	五一

竹器鋪	五			一	六
鞋鋪	八	一		二	一一
帽鋪				一	一
茶食鋪	四	五	三	三	一五
肉鋪	一〇	五	六	八	二九
油燭鋪	一〇	一	三	八	二三
醬油鋪	五	一	三	五	一四
糖式鋪	三			一	四
烟鋪	一八		二	八	二八
香鋪	五	二	二	二	一一
藥鋪	一四	七	六	六	三三
榨麵鋪	一			二五	二六

荳腐舖	一一	六	一一	八	三六
腐皮舖	四				四
香乾舖	四	一	一	二	八
水菓舖	一一		二		一三
碗舖	二		一	二	五
木梳舖	八				八
裱畫舖	二				二
紙紮舖	一			一	二
烟管舖	二				二
印刷舖	二				二
成衣舖	二		一	一	四
理髮舖	一四	四	三	七	二八

茶舖	飯舖	宿舖	總計	備考
五	五	二一	三八九	山貨行內有烟行五家糧食行內有白米舖念三家藥舖內有洋藥舖四家
二		三	一二四	山貨行內有烟行九家茶葉行十四家雜貨舖兼南貨
一	四	八	一一〇	糧食行內有桑茶行兩家
二	六	一二	二八六	烟葉行併在山貨行桑茶花生行併在糧食行
一〇	一五	四四	九〇九	

總說明

一本表所列各業以專設者爲限其帶售者但列主業

一本表內鐵器舖係含剪刀等業木器舖係含嫁粧壽材等業肉舖含羊肉業

一繭行已另有記故不列入

新昌縣志卷四